JUICIOS SUMARÍSIMOS

temas'de hoy.

Javier Gómez de Liaño

JUICIOS SUMARÍSIMOS

CLAVES PARA PERITOS, APRENDICES Y PROFANOS

temas'de hoy.

Paseo de Recoletos, 4. 28001 Madrid
www.temasdehoy.es
Diseño de cubierta: Paso de Zebra
Fotografía de cubierta: Getty Images
Primera edición: octubre de 2003
ISBN: 84-8460-313-X
Depósito legal: M. 42.032-2003
Compuesto en J. A. Diseño Editorial, S. L.
Impreso y encuadernado en Artes Gráficas Huertas, S. A.
Printed in Spain–Impreso en España

ÍNDICE

En gratitud

A Jorge Trias, amigo y colega

PRÓLOGO DEL AUTOR

He aquí, lector amigo, otro libro a propósito de la justicia; otras experiencias, otras visiones y otras andanzas, a través del infinito paisaje de los tribunales españoles, de los inagotables, eternos e insolubles problemas de nuestra dolorosa justicia. Después de mis *Pasos perdidos* y *Desde el banquillo*, me he decidido a redactar unas conclusiones a propósito de la justicia, esa noción que tanto y tanto inquieta a la gente del mundo entero.

Confieso que en mi ánimo siempre, constantemente, pesan poderosas razones que me inducen a coger la pluma y escribir del asunto. Sobre la justicia, sus vicios y sus virtudes, sus problemas, sus registros y especialidades, llevo trabajando mucho tiempo, quizá demasiado tiempo, y me ha parecido oportuno, ahora que estoy en el otro lado de la mesa, publicar mis conclusiones, o al menos, la nómina de mis aplicaciones y experiencias, que, tal vez, a no más que eso se reducen mis muchos y largos años de trabajo.

Mas quede claro que nunca pretendo erigirme en maestro y terciar en los problemas con soberbia o ademanes pontificios. Sí admito que en cuestiones de justicia, quizá más que en otras, puedo creer que las ideas que expongo son aceptables o, al menos, discutibles. Van todas ellas respaldadas por un aval de bastante garantía, que no es otro que mi amor por la justicia y mi odio a la injusticia, mi admiración hacia el hombre justo, hacia el buen juez, el juez honrado y cabal, y mi desprecio hacia el juez inicuo.

También deseo subrayar que no he escrito este montón de folios con pasiones, sino, muy al contrario, por encima, incluso, de las emociones, bien humanas, de conmiseración y de dolor —latentes todavía—, casi un lustro después de mi destierro judicial. No descarto que los comentarios realizados sean polémicos, pero si entre las muchas cosas que se dicen en este libro hubiera alguna que pudiera ofender, sepa el afectado que, al menos, no fue escrita con dolosa intención. He sacado los pareceres que expongo no de mis prejuicios, sino de la naturaleza de las cosas y muchas de las verdades no se harán patentes en esta obra hasta después de haber visto la cadena que une unas consideraciones con otras.

En el paréntesis judicial, que es donde estas páginas que siguen arrancaron, el dolor estuvo siempre instalado, pero el aburrimiento no existió y la soledad, lejos de ser un castigo del infierno, la entendí como una bendición del cielo. Para la lucha contra la mezquindad y la injusticia, propongo tres remedios, tres eficaces armas: el sosiego, la moderación y el buen humor. Incorporado de nuevo a la vida del Derecho, aunque esta vez para pedir justicia en lugar de impartirla, quien firma las presentes líneas quisiera ser creído cuando afirma que el destierro es alegre porque las penas, como las enfermedades superadas, quedan siempre a la espalda del camino.

Por naturaleza soy persona agradecida y de espíritu conformista. Platón proclamaba su felicidad por haber nacido en la época de Sócrates. Yo doy gracias al destino por haber hecho que naciera cuando nací, o sea, nueve años después de acabada la guerra civil española; donde nací, es decir, en el seno de una familia mitad de campo, labradora, mitad judicial; y por haber querido que siguiera los pasos que hube de seguir, que no fueron otros que los que un buen padre me marcó.

Como es lógico, de mi etapa de juez me he quedado con un montón de vivencias, incluso algunas repetidas, cosa que no me importa demasiado porque en esto, como en casi todo, me parece que más vale tener que desear. De ahí que no sea nada extraño que algunas afirmaciones que aquí haga ya hayan sido expuestas en otras ocasiones; unas, en libros anteriores a éste; otras, en conferencias o artículos de opinión. Lo que, por otra parte, no me inquieta, pues ya se sabe —palabra de Gide— que hay cosas que merecen ser dichas todos los días.

Mil veces he declarado mi afición al papel de oficio, a los códigos y a los documentos judiciales, por aburridos que parezcan. Quizá sea porque ninguno de ellos son mala fuente literaria. En los sumarios, como en las demandas, se muestra —mejor o peor, que esto no importa—, la justicia en cueros, la justicia para uso de quienes probablemente jamás pensaron tener cuentas con ella, pues, tarde o temprano, aun sin sospecharlo, todos terminamos siendo carne de juzgado.

Este tercer ensayo, según mis rectas intenciones, se escribe para ser leído por expertos en Derecho. Los abogados y procuradores, los jueces y fiscales son seres de serenas reflexiones. De no ser así, no podrían ejercer el noble oficio de dar a cada uno lo suyo, que a veces se presenta disfrazado y, lo que es peor, en alguna que otra ocasión prostituido. Algún día habrá que escribir un grueso —nunca se sabe qué es mejor— ensayo sobre los raros latidos del corazón de los profesionales del Derecho, porque el abogado como el juez, al igual que los viejos gladiadores, tiene que ser gente que ignore —por principio— el color de la injusticia.

Pero estas páginas también fueron escritas pensando en los aprendices y profanos; e incluso en los zurupetos y picapleitos, que los hay y en abundancia. Su autor que es un caminante, mitad enamorado, mitad escéptico, de la senda de la justicia, quisiera que sus lectores encontraran en él, si no solución para sus dudas, confusiones e ignorancias, sí, al menos, descanso para el agobio de las leyes y bebida refrescante para poder llevar con alegría el áspero polvo de la administración de justicia.

Si esta obra tiene aceptación —descarto lo de éxito— se lo deberé en buena medida a la importancia del tema y a lo que de otros he aprendido. Sin embargo, creo que en lo que llevo ventaja es en la experiencia de haber vivido —y hasta sufrido— en y para la justicia. Aun así, declaro que el libro ha sido escrito con el ánimo en paz y la cabeza en buen reposo. En él, según pienso, los destinatarios —aunque sólo los de buena voluntad— que lo leyeren podrán hallar, si lo miran con aplicación, una bienintencionada guía judicial e incluso algún consejo gratuito para por si acaso, lo que siempre resulta saludable. Este trabajo no aspira a ser más cosa que un mero exponente de posibilidades y un lexicón que trata de poner al alcance de todos múltiples voces de significado al menos confuso y, con frecuencia, desconocido.

Léaseme y después, quien quiera, diga de mí que no soy un ortodoxo. Llámenme —más de uno ya lo ha hecho— fundamentalista. A cambio, sólo pido que no se ponga en duda mi fe en el Derecho. Nunca pretendí ser un Sansón derribando las columnas para morir matando filisteos, pero sí me pondría al lado de quien la emprendiera a correazos con los mercaderes del templo de la justicia, pues no son pocos los que comercian con ella a las mismas puertas de juzgados y tribunales.

Acorde con lo que digo y siguiendo el mandato de muy ilustres autoridades, declaro que, amén de las voces técnicas o admitidas por los manuales jurídicos al uso, todo, absolutamente todo, lo que se me ha ocurrido y he vivido, tiene asiento en estas páginas. Todo, salvo, naturalmente, aquello que se me haya podido escapar. Muy a menudo pienso que la gran obra de la justicia española está aún por escribir. He hecho lo que pude y he dejado mis impresiones en páginas mejores o peores, pero, en todo caso, sinceras y desinteresadas, escépticas y objetivas.

Finalmente y pese al título, de ningún modo quiero que mis juicios sean sentencias definitivas y firmes, sin posibilidad de recurso. Jamás he aspirado a decir la última palabra en nada ni sobre nada. Siempre he puesto en cuarentena mis opiniones. Las que hoy presento, quedan sometidas, gustosamente, a cualquier otra más fundada en razón y en Derecho.

Al servicio de los lectores quedo, con el ruego de que sean indulgentes conmigo.

CAPÍTULO I

SOBRE LA DEMOCRACIA

1. ¿Qué es la democracia?, ¿dónde se encuentra su tuétano?, ¿es un sistema perfecto que nos hace a todos más felices?, ¿en qué consiste?, ¿en votar cuando nos llaman? Ni soy sabio ni creo demasiado en los apriorismos, pero otros muchos más enterados que yo han ofrecido grandes y elocuentes respuestas.

2. Desde el famoso diálogo de los tres príncipes persas de Heródoto, la democracia se ha definido como una modalidad particular del mando político, que se diferencia de los demás por el número elevado de personas que lo tienen o pueden tenerlo. No opinaba lo mismo Tucídides, para quien la clave de la democracia no estaba en el hecho de que sea el pueblo el que gobierne, sino en que el Estado es administrado en interés de todos y no de una minoría «siendo la libertad nuestra regla en el gobierno de la República».

3. Según la definición más conocida, la democracia es el sistema político consistente en «el gobierno del pueblo y para el pueblo». Su cuna fue Grecia y más concretamente Atenas, allá por el año 595 a. C.

Para Aristóteles, los dos axiomas de la democracia son la libertad y la igualdad: «El hombre libre es el que, como sus semejantes, puede vivir como quiere.» Tan verdad debe ser esto que años después Cicerón (106-43 a. C.) afirmó que «no hay libertad que no sea igual» (*De República*, I, 47). Como oposición al sistema aristocrático, la *eunomía* se sustituye por la *isonomía*, que implica la igualdad de todos los ciudadanos, momento en que el poder es ejercido por la Asamblea del pueblo.

4. A diferencia de la autocracia, la democracia es una estructura de poder construida de abajo a arriba. En democracia, el poder del Estado se basa en el consentimiento del pueblo, mientras que en la autocracia, el poder se basa en la fuerza unilateral del dominador.

5. Pese a la tesis comúnmente aceptada de ser el mejor de los regímenes posibles, hay quienes piensan —léase a Hobbes— que la democracia es fuente constante de problemas a causa de la incompetencia de los representantes del pueblo, que, distribuidos en facciones, en el fondo son pequeños «nerones» en potencia. Y es que, al parecer, también existe el peligro de una «tiranía democrática». Tocqueville nos dejó dicho que uno de los mayores riesgos de la democracia es la opresión de las minorías, a lo que cabe sumar la mediocridad de la política. Incluso nos advierte que el «despotismo administrativo», tanto más irresistible cuanto que no es violento, bien podría ser el desenlace de la democracia.

6. Según los liberales europeos del siglo XIX, la democracia y la soberanía popular son sospechosas por la extraordinaria importancia que otorgan a los políticos, lo que conduce al despotismo. «El caos se esconde hoy tras una palabra: democracia», escribe Guizot en 1848.

7. Marx considera que la concepción del Estado como un aparato de dominación de clase permite desconfiar de la democracia en la medida que es la máscara del «terrorismo burgués». A la «vieja letanía democrática» del partido socialdemócrata, Marx opone la dictadura revolucionaria del proletariado, aunque también está convencido de que la democracia es «la forma de transformar a la sociedad burguesa y no su forma de conservación».

8. De todos es conocida la sentencia de Churchill (1874-1965), cuando califica a la democracia como el peor de los regímenes, excluidos todos los demás. Al primer ministro británico también se le atribuye haber caracterizado a la democracia porque «a las nueve llamen a la puerta de tu casa y sea el lechero». Comparaciones y ocurrencias aparte, si de elegir definiciones se trata, tal vez fue Abraham Lincoln quien tuvo mejor tino, al decir que la democracia es la aceptación de que ningún hombre es lo bastante justo como para gobernar a otros sin su consentimiento. También es suya la definición de «el gobierno del pueblo por el pueblo mismo», luego perfeccionada —en el famoso discurso del 19 de noviembre de 1863, en Gettysburg— con la fórmula de «el gobierno del pueblo, por el pueblo y para el pueblo».

9. Puestos a resumir, la democracia es la forma neutral de gobierno para todos que garantiza, o debe garantizar, la libertad política y el juego limpio de los grupos organizados. Como pauta de justicia, también nos aproxima, o debe de aproximarnos, a la igualdad de oportunidades. Antonio García Trevijano afirma que los tres pilares de la democracia, aquéllos que la sostienen, son el principio representativo en la sociedad política, el principio electivo en el gobierno y el principio divisorio en el poder del Estado. Sin estos tres principios, aunque tengamos todas las libertades civiles y políticas, no es posible que exista democracia.

10. La palabra *democracia* se usa con frecuencia —en los medios de comunicación, en los partidos políticos, e incluso en la universidad— para designar hechos, valores y conceptos que poco o nada tienen que ver con la democracia política. Son muy pocos los que, en verdad, saben distinguir entre democracia política y democracia social, es decir entre gobierno constitucional democrático e igualdad social. Fue Santayana quien nos dijo que «ambas formas difieren ampliamente tanto en origen como en principio moral, y que la democracia social considerada genéticamente es algo primitivo».

11. Algún intelectual de la política distingue entre democracia, voluntad general y soberanía popular. Creo que son lo mismo, aunque no descarto que el matiz esté en algo tan elemental como que la una sea el género y las otras, las diferentes especies. Pero aun así, hay un punto común: que el poder es de todos, pese a que algunos de nuestros representantes están convencidos de que administrar es lo mismo que tener, lo cual es desvarío que sin duda obedece a la ignorancia, entre otras muchas, de que nunca fueron elegidos, sino designados para decir «sí señor» a quienes los pusieron a fin de cuentas allí y antes, en una lista hermética, con lo cual difícilmente los ciudadanos pueden sentirse realmente representados.

12. No faltan —Hayek, entre otros— quienes afirman que la democracia engendra más libertad que otras formas de gobierno; tesis de la que discrepo respetuosamente. Ninguna forma de gobierno engendra libertad, sino al revés. Los gobiernos nacen de la libertad. Tampoco la libertad garantiza que los gobiernos engendrados por ella se porten después como liberales y democráticos. La historia nos tiene demostrado que ha habido —los sigue habiendo— gobernantes demócratas —tenidos por enviados de la Providencia— que pese a lo que ellos se considerasen o se consideren, en el fondo son tan parcos en principios democráticos como el dictador más intransigente.

13. La participación de todos en casi todo es el hito que mejor señala el paso del autoritarismo a la democracia. Sin embargo, con mucha frecuencia, con exagerada frecuencia, esa regla no se da. Para empezar, no es nada extraño que un dictador con armiño de demócrata utilice hombres de paja que hagan la democracia, mientras él se opone a cualquier movimiento en falso que pueda hacerle perder sus prebendas, cuando no destapar sus fechorías.

14. De la democracia no cabe esperar milagros. Tampoco basta con ser demócrata para ser buen gobernante. Lo que la demo-

cracia no debe ser es patente de corso para gobernantes y gobernados. Los primeros están expuestos al riesgo del ejercicio abusivo con la peor de la excusas, la razón de la calle. Ojo con el montón de pícaros, delincuentes e inmorales, esas especies humanas que piensan que las urnas son pesebres donde abrevar para enriquecerse.

15. Siempre me suscitó serias dudas el axioma de que ante las urnas todos somos iguales. No es que diga que los votos, en lugar de contarse deberían pesarse, que es teoría fuera del terreno de juego de la democracia, pero se me ocurre preguntar si, en verdad, todos estamos igual de preparados para elegir a un gobernante o decidir acerca de lo que es mejor para el país, sobre todo cuando lo que mueve a las masas son los mensajes publicitarios de los políticos a través de sus asesores de imagen y empresas de comunicación.

16. Pese a la hermosura del sistema, a la democracia nunca le faltaron lunares negros como éste que termino de señalar. Supuesto relacionado con el anterior es la omnipotencia de la mayoría y, por tanto, el menosprecio de las minorías. No digamos cuando lo que se desprecia es el Derecho. Un ejemplo lo pone el profesor Martínez Valverde cuando cita el caso de presidencialismo jacobino protagonizado por el general De Gaulle que, obsesionado por mandar, decía en el año 1967 que todos los poderes del Estado, incluido el judicial, procedían del jefe del Estado elegido por el pueblo.

17. Si no hay respeto a la ley, no cabe hablar de democracia. Sin el imperio de la ley, la voluntad de la calle nada vale.

18. A Julio Camba se le adjudica haber dicho que morir por la democracia es morir por el sistema métrico decimal. Y Ortega, que era de la misma quinta —un año más joven— fue quien en el otoño de 1931 dio aquel aldabonazo a la República española con la frase de «no es esto, no es esto». Sesenta y tantos años después, en la misma España, quien ha querido ha podido oír «esto no es

democracia». Sujeto, verbo y predicado con los que, en determinados momentos, es muy fácil estar de acuerdo. Piénsese en aquellos supuestos en los que un régimen democrático funciona para mantener el poder de quienes siempre lo tuvieron.

19. De los peligros que acechan a la democracia, el peor de todos es el culto al dinero y a las riquezas. Cuando la riqueza se convierte en el principal objetivo de los gobernantes —también de algunos gobernados— la palabra democracia degenera y se transforma en plutocracia. En ella, los hombres más ricos son los que mandan y hasta se convierten en seres impunes. La plutocracia funciona merced a las ganancias de la clase dirigente. Fue Platón el que nos advirtió de que en ese sistema plutocrático lo que se llama virtud no es sino vicio disfrazado.

20. Se ha dicho —Salvador Pániker— que uno de los problemas de la democracia española es que el Parlamento es un lugar de puro teatro —y encima, de teatro de mala calidad— donde sólo se persigue el desprestigio recíproco de los partidos políticos que compiten con el poder. Un vistazo a los informativos de televisión y comprobaremos que, lamentablemente, en nuestro país, los políticos llevan bastante tiempo ejerciendo su trabajo a base de la descalificación del contrario, el denuesto y la imprecación del peor gusto, olvidando que esa práctica se revuelve contra toda la clase política. Tal vez no esté de sobra recordar la recomendación que Ortega hacía a los nuevos diputados y senadores en las Cortes republicanas de 1931: «No incurran, señorías, en inútiles vocingleos ni en la violencia del lenguaje.» Y terminaba: «Hay algo que no podemos hacer aquí: ni el payaso, ni el tenor, ni el jabalí.»

21. Dándole vueltas a la cabeza me vienen a la memoria aquellas páginas incompletas de las *Reflexiones sobre la revolución francesa*, donde Burke nos regala el pensamiento de que una democracia perfecta es la cosa más desvergonzada del mundo. Se me ocurre si acaso no fuera bueno que algún político o sesudo analista político

buceara en las profundidades de la idea. Quizá ya se haya hecho, aunque, de ser así, lo ignoro.

22. ¿Usted es de derechas o de izquierdas? En una ocasión dije que yo era de la Unión Deportiva Salamanca. Aquello fue, claro está, una broma. Sin embargo, lo que sí quise decir y ahora lo repito, es que antes que nada apuesto por una democracia de esfuerzo, de sacrificio, no de confort o de puro bienestar material. Por la democracia hay que trabajar todos los días. No se trata de esperar a que del cielo democrático únicamente nos caiga el maná de los derechos y las libertades. También llueven deberes y obligaciones. La democracia no consiste en el «todo a cien», ni casa con la estulticia, la zafiedad, el mal gusto y otros vicios.

23. De la democracia se ha esperado todo y por algunos ha querido verse en ella la panacea para resolver todos los problemas, olvidando que, por muy mágica que sea la fórmula, hay cosas que no pueden arreglarse por la fuerza de unos votos. La democracia es un invento político fantástico, pero no le pidamos más de la cuenta, ni la invoquemos para asuntos que le son ajenos, como hace años hizo un grupo de insensatos en el Ateneo de Madrid al someter a votación la existencia o no existencia de Dios. Cuentan las crónicas que ganó Dios por un voto.

CAPÍTULO II

SOBRE LA REPÚBLICA

1. Para Platón, la República es el paradigma de la política, donde el hombre alcanza su dimensión propiamente humana. Según él, la República es un lugar puro donde concurren todas las virtudes: desde el valor, hasta la justicia, pasando por el orden. Cuatro siglos después, más realista, pensando en los problemas jurídicos, Cicerón define la República como un grupo de hombres que, unidos por una comunidad de intereses, dan su consentimiento a una legislación igual para todos.

2. Si es verdad que la razón produce republicanos y el miedo a la libertad, monárquicos, en España poca razón debe haber y mucho miedo debemos tener. La libertad llegó a España con la República, aunque también hay que decir que la dictadura nos vino por la debilidad de las instituciones republicanas. García Trevijano lo expresa certeramente: «La Monarquía llamó a un dictador, abriéndole, alborozada, la fortaleza. Y otro dictador agradecido la devolvió a una improvisada Monarquía de los partidos.»

3. Algunos de nuestros historiadores afirman que la Segunda República española fue la culpable de que se perdiera la guerra civil. Quizá sea un juicio demasiado severo. Sin embargo, es más que probable que sí fuera responsable de que se produjera, por no haber sabido democratizar el Estado.

4. No me declaro republicano —tampoco monárquico—, pero

no creo que la República hubiera de ser una panacea contra nuestros males. Es verdad que la Monarquía es una forma insuficiente de racionalidad —tenía razón Manzini cuando dijo que «la República es la forma lógica de la democracia»— y tal vez la nuestra —la actual, la del rey Juan Carlos— cometiese el error histórico de no someterse a un referéndum legitimador que habría ganado, y que aquél sea un pecado original a cuya sombra la institución habrá de seguir viviendo muchos años. Ignoro si la situación continúa.

5. Por racional que la República pudiera parecer, téngase en cuenta que, desgraciadamente, la política no se rige siempre por la razón, ni tampoco en ella ejercen los mejores. Lo deseable sería un sistema republicano que consintiera que al frente de la institución estuviese un filósofo de categoría, un jurista de prestigio o un científico de primera, a ser posible, poseedor del premio Nobel. Por supuesto, todos, sin antecedentes políticos.

6. Personalmente, a la hora de elegir me quedo con la tesis de Protágoras en sus *Memorables*: «Cualquiera que sea la empresa que presida un hombre, si sabe lo que hace falta y si es capaz de conseguirlo, será un buen director, esté a la cabeza de un coro, de una casa, de un Estado o de un ejército.»

CAPÍTULO III

SOBRE LA MONARQUÍA

1. Etimológicamente, la noción de Monarquía alude al «gobierno de uno solo» y pertenece a la clasificación que Aristóteles hace de los regímenes y de las formas de gobierno en función del número de los gobernantes.

2. De Homero a Maurras, los argumentos a favor de la Monarquía presentan una cierta continuidad, pero tienen obviamente un alcance distinto según el tipo de unidad política al que se refieren los pensadores (ciudad-Estado, imperio, Estado-nación) y según la naturaleza del problema que deben resolver en prioridad (el bien común, la libertad, el equilibrio de poderes, etc.)

3. Rousseau afirma que todos los reyes desean ser absolutos, y desde lejos se les grita que el mejor medio para serlo es hacerse amar por sus pueblos. El poder que procede del amor de los pueblos es sin duda el más grande, pero es un poder precario y condicional, con el que los príncipes no se contentan nunca.

4. Monarquía y República se han presentado siempre como dos formas de gobierno opuestas; casi, casi, enemigas. La Monarquía deriva de la tradición y garantiza el orden. La República es algo racional que garantiza la libertad. La Monarquía es símbolo del espíritu conservador y se mantiene por simple cuestión de mitos.

5. Los partidarios de la Monarquía tradicional dicen que esta for-

ma de gobierno se opone a la tiranía o al despotismo porque se rige por el derecho y respeta en lo necesario la libertad de los súbditos. Frente a ellos, estaban quienes, desde las revoluciones de finales del XVIII, sostenían que todo lo que inspiraba la forma monárquica del Estado era la incompetencia, el abuso y, en ocasiones, la represión, cuando no el llanto.

6. Es muy probable que la Monarquía tenga más de ceremonia que de forma racional de gobierno. Sin embargo, no son pocos —por supuesto, todos republicanos— para los que la Monarquía representa un peligro del que el Estado debe protegerse para preservar la libertad y la justicia.

7. El problema quizá consista en saber cómo la realeza puede situarse entre los regímenes políticos legítimos, ya que parece descansar en un tipo de autoridad que no es propiamente político sino más bien familiar.

8. Los mayores detractores de la Monarquía afirman que el defecto esencial e inevitable que hará siempre inferior el gobierno monárquico al republicano, es que en éste el voto popular casi siempre lleva a los primeros puestos a los hombres más lúcidos y capaces, que hacen honor a sus cargos, en tanto que los que surgen en las monarquías, no son a menudo sino chismosos, bribonzuelos e intrigantes, talentos mediocres que una vez elevados a las altas dignidades de la corte, no sirven sino para demostrar al público su ineptitud. No estoy de acuerdo con ninguna de las dos premisas. A las pruebas me remito.

9. En el mundo de hoy, el principio monárquico sobrevive de una forma que se podría llamar fragmentada, lo que explica, en teoría de Vullierme, «tal vez paradójicamente, la frecuencia de las dictaduras cuando las condiciones culturales de la democracia moderna fallan».

10. Si uno contempla el panorama democrático actual, la verdad es que las dos vertientes clásicas de la Monarquía —el poder

de mando monárquico y el carácter sagrado del rey— se presentan en forma radicalmente disociada. Y así, como nos recuerda Duverger, está el hecho de que la designación del jefe del Ejecutivo se ha convertido en la principal papeleta de las grandes elecciones, lo cual permite hablar del establecimiento de una «Monarquía republicana». Por otro lado —esta vez en palabras de Lauvaux—, la Corona, en las democracias avanzadas, desempeña el papel de garantía del «Estado de derecho» o actúa de figura sensible de los límites del ideal democrático.

11. La Constitución española de 1978, en su primer artículo se encarga de decir que la forma política del Estado español es la Monarquía parlamentaria; fórmula que, sin duda, obedece a la intención de resaltar la opción de la Monarquía, frente a la República.

12. George Bernard Shaw llegó a definir la Monarquía parlamentaria como el medio de combinar la inercia de un ídolo de madera, con la credibilidad de un ídolo de carne y hueso. No menos agudo, pero sí más crítico, es Antonio García Trevijano cuando sostiene que la Monarquía parlamentaria nació en Inglaterra como degeneración de la Monarquía constitucional, para dar satisfacción a las ambiciones de corrupción de partido y que nunca, en país alguno, ha podido superar su tara de nacimiento y funcionamiento como arbitraje sobrenatural de las oligarquías políticas y financieras.

13. Evidentemente, la Monarquía parlamentaria no es una forma de Estado, sino una forma de gobierno, máxime cuando, como en nuestro caso, en nuestra Constitución, en «la letra de la ley», se expresa que la soberanía no reside en el monarca sino en el pueblo, que tiene cómo único y directo representante al Parlamento. Por esto, más que de una Monarquía parlamentaria clásica se trata de una Monarquía parlamentaria democrática.

14. La Constitución española dedica todo un título —el segundo— a regular la institución de la Corona. Con ella, está claro

que en España hemos creado un híbrido de rey con atribuciones de presidente de República parlamentaria. Desde luego, habría extrañado si la forma adoptada hubiera sido la absoluta, con un rey cuya palabra fuese ley.

15. Aunque no sea lo mismo, otro tanto cabe suponer si el modelo elegido hubiera sido el del rey que reina pero nada gobierna. Este tipo de monarquía, con ejemplos no lejanos a nosotros ni en el tiempo ni en el espacio, no funciona, aunque se mantengan, en algún caso, por miedo, y en otros, por virtudes de sus titulares. Me refiero a las prerrogativas de inviolabilidad e irresponsabilidad del monarca. Creo que nadie debe dejar de rendir cuentas ante un juez, aunque sea rey.

16. Por muchas vueltas que llevo dadas al asunto, es hoy y sigo sin entender esa prerrogativa que el artículo 56.3 de la Constitución concede al monarca: «La persona del Rey es inviolable y no está sujeta a responsabilidad.» El argumento de que «todo acto del Rey se refrenda por el gobierno», me parece de muy poco peso, entre otras cosas porque el texto constitucional no distingue entre lo público y lo privado. Consagrar un rey que sólo responde ante Dios y ante la historia es un residuo autocrático inconciliable con una Monarquía parlamentaria. Resulta asombroso que la justicia se administre en nombre de alguien que es irresponsable.

17. Bien es verdad que el Rey nunca ha dado motivos para demostrar que, si quiere, puede ser distinto de los demás. Recuérdese que, pudiendo hacerlo, el Rey no ejercitó acciones, ni siquiera se mostró parte cuando, durante una temporada, desde los servicios secretos del Estado, determinadas personas, luego declaradas delincuentes, se dedicaron a escuchar lo que decía y le grabaron.

18. En España, nuestro monarca ocupa la Jefatura del Estado y, vistas las muy concretas competencias que la Constitución le encomienda —verbigracia, sancionar las leyes, convocar y disolver las Cortes generales, convocar elecciones, proponer el candidato a

presidente del gobierno, ser informado de los asuntos del Estado, ostentar el mando supremo de las Fuerzas Armadas e incluso, presidir el Consejo de Ministros cuando lo estime oportuno, ejercer el derecho de gracia, etc.—, a juicio de muchos, entre los que me incluyo, no se puede decir que el rey Juan Carlos I sea un rey neutral. En expresión de Tomás y Valiente, el poder del Rey no es un poder inútil, no sólo por las tareas que le corresponden, sino porque como jefe de Estado «arbitra y modera el funcionamiento regular de las instituciones» (Art. 56.1 CE).

19. Si miramos a los precedentes, la función del rey en nuestra vigente Constitución poco o casi nada tiene que ver con las anteriores. Por ejemplo, con las de 1845 y 1876, bajo las cuales reinaron Isabel II, Alfonso XII y Alfonso XIII. Aquellas atribuían al rey, entre otras prerrogativas, la de «nombrar y separar libremente a los ministros», así como la de convocar, suspender y disolver las Cortes. Ninguna de las dos eran constituciones democráticas y permitían —independientemente del uso que cada monarca quisiera hacer— que el rey pudiera hacer casi todo lo que hicieron.

20. Del rey Juan Carlos I, todo el que lo ha tratado opina que es persona afable, sencilla y con encanto personal. Aun así, creo que estas cualidades, por sí solas, no pueden servir de cimiento firme a una institución tan compleja. Quizá el gran acierto del actual Rey español es que pronto, muy pronto, se olvidó de quien lo hizo rey —Franco, aquél que gobernó España en dictadura durante más de cuarenta años y lo nombró su sucesor, a título de rey, en la Jefatura del Estado— y además es consciente de que su reducido poder debe estar al servicio del pueblo.

21. Al margen de la verdad de lo ocurrido —algo que tardaremos mucho tiempo en saber, si es que alguna vez llega a saberse—, estoy convencido de que el rey se ganó al pueblo español la noche del 23 de febrero de 1981, cuando, ante la intentona de

golpe de Estado, lejos de romper la baraja como algunos le pedían y otros pronosticaron, supo reaccionar a tiempo y apostó a favor del orden constitucional.

22. Camilo José Cela escribió que el rey gozaba de la confianza de los españoles porque vieron en su figura la imagen del camino propiciador de lo que se buscaba a la muerte de Franco. Más o menos, lo que dice Pedro J. Ramírez en *Amarga Victoria*: que estos años de reinado de don Juan Carlos han proporcionado a nuestro país la suficiente solidez institucional como para hacer frente a cualquier crisis política.

23. Resulta muy llamativo que, a estas alturas, pese a la previsión constitucional (Art. 57.5 CE), todavía esté pendiente la ley orgánica que habrá de regular los supuestos de abdicación y renuncia, así como cualquier duda de hecho o de derecho que pudiera ocurrir en el orden sucesorio de la Corona española. Ignoro las razones de la tardanza, pero la demora da que pensar si acaso aún se duda de si un monarca tiene derecho a abdicar, con base en que, dado el origen divino de la realeza, el rey no puede voluntariamente renunciar a sus potestades y prerrogativas. Sí pienso que un monarca constitucional está imposibilitado de llevar a cabo la abdicación sin el consentimiento formal de los representantes de la nación, es decir, del Parlamento.

24. Por si fuera de utilidad, cabe recordar que la Historia universal ofrece muchos ejemplos de abdicaciones de monarcas. Entre las más célebres están la de Carlos I de España y V de Alemania, que en 1556 lo hizo a favor de su hijo Felipe II y se retiró a Yuste; la de Cristina de Suecia en 1654; la de Napoleón I (1814-1815), y, por último, la del Duque de Windsor (1939) que abdicó a favor de su hermano el rey Jorge VI de Inglaterra.

25. Ortega —de nuevo, Ortega— recuerda cómo Renan decía que si una nación es un plebiscito de todos los días, la Monarquía tenía que justificar su legitimidad cada veinticuatro horas, no sólo negativamente, cuidando de no faltar al Derecho, sino positiva-

mente, impulsando la vida nacional. Después, ya por su cuenta, afirma que «por encima de la corrección jurídica, los pueblos piden a sus instituciones una imponderable justificación de su fecundidad histórica, y si no la dan, un día antes o un día después, las instituciones son tronchadas».

CAPÍTULO IV

SOBRE LA DIVISIÓN DE PODERES

1. Hoy casi todo el mundo sabe que la democracia y el Estado de derecho descansan en la separación de poderes, doctrina clásica atribuida a Montesquieu, aunque, en aras a la verdad, antes que él ya la había elaborado gente tan bien pensante como Aristóteles —léase su libro *La Política*— o el inglés Locke.

2. Con independencia de quién de los tres citados fuera el auténtico padre de la criatura, a mi juicio, el primero es el que mejor explicó la teoría. Frente a principios tan maquiavélicos como que el poder no se comparte o que el poderoso debe preservar intacto el teatro de su ceremonia, Montesquieu escribió en *El espíritu de las leyes*: «es indispensable que por la disposición de las cosas, el poder contrarrestase al poder y que si el poder legislativo va unido al poder sobre la vida y la libertad de los ciudadanos, eso sería arbitrario y si era al ejecutivo, entonces el juez podría tener la fuerza de un opresor».

3. Aunque éste sea el fundamento racional de la separación de poderes, la fórmula también responde al principio elemental de frenar al hombre poderoso en su tendencia al abuso, que es lo que san Agustín denominaba «dimensión demoníaca del poder», y que otros, más gráficamente, describen aludiendo a que demasiado poder envicia demasiado. Esto debió de ser lo que pensaron los revolucionarios franceses de 1789 al plasmar en la *Declaración de los*

Derechos del Hombre y del Ciudadano que toda sociedad sin separación de poderes es una sociedad sin Constitución.

4. Las claves de la división de poderes residen en tres puntos: a) que los tres poderes estén dentro del espacio que les es propio y no salgan de sí para invadir terrenos ajenos; b) que, en consecuencia, ninguno de los tres poderes coaccione al otro; c) que, al propio tiempo, los tres poderes estén intercomunicados, de forma que el legislativo delimite el campo de acción de los otros dos.

5. Pese a lo indiscutible de la teoría, el problema de la división de poderes no puede ser tratado con el simplismo con que actualmente se hace. Para empezar, no es bueno sostener un planteamiento radical de la división, pues si los tres poderes estuviesen absolutamente separados y fueran completamente autónomos unos de otros, resultaría, por ejemplo, que el judicial no podría, sin invadir el espacio del legislativo, interpretar o suplir la oscuridad de una ley. Y lo mismo respecto a los actos del poder ejecutivo.

6. La verdad es que no es fácil arbitrar un sistema de auténtica división de poderes. La dificultad está en que el poder judicial ha de ser, al mismo tiempo, poder y contrapoder para tener la potestad de revisar los actos de la Administración.

7. De todas las condiciones para la independencia de los poderes, hay dos que son absolutamente necesarias: a) que el manantial del que emanan sea único; b) que cada poder ejerza sobre los otros dos una estrecha y recíproca vigilancia. De ahí que nunca habrá verdadera división de poderes si, por ejemplo, el legislativo nombra al ejecutivo. En tal caso, el segundo será siervo del primero. No digamos si esto acontece con el judicial, supuesto en que la justicia estará sometida y hasta aprisionada por quien nombra a sus jueces.

8. Si el poder ejecutivo nace del legislativo, es muy discutible que haya democracia. Pensemos en aquellos supuestos en que hasta el poder judicial nace del Parlamento. Al final, son los partidos

políticos los verdaderos dueños del Estado, lo que, por otra parte, es una evidencia en muchos países llamados democráticos, incluido España: los partidos ostentan un poder omnímodo en detrimento de los tres.

9. Como no podía ser menos, nuestra Constitución, siguiendo el modelo de las democracias europeas, perfila un sistema político fundado en el principio de separación —con colaboración— de poderes. La legitimidad de nuestro Estado constitucional tiene su razón en el marco de una división que refleje sus notas esenciales: independencia, equilibrio y control; que cada poder, en suma, tenga fuerza suficiente para funcionar por sí mismo y para limitar a los demás.

10. No obstante, sin diferencias notables con otros países en los que se inspiró el constituyente español de 1978, la realidad es que el principio de división de poderes es un ideario, pues no de otro modo puede calificarse una situación en que el poder ejecutivo emana del legislativo —o al revés— y entre los dos dan vida al judicial. Si somos sinceros, hoy por hoy, el poder —el poder político— es único y está en manos de los partidos y sus aparatos internos.

11. El actual sistema de partidos hace que existan razones muy fundadas para desconfiar del principio de división de poderes. Está probado que son ellos, y más concretamente, sus secretarios generales o sus presidentes, los que nombran al legislativo e incluso a los altos cargos de la judicatura.

12. Como certeramente señala el profesor Benigno Pendas, la vieja doctrina de la división de poderes resulta irreconocible en la democracia «mediática» de nuestro tiempo. Según él, el ejecutivo es el único y genuino poder activo; el judicial adquiere una relevancia política sorprendente, casi nunca positiva cuando excede de su ámbito natural; partidos y medios de comunicación actúan como centros de gravedad de un sistema que no se decide, por pru-

dencia o timidez, a darles entrada en la teoría de las formas de gobierno.

13. Lo mismo que en unas elecciones presidenciales, en España los partidos son los que, llegado el caso, designan al jefe del Gobierno. Por si fuera poco, los diputados tienen que obedecer a quien los incluye en las listas. De este modo, cualquier poder es un apéndice de la soberanía de los partidos. No digamos si los magistrados de los altos tribunales, de una manera u otra, son designados por los jefes de partido: muy poco margen queda para creer en su independencia.

CAPÍTULO V

SOBRE EL PODER LEGISLATIVO

1. Dice Rousseau que si es verdad que el autor de la ley sabe mejor que nadie cómo debe ser ejecutada e interpretada, quizá la mejor Constitución sería aquélla en la cual el poder ejecutivo estuviese unido al legislativo. Pero, a renglón seguido, añade: «mas esto mismo haría tal gobierno incapaz. No es bueno que el que hace las leyes las ejecute, ni que el cuerpo del pueblo distraiga su atención de las miras generales para dirigirlas hacia los objetivos particulares».

2. Según la Constitución española —Art. 66 a 96—, el poder legislativo está representado y se ejerce por las Cortes Generales, que representan al pueblo español a través de los diputados y senadores. Su función principal es el ejercicio de la potestad legislativa, pero también tienen otras tareas y cometidos. Lo dice el artículo 66.2: «Las Cortes Generales (...), aprueban sus Presupuestos —los del Estado—, controlan la acción del Gobierno y tienen las demás competencias que les atribuya la Constitución.»

3. A diferencia de otros textos constitucionales europeos, para nuestra Constitución los miembros del Congreso y del Senado son representantes de la Nación, no de los ciudadanos determinados, o de clases o estamentos, o de las circunscripciones que los eligen, o de los votantes mismos. De ahí que cuando el texto constitucional se refiere a ellos, habla de «miembros de las Cortes Generales» —no de diputados— como representantes del pueblo espa-

ñol. En este sentido, el Tribunal Constitucional tiene declarado que en el ámbito de la representación nacional no se trata de que todos y cada uno de los representantes lo sean de todos y cada uno de los ciudadanos, sino que es el conjunto de representantes reunidos en las dos Cámaras reglamentariamente convocadas lo que representa al conjunto de los ciudadanos.

4. Aunque sobre el papel, teóricamente, el poder legislativo, o sea el Parlamento, es superior a los otros dos poderes del Estado, cosa que se comprende si se piensa que todo nuestro sistema político democrático se basa en la soberanía popular, en el fondo, quienes de verdad ostentan el primer puesto en el ranking son los partidos políticos.

5. Un ejemplo de lo que digo: la Constitución española proclama que «los miembros de las Cortes Generales no estarán ligados por mandato imperativo», pero el mandato imperativo es el del partido que ha confeccionado la lista donde está el «representante». En este contexto, el parlamento clásico, llamado todavía poder legislativo, parece un coro de acólitos que cumplen órdenes. ¡Ay de aquél que se separe de la disciplina del voto!

6. El principio de las mayorías es quien manda en la democracia constitucional: la mayoría gana siempre y, además, debe ganar.

7. No obstante los defectos, nada mejor que el Parlamento, ninguna institución como las Cámaras legislativas para garantizar la convivencia en libertad frente a la desilusión de la política. No hay democracia, no puede haber libertad política, sin poder legislativo. Éste, tanto en lo individual como en lo colectivo, es la causa y el fin de la democracia.

8. Declaro mis preferencias por aquellas asambleas de notables que caracterizaron el parlamentarismo del siglo XIX, víctima no sólo de la sociedad liberal, sino y sobre todo, de eso que Giovanni Sartori denomina videopolítica y que yo, más modestamente, llamaría «imagopolítica».

CAPÍTULO VI

SOBRE EL PODER EJECUTIVO

1. El poder ejecutivo es el poder sin más. Principalmente, se caracteriza por la primacía de su potencia frente a cualquier otro poder. Admite la competencia y rivalidad de los otros, pero es superior a todos por el monopolio jurídico de la fuerza. Él es el que, en última instancia, posee el poder de coerción y sólo él se halla investido de la fuerza necesaria para asegurarla.

2. En los sistemas democráticos, el monopolio de la fuerza que se reserva el gobernante encuentra su justificación racional en la circunstancia de ser el legítimo mandatario de la voluntad soberana del pueblo.

3. En España —supongo que será igual en todas partes— la mayor aspiración de un político es formar parte del Gobierno, pertenecer al poder ejecutivo, es decir, ser ministro. Quizá sea porque, como apuntaba el filósofo Bertrand Russell, además del «deseo de obtener el Poder Político, hay un deseo de ejercer el poder sobre los individuos». Y es que la presunción de que la política es poder, se une al deseo natural del hombre de mandar, de tener autoridad, de utilizar, llegado el caso, los medios de coacción.

4. El elitismo del poder ejecutivo queda demostrado con la fórmula del rey —o el jefe del Estado— inviolable: de los actos del rey serán responsables las personas que los refrenden, o sea, el presidente del Gobierno y los ministros.

5. Dado el enjambre de personas que constituyen la Administración —el gobierno— y la multiplicidad de tareas que desarrollan, la burocracia es una forma de poder ejecutivo, de dominación. El aumento de la gestión funcionarial —en claro proceso de inflación galopante por las transferencias autonómicas— convierte a la burocracia en un elemento capital dentro de la estructura de Leviatán de Hobbes, hasta el punto de si tal vez no sería más certero hablar de poder administrativo que de poder ejecutivo.

6. Si es verdad que todo gobierno necesita de la coacción para hacerse respetar, no es menos cierto que sin apoyo popular ninguno puede hacer una política estable. El Gobierno, además de la legitimación originaria, necesita una legitimación permanente por vía de la adhesión popular. Un programa de gobierno no puede llevarse a la práctica sin la colaboración de los ciudadanos gobernados.

7. Cualquier gobierno, sea central, autonómico o municipal, está verdaderamente legitimado cuando es capaz de convencer más que de vencer. Ante el deber de pagar impuestos, el ciudadano, en general, cumple por temor a la sanción fiscal e incluso penal. Sin embargo, el buen gobernante debe saber que la obediencia tiene un fondo ético. El poder no es ajeno a la moral y cuanto más moral sea, mayor grado de autoridad inspira. Un gobierno que actúa bajo la batuta de los principios morales está siempre investido de una ingente fuerza política.

8. Que todo poder necesita de freno que modere su natural tendencia al abuso es algo en lo que está de acuerdo cualquier persona sensata. Parafraseando a Loewestein, rara vez, por no decir nunca, un gobierno ha ejercido el poder con moderación y comedimiento; lo que es posible que obedezca a que, para algunos gobernantes, el poder sin límites produce gran frenesí. Un gobierno que se salta la ley a la torera es un gobierno ilegítimo y, como quiera que no hay peor cuña que la de la misma madera, es necesario que el control del poder ejecutivo se haga por los otros dos.

9. En nuestro país, la Constitución proclama la sumisión de la Administración a la Ley y al Derecho (Art. 103.1) y la Ley del Gobierno, 27 de noviembre de 1997, prescribe que «el Gobierno está sujeto a la Constitución y al resto del ordenamiento en toda su actuación». Esta última expresión se opone resueltamente a la idea de que su labor está exenta de control legal y judicial, lo cual ratifica la Ley de la Jurisdicción Contencioso-Administrativa, 13 de julio de 1998, al partir del principio del sometimiento pleno de los poderes públicos al ordenamiento jurídico, verdadera cláusula regia del Estado de derecho (Exposición de Motivos).

10. Pocas cosas hay más incompatibles con un sistema democrático que la existencia de categorías de actos de autoridad —llámense actos políticos o de gobierno o de dirección política— excluidas *per se* del control jurisdiccional. Ni siquiera el tradicional concepto de acto político puede librarse de ese filtro.

11. Dos importantes sentencias del Tribunal Supremo —de España— que me vienen a la memoria confirman la teoría. Una fue la que declaró la ilegalidad del nombramiento por el gobierno de Eligio Hernández como fiscal general del Estado. Otra es la que se pronunció en relación con la desclasificación de los documentos del CESID, en base a la cual se dictaron ulteriores sentencias condenatorias por terrorismo de Estado. En ambas, el TS deja claro que el acto político no está exento de control jurisdiccional.

12. No faltan quienes afirman que el Estado de derecho, entendido como control jurídico general de la actuación de todos los poderes por el judicial, «implica la quiebra de la división de poderes» y que la consecuencia inmediata sería que «el poder judicial ocuparía la posición superior del vértice de la pirámide de los poderes». De ahí que se propugne un espacio de independencia política del poder ejecutivo respecto al judicial. Quizá los partidarios de esta tesis olvidan que, precisamente, en la impugnación judicial de los actos del poder ejecutivo se encuentra la clave de la demo-

cracia. Lo expresa magistralmente Alain Touraine, cuando a la pregunta *¿Qué es la democracia?*, con la que titula una de sus obras, responde que, entre otras cosas, significa que quienes no ejercen el poder disponen de un recurso para defender sus intereses y para mantener la esperanza de ocupar, algún día, ese poder.

13. España no se ha librado de ejemplos de gobernantes con aficiones absolutistas, al estilo de Luis XIV, el rey Sol: «El Estado soy Yo.» Cuentan que algo así afirmó Felipe González cuando se descubrieron las primeras andanzas del GAL —gran semejanza con el asunto de la OAS— en el que, aparte de negar cualquier culpa, incluida por omisión, declaró solemnemente que «las leyes somos nosotros». Para mí que fue a partir de ese momento cuando Felipe González, que obtuvo en las elecciones de octubre de 1982 un capital político sin precedentes, empezó a precipitarse por la pendiente del absurdo y de los excesos de poder.

14. Aparte de Felipe González, a quien traté en un almuerzo protocolario en el Consejo General del Poder Judicial en mi época de vocal de esa institución, también y con el mismo carácter, he conocido a José María Aznar. Me consta que Aznar tiene mucho interés por la justicia. Sabe que es muy importante para la política —incluida la suya—, pero prefiere guardar silencio y decir eso de que el PP no se entromete en la justicia. Me parece que no es consciente, como alguien le llegó a decir, que si en verdad el PP no mete mano en los tribunales, la oposición sí. De Aznar también conozco sus fobias por los jueces estrellas y sé de las muchas dudas que tiene sobre la relación entre prensa y justicia. Le parece funesto que los medios de comunicación condenen antes que los tribunales y le inquieta que determinadas sentencias se pronuncien en función de las líneas editoriales de algunos periódicos.

CAPÍTULO VII

SOBRE LA RAZÓN DE ESTADO

1. Se trata de una fórmula que ha permitido la continua perversión del Derecho y que mediante su aplicación ha conducido, entre otras cosas, a horrorosos crímenes —los del nazismo, por ejemplo— y, siempre, al margen de cualquier control social o persecución procesal.

2. La expresión tiene un uso y una historia. Giovanni Botero la define como «el conocimiento de los medios propios para fundar, conservar y ampliar una dominación y señorío». Para él, la racionalización del Estado es el fundamento lógico de la autoridad política que opera mediante tres conceptos: dominación, interés y poder. En su acepción actual, designa un modo de intervención del poder político que deroga el derecho común o positivo. La razón de Estado es, en este sentido, la parte oscura, secreta, inconfesable del ejercicio del poder.

3. La idea básica de la razón de Estado es la de derogación del Derecho en función de una necesidad de política mayor; es decir, con vistas a la preservación del bien común o del interés público. La razón de Estado interviene, pues, cuando la urgencia de una coyuntura requiere que el que ejerce el poder actúe al margen de los principios del Derecho común. De este modo, la teoría se incorpora al viejo precepto *necessitas non habet legem*.

4. Casi siempre se ha relacionado la razón de Estado con los secretos de Estado, lo cual responde a que en el arte de gobernar,

el secreto está indisolublemente ligado al disimulo: «Quien no sabe disimular no sabe reinar.»

5. La acción política ejercida por razón de Estado adopta a menudo la forma de un uso de la fuerza al margen de la legalidad. Éste es el sentido que poseía en el siglo XVII la noción de golpe de Estado, la cual no significaba una toma ilegal del poder (conjura) sino, a la inversa, una acción del príncipe con vistas al bien público o a la conservación del pueblo.

6. El principal artífice de la teoría de la razón de Estado es Maquiavelo. No inventó el término, pero patentó la doctrina. Escribe Maquiavelo «...si un príncipe desea mantenerse como tal, debe aprender a poder no ser bueno y a usar semejante capacidad en función de la necesidad...» (*El Príncipe*, cap. XV). En otro lugar afirma que «es necesario que un príncipe sepa utilizar la bestia y el hombre» o también que «no es necesario que un príncipe acrisole todas las cualidades mencionadas, pero sí muy necesario que aparente poseerlas» (*Ibíd.,* cap. XVII). Más gráfico es Cosme de Medici al declarar que los Estados no se gobiernan con el Padrenuestro en la mano, como dando a entender que la moral dominante de poco sirve para desarrollar una acción política. Algo que se parece a lo que Sartre, aunque en tono crítico, proclama: «quien ejerce una actividad política no puede por menos que mancharse las manos de fango e incluso de sangre».

7. Norberto Bobbio dice que lo que constituye el núcleo fundamental del maquiavelismo no es tanto el reconocimiento de la distinción entre acciones buenas en sí y acciones buenas por otra cosa, como la distinción entre moral y política. Sobre esta base, Bobbio habla de «amoralidad de la política» y de «apoliticidad de la moral», en el sentido de que la política en su totalidad no tiene nada que ver con la moral en su conjunto.

8. El pensamiento maquiavélico llevado al extremo significa que para conservar el poder, no sólo vale emplear la fuerza, sino

también la mentira, la traición, la hipocresía, la intriga y hasta el asesinato si la política lo hace menester. La fuerza es antes que el Derecho. Si de santificar a la patria se trata, todo está permitido y, lógicamente, los medios empleados para ese fin también son santos.

9. En España, la primera sentencia que condena expresamente a la razón de Estado es la que se dictó a propósito de las escuchas ilegales del CESID. A mi juicio, el aspecto de la sentencia que más sobresale es la afirmación de que las conductas que reprocha y sanciona no fueron algo aislado sino, muy al contrario, un modo de actuar persistente presidido por el utilitarismo y su máxima de que el fin justifica los medios.

10. Nunca me entró en la cabeza —por muy de Estado que fuera— lo de la razón de algunos «políticos», de ésos que, con mala copia de Maquiavelo, sostienen que la política no está a los pies de la moral, sino viceversa. Siendo universitario, mi catedrático del entonces llamado Derecho Político nos había enseñado que la razón de Estado no es razón, sino mera disculpa para que los pueblos no protesten ante la injusticia o la opresión. Ya juez, en vivo y en directo, a un ex presidente del Tribunal Supremo y del CGPJ, Federico Carlos Sainz de Robles, le escuché que en democracia la razón de justicia es superior a la razón de Estado.

11. Está demostrado que esta doctrina que comento, con sus derivadas, suele ser la coartada favorita de quienes se creen que el Estado son ellos y que, llegada la ocasión, les sirve para robar, matar y hasta enterrar sus cadáveres, incluida la división de poderes, aunque el muerto sea siempre el mismo, el judicial. Y todo amparado con la negra conciencia de impunidad, pues para ellos, digan lo que digan los jueces, jamás podrá haber pruebas ni las habrá.

CAPÍTULO VIII

SOBRE EL PODER JUDICIAL

1. Artículo 16 de la *Declaración de los Derechos del Hombre* de 1789: «Ninguna nación que no tenga una declaración de derechos individuales y que no tenga separación de poderes, tiene verdadera Constitución.»

2. La división de poderes se configura en Francia, a partir de la ley de 1790. El poder judicial se separa del ejecutivo, porque la Administración es un poder exento de control por parte de la justicia. Es un momento en el que se teme más a unos jueces poderosos, como lo eran hasta entonces, que a la Administración que, como todopoderosa, pertenecía al trono.

3. Montesquieu no distingue claramente entre «*puissance*» y «*pouvoir*». Esta indefinición terminológica se puede ver en la Constitución francesa de 1791 y en la española de 1812. Sin embargo, lo que Montesquieu tiene muy claro es la separación. En el famoso capítulo VI del libro XI de *El espíritu de las leyes* —que ya he citado parcialmente— nos dice que «tampoco hay libertad si el poder judicial no está separado del legislativo ni del ejecutivo. Si va unido al poder legislativo, el poder sobre la vida y la libertad de los ciudadanos sería arbitrario, pues el juez sería al mismo tiempo legislador. Si va unido al poder ejecutivo, el juez podrá tener la fuerza de un opresor». Y añade: «todo estaría perdido si el mismo hombre, el mismo cuerpo de principales o de nobles o del pueblo

ejerciera estos tres poderes: el de hacer las leyes, el de ejecutar las resoluciones públicas y el de juzgar los crímenes o las diferencias entre particulares». A partir de ese momento, el problema de la justicia es averiguar si realmente tiene la dignidad de un auténtico poder, es decir, si, verdaderamente, existe un poder judicial en el sentido fuerte del término *poder*.

4. Hay un párrafo del discurso preliminar a la Constitución española de 1812, que expone claramente las ideas que tenían los diputados de las Cortes de Cádiz sobre la justicia: «Para que la potestad de aplicar las leyes a los casos particulares no pueda convertirse jamás en instrumento de tiranía, se separan de tal modo las funciones de juez de cualquier otro acto de la autoridad soberana, que nunca podrán ni las Cortes ni el Rey ejercerlas bajo ningún pretexto.»

5. Siendo estudiante de Derecho, a menudo me preguntaba si el judicial no era un poder menor que los otros dos. Recuerdo que cuando me decidí a pedir aclaraciones a mi competente profesor de Derecho Político, él, en cierto modo, me daba la razón y culpaba de ello al mismísimo Montesquieu por haber dicho —o atribuirle que dijo—, aquello de que el judicial era un poder nulo y los jueces unos seres inanimados o simples bocas que pronunciaban la palabra de la ley.

6. En comparación con el ejecutivo y el legislativo, el judicial ha sido siempre un poder escuálido, cosa que puede variar según los países y las circunstancias. Basta con fijarnos en el número ordinal asignado, para darnos cuenta de que desde el origen de la formulación, al judicial se le relega a la tercera posición del Estado, con la clara intención de acotar su espacio a los límites de una actuación puramente moderadora, nunca de auténtico poder.

7. Al margen de los vaivenes del siglo XIX y de las indecisiones de la Segunda República —Azaña afirmaba con acierto que hay mucha diferencia entre decir «poder judicial» y «administración de

justicia»—, y pese a la solemnidad de la Constitución de 1978 que consolida la calificación de poder judicial hasta el punto de dedicarle un título —el VI— para él solo, tampoco parece que en España el judicial sea un verdadero poder, democráticamente hablando. Desde luego, no lo fue en época de Franco, donde, al menos, se tuvo la sinceridad de reconocer que lo que había era unidad de poder y división de funciones y en el vértice, el jefe del Estado y Generalísimo de los Ejércitos.

8. Coincido con el profesor Martínez Pastor cuando señala que la cuestión no es tanto examinar si el poder judicial es un verdadero poder, que lo es, sino la naturaleza del mismo. Más claro aún: ¿es poder independiente o está integrado en el poder como concepto único? Cuando Alfonso Guerra dijo aquello de que Montesquieu había muerto, creo que su idea no era considerar que el poder judicial había dejado de existir, sino algo tan sutil como admitirlo, pero subordinado al poder ejecutivo, del que él era vicepresidente. Creo que lo que Alfonso Guerra quiso decir es que el muerto era Montesquieu y que Locke había resucitado, pues éste no admitía el poder judicial por separado, sino como integrante del ejecutivo. Sólo a partir de Montesquieu puede hablarse del judicial como un poder más.

9. El poder judicial debe independizarse de los otros dos, no sólo estatutariamente, sino también funcional y económicamente. De no ser así, será siempre un subordinado, un siervo del legislativo y del ejecutivo, por no hablar de los llamados poderes «fácticos», a los que habré de referirme en el capítulo siguiente a éste. Yo he visto las pruebas. Cualquier juez que se ha propuesto romper las cadenas que esclavizan al poder judicial, tarde o temprano, ha sufrido la venganza de los que en realidad mandan, bien actuando por su propia cuenta, bien utilizando las instancias superiores de la judicatura que son las que, en realidad, importan al poder.

10. Lo más grave del poder judicial no ha sido su papel resi-

dual dentro del Estado, sino las históricas y constantes abdicaciones de que ha hecho gala respecto a poderes no tanto institucionales como reales. Quizá es que el poder judicial lleve muchos años dejándose manosear, arrastrando un infinito complejo de inferioridad y girando en la rueda del verdadero poder como un minúsculo rodamiento fácil de engrasar.

11. Poder judicial en su conjunto, lo que se dice poder auténtico e independiente, no existe ni ha existido nunca, ni aquí ni en el mundo entero, porque los hombres que tienen el verdadero poder, los del dinero —y algunos de la política— son enemigos naturales de la justicia, pues suele cruzarse en el camino de sus innobles proyectos.

12. No puede haber jueces independientes si el poder judicial no lo es en su conjunto. Porque, por poner un ejemplo, ¿de qué le sirve a un juez ser independiente si sus resoluciones pueden ser revisadas y revocadas por un tribunal superior que sólo lo es funcional y orgánicamente, pero no científica ni moralmente? ¿De qué le vale a ese juez ser independiente si puede ser sancionado, procesado y condenado, respectivamente, por un Consejo General del Poder Judicial o un Tribunal —incluido el Supremo, por supuesto, repleto de magistrados obedientes—, por dictar resoluciones desde su independencia judicial y conforme a la ley?

13. Aunque un juez se empeñe, no puede haber justicia independiente si por encima de él, otros, manchados por la negrura del temor o guiados por la ceguera de la ambición, echan por tierra la tenaz independencia del inferior. Mientras la justicia de verdad no sea capaz de vencer a la justicia del poder y los jueces, todos a una, no planten cara a la justicia de intereses, el problema de la justicia será un mal de piedra que irá de generación en generación y la ley del más fuerte será la que impere.

14. Tal como van las cosas, los jueces no deberían jamás proceder contra poderoso alguno, porque el poder es cosa de mafiosos,

y las mafias tienen sus leyes para arreglar las cuestiones entre ellos al margen de la ley. Si un juez mete la nariz en las corrupciones de la política o de los negocios se juega no sólo su prestigio, sino muy posiblemente hasta su carrera, si no su honor e incluso su vida. Este pensamiento es de un gran magistrado, ya muerto.

15. A un colega de París le oí decir que «no hay que engañarse, el poder judicial no existe en Francia». «Nada cabe esperar de un poder judicial que sale del Parlamento y de un ejecutivo que sale del legislativo.» Aun así, ha habido naciones —y alguna sigue habiendo— donde el poder judicial ha sido tan fuerte como los otros dos; pero estas excepciones, la mayor parte de las veces, se han debido a la inteligencia y fortaleza de algún juez capaz de resistir el oleaje de un enfurecido mar de poderes dispuestos a ahogarlo. Ahí está el caso del juez Sir Edward Coke, protagonista de un feroz enfrentamiento con el rey Jacobo. O el del juez John Marsall, presidente del Tribunal Supremo de los Estados Unidos, que a lo largo de más de treinta años de profesión jamás se rindió ante nada ni nadie y constituyó un verdadero ejemplo de la dignidad del poder judicial.

16. Mucha gente piensa que el poder judicial en España tiene un perfil muy bajo, cosa que atribuyen a responsables políticos extremadamente celosos de que los tribunales no sean obstáculo a sus peculiares ideas del Estado. He ahí la raíz más honda de la débil situación del judicial. En España no se ha abandonado el sistema de la unificación del poder de la dictadura franquista, que solamente ha variado, respecto de ella, de pasar de un poder personal a uno oligárquico detentado por los partidos políticos.

17. El ensayista norteamericano Alexander Hamilton, en su obra *Los jueces como guardianes de la Constitución*, dice que de los tres poderes, el judicial es el menos peligroso por el simple motivo de que no dispone de la fuerza del dinero sino solamente del razonamiento, además de depender de los otros dos para poder trabajar y para

ejecutar sus decisiones. Desde una perspectiva política, la independencia del poder judicial tiene carácter metafísico. Aun suponiendo que el poder judicial fuese esencialmente independiente, es evidente que las sentencias emanadas del mismo sólo existen si se cumplen. Sin embargo, ocurre que el cumplimiento de una sentencia del poder judicial sólo lo garantiza el poder ejecutivo. Y así, por ejemplo, en el ámbito penal, los jueces no son quienes encierran a los que ellos condenan, no actúan como carceleros, sino que entregan al condenado al poder ejecutivo para que éste haga el trabajo más desagradable, el de detener, esposar y poner al sujeto en prisión.

18. Tampoco un predominio del poder judicial es la mejor de las fórmulas para el buen funcionamiento de un Estado de derecho. Toda tiranía es mala y reciente está en la memoria el recuerdo de esos movimientos favorables a un «gobierno de los jueces», en los que han intervenido sectores de tanta presencia social como la prensa. Un Estado de derecho apuntalado en una especie de superpoder judicial, es siempre negativo.

19. Hagamos lo posible para que el poder judicial triunfe como el Derecho debe triunfar en un Estado de tal nombre, pero quede claro que no debe ser por el poder de los jueces, que es cosa tan distinta como aberrante. Alan Minc, en frase feliz, anunció que el Estado de los Jueces no es el Estado de derecho sino su antítesis.

20. El temor es necesario para el poder. En eso sí que el poder judicial es poder. Si no fuera por el miedo que inspiran, la gente se reiría de ellos. Hay magistrados que practican muy bien la teoría de que es preciso que la gente, ante ellos, se asuste, pues así —dicen— se aborta cualquier intento de reclamar justicia o de protestar ante la injusticia. La historia, a través de sonados casos, nos prueba que las horribles injusticias se han producido porque quienes las cometieron inspiraban pánico. Cuando se condena a alguien, nadie puede quejarse porque es peor. La justicia será implacable con quien alce su voz en señal de protesta.

21. Salvo que se dotase al poder judicial de instrumentos ejecutivos propios, cosa que no es aconsejable, pues implicaría crear poderes dentro de otros poderes, lo cierto es que las sentencias dictadas por los jueces sólo existen si son llevadas a efecto por el poder ejecutivo. Tan evidente como que la ejecución de una sentencia que estorba al poder ejecutivo tropezará con todos los obstáculos que eviten ser cumplidas. Al principio *fiat iustitia, pereat mundus* que define al poder judicial se opone el de *fiat mundis, pereant iudices*, que es el que podría definir al poder ejecutivo.

CAPÍTULO IX

SOBRE OTROS PODERES

1. No hay unanimidad acerca del número de poderes que existen. En todo caso, el número de combinaciones que la imaginación nos ofrece es muy variado. La cuestión se complica si aceptamos que poder es todo fenómeno que revela la capacidad de un individuo para obtener de otro un comportamiento que éste no hubiera adoptado por sí mismo.

2. En lo que casi todo el mundo está de acuerdo es que el deseo de poder encuentra su más nítida expresión en la traducción constante que define al hombre, como un lobo para el hombre —«*homo homini lupus*», de Hobbes.

3. El doctor Gregorio Marañón clasifica a los individuos dominados por la pasión de mando en dos categorías: «el fuerte, ancho, rechoncho con tendencia a la obesidad, que en terminología moderna se denomina pícnico; y el enjuto, aguileño, delgado, o según esa terminología, asténico». Cada cual que ponga nombres y apellidos.

4. En su ejercicio, los tres poderes clásicos pueden coincidir —y chocar— con otro tipo de poderes. Raymond Aron, en *Clase social, clase política y clase gobernante*, nos dice que los poderes que gobiernan los pueblos son el poder civil, el poder espiritual, el poder militar, el poder político, el poder administrativo y el poder económico. Son diferentes tipos que tienen que coexistir, salvo que haya alguno suficientemente poderoso para destruir a su rival.

5. Dentro de la gama de poderes que conviven, el económico ocupa un lugar privilegiado. El poder económico es siempre prominente en las sociedades capitalistas y de él dependen políticos, gobernantes y jueces.

6. El poder económico crea trabajo y el sujeto es un servidor de quien le da trabajo. Toda propiedad de bienes es posesión de poder, porque es un control sobre las acciones de los otros (Talcott Parsons).

7. La influencia que el poder económico tiene en la vida política de un Estado es ilimitada. En su *Sociedad y Sociología*, Ralf Dahrendorf pone de relieve que el económico se encuentra en la pirámide del poder y sus cuadros dirigentes, compuestos por grandes empresarios, asesorados por expertos economistas, acumulan en sus manos la mayor parte alícuota de poder.

8. En España, durante la dictadura del general Franco, se decía que los poderes fácticos eran la Iglesia, el Ejército y doña Carmen Polo de Franco. Hoy parece claro que lo son la Banca, la Prensa y los Sindicatos.

9. Mas, junto a los poderes señalados, es decir los institucionales y los de hecho, suelen existir otros cambiantes y transitorios. Son los que se conocen con el nombre de efímeros o fantasmales y, sin ánimo de ser exhaustivo, los analistas destacan a las asociaciones de vecinos, a las organizaciones no gubernamentales y a los colectivos *gays*.

10. En la lista de estos otros poderes, también figura el sindical, un tipo de poder nacido en el siglo XIX al compás del crecimiento de la sociedad industrial. Max Weber considera que el poder de los sindicatos se acrecienta cuando empiezan a utilizar los modernos métodos de propaganda y su gran arma: la amenaza de huelga.

11. ¿Son los intelectuales un poder? Sin duda, sí. «Las ideas pueden sostener o justificar el poder; con las ideas puede destruir-

se la autoridad legítima y reducirla a lo injusto; con las ideas se puede ocultar o exponer a los detentadores del poder» (Wright Mills). Es lo que se denomina poder espiritual, encarnado por intelectuales que fabrican los modos de pensar y fijan el orden de valores. Son los que Raymond Aron llama «escribas, hombres de letras y expertos».

12. Para Marx este poder espiritual, cuya eliminación postula, es el instrumento que la sociedad capitalista y burguesa emplea para defender los intereses de la clase dominante.

13. ¿Es la prensa un poder? Hoy es muy frecuente —nos dice el profesor Joaquín Blanco Ande en su *Teoría del poder*— considerar a la opinión pública como uno de los poderes de hecho junto a los partidos políticos y demás núcleos de poder. Sin embargo, más que la opinión pública, quien detenta el poder político efectivo son los medios de comunicación, lo cual, choca bastante con la idea de democracia.

14. En los regímenes democráticos y parlamentarios, cual es el caso actual de España, los problemas deben resolverse por los gobernantes, los legisladores y los jueces, no por los poderes fácticos ni por la prensa, pero tampoco esto es creído por nadie. La realidad va por otro camino: el poder del dinero y de la prensa usurpan, diariamente, la voluntad del pueblo. Y éste sin enterarse o haciendo como que no se entera.

15. Según el profesor Jiménez de Parga —actualmente presidente del Tribunal Constitucional— «es una inexactitud seguir calificando a la Prensa como el cuarto poder del Estado, junto al Legislativo, el Ejecutivo y el Judicial de la tripartición clásica». A su juicio, los medios de comunicación no son un poder más, sino que formalizan el ejercicio de los tres que verdaderamente lo son.

16. En España, pese a nuestra Constitución laica y no obstante la teoría de los dos Estados patrocinada por san Agustín, resulta evidente que la Iglesia sigue siendo un poder de hecho y que

lo será, con firmeza y prepotencia, por los siglos de los siglos, amén.

17. «Con la Iglesia hemos dado, Sancho.» «Ya lo veo», respondió Sancho, «y plega a Dios que no demos con nuestra sepultura». (*Don Quijote de la Mancha*. Segunda parte. Capítulo IX).

18. Ahora bien, por encima de los poderes, incluidos los «otros poderes», está el Gran Poder, el todopoderoso, el que es todo al mismo tiempo: Parlamento, Gobierno y Justicia. Es *El Supremo* que, por tener, hasta tiene jueces nombrados por él, verdugo particular y horca propia. Dispone de la vida de los demás y, por supuesto, de su hacienda. Condena a muerte sin apelación.

CAPÍTULO X

SOBRE LAS GUERRAS

1. Vaya por delante que mucho antes y mejor que yo —desde las discusiones entre Trasímaco y Sócrates, en *La República*, hasta nuestros días— son legión los pensadores dedicados a analizar la guerra.

2. Se puede hacer la guerra por múltiples razones. Se puede hacer la guerra por venganza y no en vano Virgilio en la *Eneida* nos advierte de que la ira improvisa las armas. También se puede hacer la guerra para demostrar quién manda —finalidad más propia del rey de la selva—. E igualmente, se puede hacer la guerra en defensa propia, aunque sin olvidar que defenderse puede ser ilegítimo si hay exceso en el modo o en los medios.

3. Hay gentes —léase a Maquiavelo— que piensan en la guerra aun en tiempos de paz. El nervio de la guerra es el poder y no en vano Filipo decía que toda ciudadela puede ser tomada por asalto con tal que pueda hacerse ascender hasta ella un asno cargado de oro. Mientras los que mueran sean los de siempre —lo que Cela llamaría «carne de derrota»—, todo va bien.

4. Con frecuencia se dice —por boca de Clausewitz— que la guerra es la continuación de la política por otros medios o —esta vez en palabras de Churchill— que quien no quiere la guerra es que prefiere el deshonor. Me parece una terrible paradoja que la guerra necesite ser justificada. Salvo a un paranoico incurable, a

nadie puede apetecerle una guerra en un mundo de armas de destrucción masiva y de bombas con cabezas nucleares. El resultado de la guerra siempre es incierto y en el mejor de los casos, toda victoria, por feliz que sea, en la medida que hay enemigos derrotados y muertos, implica sufrimiento.

5. Desde la barbarie terrorista del 11 de septiembre de 2001, la censura de la guerra que hicieron los clásicos —Cicerón, Ovidio, Juan Luis Vives— ha perdido vigencia y el «hagan otros la guerra» ha vuelto a sonar a hueco en muchos países, empezando por EE.UU., que es el realmente afectado por la tragedia.

6. Es verdad que la ira anima a las armas y que a veces la venganza es más deseable que la propia vida, lo cual prueba que la guerra es un modo de dejar libres los instintos más primitivos. En *El malestar en la civilización*, Freud afirma que para posibilitar la vida en común, los impulsos criminales reprimidos por el hombre encuentran un escape en el asesinato masivo de la guerra.

7. Cicerón nos advierte de que en medio de las armas callan las leyes y Ovidio cuenta cómo las leyes yacen vencidas bajo la espada guerrera. Kant ya advertía de que la única forma objetiva de progreso es el progreso jurídico. Las guerras, todas las guerras, deben morir porque una guerra hace más hombres malos que muertos.

8. Mi pensamiento es que eso de la guerra es más una deformidad que una virtud del hombre y me apunto a quienes piensan que la guerra sólo puede considerarse justa cuando es inevitable y se emprende con el único objetivo de encontrar la paz.

9. No sé si por influencia generacional o familiar, pero siendo adolescente ya me parecía que en las guerras nadie tenía razón y que los soldados eran todos unos homicidas por obediencia. No hay seres humanos predestinados al sacrificio ni tampoco nacidos para matar.

10. Hobbes se preguntaba acerca de qué tipo de derrota militar justificaba el sometimiento al tirano, y tres siglos más tarde toda-

vía tenemos dudas acerca de si un sistema de defensa preventiva será capaz de despejar la amenaza de la aniquilación nuclear. Ulises y el Cíclope no eran tan diferentes como se nos pintan. El uno, cuando se le presentaba la ocasión, maltrataba a sus semejantes y los esclavizaba; el otro, si le apetecía carne humana, los ponía en su menú para la cena.

11. Hoy, asomados ya al tercer milenio de nuestra era, a todos nos debería doler el corazón porque el hombre siga usando la palabra *guerra*. La humanidad, a lo que se va viendo, no sólo no escarmienta sino que se empecina en partirse la cabeza tropezando siempre con las mismas piedras.

12. La carrera de armamentos que empezó hace medio siglo y que sigue su marcha con galope de potro desbocado es suicida, como vergonzoso es el derroche de riqueza emprendido para acelerar la desaparición del hombre, cuando el hombre, en una proporción de seis a uno, pasa hambre y no sabe leer y escribir. Cuando el dinero se gasta no en ayudar a vivir, sino en ayudar a morir, ¿qué se puede esperar? O los políticos basan su gestión en la justicia y el Derecho o el mundo seguirá rigiéndose y desgobernándose por la ley de la selva.

13. ¿Acaso los mortales no tendremos alguna válvula obstruida que nos impide tomar en serio la absoluta evidencia de que el mundo entero se encuentra abocado a una guerra —la tercera— que, sin duda, sería la última y definitiva?

CAPÍTULO XI

SOBRE LA LEY

1. Según la discusión tradicional, la ley se fundamenta, bien en la naturaleza de las cosas, bien en una decisión racional de la naturaleza humana. Para Cicerón, la ley natural era eterna e inmutable —por eso, también divina—, prescrita por un dios único, providencial y sancionador. De esta ley suprema deriva la ley civil. Como explica Montesquieu en *El espíritu de las leyes*, las leyes civiles sólo tienen sentido si se refieren a una legalidad universal que rige el mundo. «Antes de que existieran leyes, había relaciones de justicia posibles», dice el barón de Secondat.

2. Todo Estado por el solo hecho de serlo, no puede dejar de ser, aunque quisiera, un Estado de derecho. El principio de legalidad sigue al Estado como la sombra al cuerpo. Es en la legalidad donde el Estado encuentra su justificación. Incluso Lenin, en los primeros tiempos del régimen soviético, dejó claro que el principio de legalidad socialista era uno de los pilares básicos.

3. Para Hobbes, las relaciones de equidad son anteriores a la ley positiva que las establece: «Decir que sólo es justo o injusto lo que ordenan o prohíben las leyes positivas es tanto como decir que antes de que se trazara círculo alguno, todos los radios no eran iguales.» Sin embargo, para los positivistas, el fundamento de la ley es distinto. Hegel, por ejemplo, afirma que las únicas leyes

de las que se puede hablar son las leyes positivas, es decir, las que el Estado dicta e impone.

4. Los hombres se han gobernado por diversas clases de leyes: por el derecho natural; por el derecho divino, que es el de la religión; por el derecho eclesiástico, llamado también canónico, que es el que regula la religión; por el derecho de gentes que se puede considerar como un derecho civil del universo.

5. Pero puestos a hablar de leyes, hay muchas más. Verbigracia: ley de Newton o ley de la gravedad; ley de Dios, aquella que procedente de la voluntad divina, todo lo arregla; ley marcial, que es la que se dicta una vez declarado el estado de guerra; ley sálica, la que excluye del trono a las hembras; ley seca, que prohíbe el tráfico y consumo de bebidas alcohólicas; ley caldaria, la que ordenaba antiguamente la prueba del agua hirviendo; ley del duelo, la que fija las reglas para los duelos y desafíos. Eso por no hablar de las leyes del embudo, de la trampa y hasta del encaje, propias de aquellos jueces que se forman su personal opinión o juicio al margen de lo que las leyes disponen.

6. Dentro de la ley positiva, hay bastante variedad: leyes adjetivas, que son las procesales; leyes de bases, que son las que únicamente contienen las normas generales sobre una materia; leyes fundamentales —suelen coincidir con las constituciones de cada país—, que son las que establecen los principios por los que deberá regirse la legislación de un Estado; leyes orgánicas, aquéllas derivadas inmediatamente de la Constitución y que la sirven de complemento. En España, las leyes orgánicas son, además de las que aprueban los Estatutos de Autonomía y las electorales, las relativas al desarrollo de los derechos fundamentales y de las libertades públicas y su aprobación, modificación o derogación exige la mayoría absoluta del Congreso.

7. No cabe duda de que, hoy por hoy, existen claros síntomas de un preocupante proceso de inflación legislativa. En un agudo

estudio que realizó en 1942, López de Oñate aludía a dos tipos de peligros contra la certeza del Derecho: uno, el movimiento del Derecho libre y las concepciones jurídicas de los sistemas totalitarios nazi y soviético; otro, la profusión de leyes que desemboca en «hipertrofia legislativa». Poco queda hoy de aquellas leyes justas, sabias y benéficas de que nos hablaron los ilustrados.

8. Hay parlamentos que fabrican por fabricar y de la cadena de montaje están saliendo productos que no gozan de la simpatía de la sociedad, ni resuelven los problemas de la manera más adecuada. Recuérdese la advertencia de Tácito de «*Corruptissima republica plurimae leges*».

9. Lo expresa muy bien el profesor García de Enterría al hablar de una sociedad inundada por una marea incontenible de Leyes y de Reglamentos. Para apuntalar su tesis acude a Ortega y Gasset cuando denunciaba el mal de «legislación incontinente» y lamentaba que «la legislación en los últimos tiempos se ha convertido en una ametralladora que dispara leyes sin cesar». Ortega recordaba constantemente a Josef K., el personaje de Kafka, reo de no sabe qué posibles delitos y avisaba del riesgo que esta catarata de leyes representaba para la seguridad jurídica.

10. Desde que Ortega expresó estos juicios, hasta hoy, el problema en España se ha agudizado. Para comprobarlo basta echar un vistazo al casi centenar de boletines oficiales que todos los días se editan en España. En palabras del propio Eduardo García de Enterría, el principio que formula el artículo 6.1 del Código Civil de que «la ignorancia de las leyes no excusa de su cumplimiento» parece un verdadero sarcasmo.

11. Con todo, este problema que ya denunció Montaigne al avisar de que no hay nada sujeto a más continua agitación que las leyes, para mí no es el más grave, pues superior lo es el incumplimiento, algo que, desgraciadamente, es bastante habitual. En Nietzsche puede leerse que sólo después de instituida la ley se puede

hablar de justicia o injusticia y el sereno Cicerón nos dejó dicho que el bien de un pueblo es la suprema ley, algo, por tanto, que tiene que terminar imponiéndose.

12. Hay que obedecer a la ley. En el Estado de derecho la soberanía popular se ejerce a través de la ley. Sólo la ley garantiza la seguridad de los ciudadanos y éstos, en reciprocidad, deben obedecerla. La Constitución consagra, como exigencia básica de la seguridad jurídica, el postulado de que «los ciudadanos y los poderes públicos están sujetos a la Constitución y al resto del ordenamiento jurídico» (Art. 9.1). Ésta es una máxima común a todos los ordenamientos jurídicos.

13. En democracia es donde cobra pleno sentido la advertencia ciceroniana de que todo deviene en incierto cuando se aleja del Derecho. Al margen de la ley, todo se torna inseguro. Sin seguridad jurídica, resulta inconcebible el ejercicio de la libertad. Obligada es la cita de Goethe cuando declara que prefiere sufrir la injusticia a soportar el desorden, que viene a ser lo mismo que piensa Carnelutti, de que lograr la certeza exige sacrificar la justicia, aunque —aclara— sea pagando el alto precio de admitir que el legislador es infalible.

14. La justicia no siempre se hace con la ley, eso es bien cierto; pero para aproximarnos a ella y procurar dar a cada uno lo suyo, la ley es imprescindible. La ley es lo que legitima la petición de obediencia al ciudadano, lo cual ya dijo san Agustín en *La ciudad de Dios*, al afirmar que un Estado sin derecho es igual que una banda de forajidos. Bien es verdad que esa herramienta unas veces se maneja con ineptitud y otras, simplemente se manosea.

15. Nuestra Constitución, al declarar que España se constituye en un Estado social y democrático de Derecho, lo que pretende es poner el acento en el principio del imperio de la ley y en prohibir la arbitrariedad. No obstante tan hermosa declaración, lamentablemente no han sido pocos los casos en que el Derecho ha sucumbi-

do a los intereses del poder real. Para éste la Ley, el Derecho y la Justicia son valores instrumentales y de mera oportunidad política, olvidando lo que Spinoza dijera en el siglo XVII: «El Derecho es el alma del Estado y sólo el mantenimiento del Derecho garantiza el mantenimiento del Estado.»

16. La mayor preocupación del poder es conseguir que la ley no se aplique en lo que a él le perjudique o le controle. Según el catedrático Alejandro Nieto, la ley ha sido siempre expresión de la voluntad del Poder —con o sin democracia— y las leyes sirven para racionalizar la imposición de intereses de las clases eminentes. Para el que manda, la ley es una pieza que sobra en la maquinaria de la sociedad. El que tiene el poder de hacer las leyes protege sus intereses contra ella. Así se explica que, en su momento, lo primero que hicieron los propietarios, fue declarar legalmente que la propiedad era sagrada y digna de la mayor de las defensas.

17. «Enséñame un código y te diré quién manda» suele decirse.

18. Hegel, uno de los más fieles partidarios de la democratización de la justicia, nos dice que las leyes no han de ser puestas tan alto que no se las conozca como hizo el tirano Dionisio, y tampoco se pueden ocultar en un lenguaje esotérico propio de los libros de los juristas. Lo mismo piensa de la administración de justicia, de la que afirma que debe ser pública de tal forma que las sentencias de los jueces pueden llevar a los ciudadanos la confianza en las instituciones y el convencimiento de que se ha actuado con justicia. Y es que hay leyes que parecen hechas para especialistas y expertos. Eso por no hablar de legisladores ignorantes que elaboran leyes que resultan de inteligencia y aplicación imposibles.

19. El profesor Muñoz Machado lamenta que en nuestro Derecho —igual que en el resto de los Estados europeos—, hoy sea muy raro que las leyes tengan respuestas claras a cómo resolver una controversia jurídica y que para ello es indispensable acudir a

los criterios establecidos por los tribunales en su jurisprudencia. De manera que, como dijo Oliver Holmes —famoso juez americano—, el estudio del Derecho se ha convertido —y aún lo hará más en un inmediato futuro— en el arte de predecir la conducta de los jueces.

20. La mayoría de los textos constitucionales sientan el principio de la sujeción de todos a la ley, empezando por los poderes públicos, incluidos, naturalmente, los jueces. En cualquier manual de Derecho —sea civil, penal, administrativo, etc.— puede leerse que, no obstante sus enormes prerrogativas, el juez se debe a la ley y sólo a la ley —«únicamente sometidos al imperio de la ley», reza el artículo 117 de la CE—. Pese a lo contundente de la proclamación, en la práctica pocos jueces se declaran subordinados de la ley y, menos aún, esclavos de ella. «Nosotros no tenemos que rendir cuentas a nadie», he oído decir a un insensato magistrado del Tribunal Supremo que, en un rapto de soberbia intelectual —más bien estulticia—, entendía que «un juez del Supremo puede hacer con la ley lo que le plazca». O sea, que según este juez —ojalá sólo sea uno—, los magistrados del Tribunal Supremo pueden revisar las sentencias de los jueces inferiores, pero nadie puede controlarlos a ellos, ni siquiera el poder legislativo.

21. Una cosa es que el juez sea un vocero de la ley, en la fórmula ideada por Montesquieu, pues, desde el momento en que la ley se expresa con palabras, no hay más remedio que interpretar y valorar el significado y alcance de ellas. Pero muy distinto a interpretar la ley es hacer otra nueva. Mal está ser siervo de la ley, pero peor, mucho peor, es ser señores de ella, a modo de amos despóticos e incontrolados que obligan a decir a los textos legales lo que el legislador nunca pensó.

22. Hay jueces que son igual que cirujanos, capaces de estirar, succionar, amputar, injertar, de tal modo que, llegado el momento, a la ley no la conoce ni la madre que la parió, o sea, el Parla-

mento. De ahí la amplia gama de manipulaciones de la ley. Ojo con la peligrosa teoría atribuida al magistrado Enrique Bacigalupo: «Mucho imperio de la ley, pero, al final, la ley sólo es lo que yo digo que dice.»

23. Por duro que resulte lo que queda dicho en el párrafo anterior, esto es lo que la experiencia ha enseñado y yo creo a pie juntillas. Hay jueces que no aceptan las leyes así como así, sino *id quod prodest*, o sea en lo que benefician a quien quiere que beneficien.

24. Nos los dice Beccaria: «La autoridad de interpretar las leyes penales no puede residir en los jueces de lo criminal, por la misma razón de que no son legisladores. Los jueces han recibido las leyes como efecto de un juramento tácito o expreso necesarios para frenar y regir el fermento intestino de los intereses particulares.» El oficio del juez consiste sólo en examinar si un hombre ha hecho o no una acción contraria a las leyes. «No hay cosa más peligrosa que aquel axioma común de que es necesario consultar el espíritu de la ley. Esto es un dique roto al torrente de las opiniones. Cada hombre tiene su punto de vista. El espíritu de la ley sería, pues, el resultado de la buena o mala lógica de un juez, de una buena o mala digestión; dependería de la violencia de sus pasiones, de la debilidad del que sufre, de las relaciones del juez con el ofendido...»

25. El llamado *principio de legalidad* es insustituible para asegurar el funcionamiento del Estado y de todos los poderes públicos. Seguimos estando, pues, aparentemente, en lo que los revolucionarios franceses llamaron «el reino de la ley». Años más tarde, en 1819, Benjamin Constant hacía la siguiente pregunta:

—¿Qué es lo que en nuestros días un inglés, un francés, un habitante de los Estados Unidos de América entienden por la palabra libertad?

—Para los tres significa lo mismo: el derecho de no estar sometido más que a la ley.

CAPÍTULO XII

SOBRE EL *COMMON LAW*

1. Se trata de un concepto que, junto con la *Equity* —conjunto de reglas fundamentales basadas en la razón y en la conciencia— y con la *Statute Law*, que es la ley de origen parlamentario, constituye uno de los tres pilares del Derecho inglés.

2. Como observa Blackstone en sus *Comentarios sobre las leyes de Inglaterra*, el *Common Law* constituye una *lex non scripta*, no porque no tenga más existencia que la oral, sino porque los usos y las máximas que la componen no tienen origen conocido preciso.

3. El *Common Law* y la *Equity* constituyen el llamado *judge made law*, o sea, un Derecho judicial de naturaleza jurisprudencial.

4. Según el *Common Law*, el juez, aunque no produce el derecho, sí dice lo que es, se convierte en su portavoz, lo interpreta. El juez Coke lo recalca así: *iudex est lex loquens*.

5. Decir el Derecho —más que el dar el Derecho— es la misión del juez conforme al *Common law*.

6. De esta concepción se deriva la idea de una supremacía del Derecho respecto del propio orden judicial. El Derecho se impone a todos por igual: tanto al Rey como al súbdito.

CAPÍTULO XIII

SOBRE LA CONSTITUCIÓN

1. Si atendemos al origen del término —del latín *constitutio*—, con la palabra Constitución puede designarse a un cuerpo institucional y normativo. Una Constitución es el corazón que mantiene vivo a un Estado.

2. Salvo en algunos países —Reino Unido, por ejemplo—, la Constitución es una ley escrita, una especie de código constitucional. Como ley fundamental, toda Constitución se caracteriza: a) por ser una ley suprema —«ley de leyes», se dice—, superior a cualquier otra norma jurídica; b) por condensarse en un solo documento; c) por delimitar las atribuciones del poder, troceándolo; y d) por proteger a los individuos frente a los abusos potenciales del poder.

3. Respecto a la nuestra —la actualmente vigente—, la Constitución española de 1978 es un pacto implícito que los españoles firmamos al poco tiempo de terminar la dictadura del general Franco. Luego, al año, se creó el Tribunal Constitucional para, precisamente, velar por la pureza de las garantías que la Constitución nos ofrece, aunque esa misión no debe ser entendida como la de los guardianes de las Tablas de la Ley.

4. Platón decía que para que las leyes sean justas es preciso que convenzan de su bondad a los que van a cumplirlas. Ésta es la virtud de la Constitución española. Con ella, España realizó el ideal

jurídico de todo pueblo civilizado y no son pocos para quienes la CE es el documento de identidad democrático.

5. Tan fuerte es el peso de la Constitución que cuando alguien tiene un problema o se siente agredido —sea por el Estado, sea por un guardia, sea por el vecino—, inmediatamente saltamos y decimos que «eso es inconstitucional», aunque tampoco faltan quienes la entienden como una patente que les permite hacer aquello que les viene en gana.

6. Spinoza (1632-1677) es quien defiende que el Derecho es el alma del Estado y que sólo aquél puede mantener vivo a éste. Pero Ortega afina más cuando afirma que el Derecho es, a veces, una pieza sobrante en el reloj de la convivencia. De todas formas, en esto del Estado de derecho que proclama nuestra Constitución, hay de todo: desde los que soñaron con él hace ya mucho tiempo —evidentemente, más de veinte años— hasta los que lo han confundido con el derecho a que el Estado sea como ellos lo han conducido para hacerse ricos y poderosos.

7. Aparte de la Constitución de cada país, ahora lo que se promueve son constituciones supranacionales. En Europa está en marcha el proyecto de una Constitución para toda la Unión, una especie de Tratado Constitucional Europeo que consolide principios e instituciones.

8. Las dudas están en cómo llamar a esta Constitución Europea, si federal, o federalista, aunque quizá esto sea lo que menos importa. Lo que interesa es salvar algunos obstáculos, como, por ejemplo, hallar la mejor forma de que las comunidades autónomas estén correctamente representadas.

9. Al día de hoy, el tratado constitucional europeo consiste en un anteproyecto, elaborado por una comisión presidida por Valéry Giscard d'Estaing, y que ya ha recibido las primeras críticas, sobre todo —se dice— por el sacrificio de las libertades fundamentales en beneficio de los poderes de políticos y funcionarios.

10. Pese a la ilusión puesta, no parece que el proyecto de una Constitución para toda Europa vaya a ser fácil, ni que habremos de verlo a corto plazo. Téngase en cuenta que la Unión Europea, en el futuro, abarcará alrededor de treinta países, con una población cercana a los quinientos millones de personas, lo que representa algo más del doble de la actual población de EE.UU. y más del cuádruple que Japón, y que indistintamente podrá usar la doble ciudadanía de nacional y europeo.

11. De momento, la tarea que queda por delante no es fácil. Recuérdese, y lo ha dicho certeramente el profesor Rafael Navarro Valls, que en Europa se piensa con categorías mentales griegas, el Derecho se asienta en los esquemas jurídicos del Derecho romano, pero el sustrato ideológico y ético que empapa el pensamiento y el Derecho europeos es, en su base, cristiano.

12. De nuestra Constitución española, gustar, lo que se dice gustar, no gusta todo. Cada cual siente y cuenta la feria según le va en ella y hasta es posible que más de uno, de haber estado permitido, hubiera formulado objeción de conciencia, reserva mental, enmienda o voto particular a algunas de sus proclamaciones.

13. A mí, por ejemplo, lo que menos me convenció y sigue sin convencerme de la Constitución de 1978 —también de otras anteriores— es la concepción del poder judicial, pues me pareció que nacía famélico y, lo que es peor, que los constituyentes sabían que tal como quedaba configurado, no iba a funcionar.

14. Una Constitución no es inmutable, aunque los hay partidarios de que sea algo eterno e incluso algunos todavía creen en la ley divina como origen de todos los derechos. Pero no parece razonable que a la Constitución, por fundamental que sea, se la dote de los mismos caracteres que tenía la ley de Moisés.

15. Por el camino contrario, tampoco convencen quienes postulan, en aras a esa rara figura del consenso, un texto constitucional susceptible de corregirse cuando aquel principio —u otro igual

de sacrosanto— lo demanden, pues ello significaría hacer de la Constitución algo poco menos que papel mojado.

16. Entre una y otra postura está la prudencia política. Y nunca han faltado fórmulas con las que, poco a poco, una Constitución vaya cambiando de piel, tarea que no es fácil si nos empeñamos en hacer del texto un libro inaccesible y puro. Ejemplos de cuanto digo los tenemos a diario, empezando por los muchos recursos que recibe el Tribunal Constitucional.

17. Toda Constitución tiene sus límites en la voluntad de los ciudadanos, que son los que, en su caso, deben abogar por la reforma. Sería lamentable suponer que la nuestra es una ley divina expresamente destinada a garantizar para siempre a los españoles una determinada forma de convivencia.

18. Lo ideal sería que nuestra Constitución, joven y vital, no envejeciese nunca, como lamentablemente lo hacen sus progenitores y destinatarios. Pero no es así. Lo que hace falta es que madure con arreglo a su propio ser y esencia, a golpe de perfección y utilidad. Y que la respetemos, empezando por quienes tanto la alaban.

19. Dentro de la CE hay mecanismos jurídicos y políticos suficientemente capaces de lograr que nuestro Estado camine de forma más que aceptable. El tiempo dirá si es necesario reformar la Constitución para adaptarla a las aspiraciones legítimas de unos o a las caprichosas aspiraciones de otros.

20. Recordando la famosa fórmula de Woodrow Wilson a propósito de la Constitución de los Estados Unidos, la Constitución española no es un simple documento de juristas, sino un vehículo de vida, cuyo espíritu es el espíritu del tiempo.

CAPÍTULO XIV

SOBRE LOS CÓDIGOS

1. Cuerpo legal que agrupa sistemática y metódicamente un conjunto de leyes con el objeto de facilitar al usuario su búsqueda.

2. Materialmente, una codificación supone un orden, un plan. Los Diez Mandamientos, por ejemplo, son un código, pues están divididos en dos tablas y forman un sistema.

3. El precedente de la codificación son los códices que eran libros manuscritos de forma cuadrada o rectangular escritos en cuadernos de papiro o pergamino, que se cosían formando un solo cuerpo al que se ponían unas tapas que, por lo común, eran de madera recubierta de cuero.

4. El primer códice que se conserva en España es un palimpsesto encontrado en el archivo de la catedral de León, perteneciente al segundo tercio del siglo VI y que contiene el Código de Alarico II, conocido con el nombre de Breviario de Aniano.

5. Todo código tiene un armazón, con libros, títulos, capítulos, secciones, artículos, que son como los cimientos y las vigas de una casa.

6. Intelectualmente, una codificación postula una unidad de composición y correlativamente una coherencia, lo que, desgraciadamente, no siempre ocurre.

7. Hasta para Marx, tan crítico él con el derecho burgués, un

código es algo necesario; tanto que llegó a decir, literalmente, que «un Código es para un pueblo la Biblia de la libertad».

8. Un fenómeno moderno es la proliferación de códigos administrativos: código de las cajas de ahorro, código de pensiones, código de expropiación; todos ellos, hijos del proceso de inflación legislativa.

9. Un buen código es aquél que dura muchos años. Eso de pasarse la vida retocando las leyes es signo de inmadurez.

10. Hay códigos que llevan el nombre del autor —o del falso autor— o de una época o acontecimiento determinado. Ejemplos: Código de Hammurabi, Código de Napoleón, Código de la Democracia o de Belloch. No siempre es bueno bautizar los códigos. Naturalmente depende de quién sea el padrino.

CAPÍTULO XV

SOBRE EL USO ALTERNATIVO DEL DERECHO

1. Teoría que sostiene la subjetivación de la justicia, de tal modo que el juez debe ser persona comprometida —y hasta beligerante— en defensa de una ideología que, siempre, naturalmente, es la progresista.

2. Para sus partidarios, las leyes no pueden interpretarse de manera técnica, sino ideológica, en definitiva, política. Uno de sus pioneros, llamado Pasukanis, lo dijo bien claro y bien alto: «La norma jurídica sólo tiene significado en el marco de una ideología.»

3. El origen del uso alternativo del Derecho se sitúa en la jurisprudencia de intereses que nació en oposición a la jurisprudencia de conceptos de la doctrina alemana, una derivación del positivismo. Se trataba de sustituir la letra de los textos legales en función de unos intereses sociales más próximos a la realidad.

4. Años más tarde, como una escisión, surgió el movimiento del Derecho libre, cuyos militantes, a diferencia de sus colegas de la jurisprudencia de intereses que sostenían que al juez no le estaba permitido suplantar el criterio del legislador por el suyo propio, iban mucho más allá y concedían al juez un amplio margen de decisión.

5. Fue a partir de Gény —por citar el nombre más significativo— cuando el monopolio de la ley se acaba y se admiten otras

fuentes del Derecho. La ley es la fundamental, pero no la única; el juez está vinculado a ella, pero también a todas las demás fuentes reconocidas, incluidas las externas, las del realismo social. Es de este modo como el juez —doctrina de Jhering— se mete en el proceso de aplicación de la ley y partiendo de aquélla reelabora la norma que luego aplicará.

6. La tesis básica de los alternativistas del Derecho es que la ley, por sí misma, no es nada. Sólo es una oferta que se le hace al juez para que éste la desarrolle y complete. Según ellos, la norma jurídica no es la ley general sino la que, a partir de ella, el juez confecciona para el caso concreto. Algo así como un manual de instrucciones. Como el Derecho es burgués —dicen—, no cabe otra solución que interpretarlo «alternativamente» y ponerlo al servicio de los intereses de las clases populares. El juez es libre de seguir —o no seguir— las directivas del legislador burgués, que él mismo denomina leyes.

7. Aunque tal movimiento carece de sentido en un Estado social, democrático y de derecho, que es como se constituye España (Art. 1 CE), aún quedan algunos nostálgicos que siguen preconizando la doctrina, si bien no se sabe, exactamente, si lo que postulan es la interpretación de la norma o, lo que es muy distinto, el subjetivismo, el capricho o la arbitrariedad. Hoy por hoy, ese alternativismo judicial a donde lleva es a la justicia del cadí musulmán, que es lo mismo que decir que es el mejor camino para acabar con el Derecho y con la función judicial.

8. Recomiendo esta lectura: «Cuanto más se aproxima el gobierno a la República, más fija será la manera de juzgar. Era un defecto de la República de Lacedemonia el que los éforos juzgasen arbitrariamente, sin leyes que los dirigiesen. En los Estados despóticos no hay leyes: el juez es su propia regla. En los Estados monárquicos hay una ley que el juez aplica de modo terminante. En el gobierno republicano es propio de la naturaleza de la Constitución

que los jueces sigan la letra de la ley. No hay ningún ciudadano contra el cual se pueda interpretar ninguna ley cuando se trata de sus bienes, de su honor o de su vida.» Palabra de Montesquieu.

9. A la hora de poner en práctica el uso alternativo, el manipulador de turno puede actuar de diferentes maneras. La más común es la que se conoce como la técnica del coloreado y que consiste en que primero se destiñe la ley y luego se le da el tinte que ideológicamente más interesa. El siguiente paso es dotar a la resolución judicial de un contenido de justicia, en la forma que él la entiende. En estos supuestos, que no son pocos, el abogado para quien la ley siempre fue algo sagrado e intocable, lo mejor es que antes de comenzar un pleito se informe del currículo ideológico —no científico— del juez. Así, al menos, sabrá a qué atenerse.

10. Llamativo resulta la resignación ante estos excesos judiciales. Aquí se puede castigar a quien no respete la ley, incluidos los funcionarios incumplidores o negligentes, pero nadie mueve un dedo cuando un juez, en aplicación de semejante teoría, pronuncia sentencias manifiestamente ilegales. El juez «alternativo» puede resolver de la forma que mejor le venga en gana ideológica, pues sabe que no está obligado a rendir cuentas de la decisión adoptada.

11. Para el catedrático Antonio Enrique Pérez Luño, una de las personas que más a fondo ha estudiado esta corriente, el uso alternativo del Derecho no es más que la instrumentalización política del mismo, capaz de producir un daño enorme en la seguridad jurídica, postulado básico del Estado de derecho. Según él, desde una perspectiva constitucional, la tesis alternativa no implica la asunción de posiciones jurídicas progresistas, sino que se trata de un retorcimiento del Derecho, que puede degenerar en fenómenos regresivos de «neonazismo jurídico».

12. Conozco a varios magistrados fervientes partidarios y aplicadores a ultranza del «uso alternativo del Derecho». Salvo alguna

muy concreta y honrosa excepción, la mayoría de ellos lo que en verdad han practicado es el «abuso alterativo del Derecho», olvidando, como escribía Santiago Muñoz Machado (ABC 04.09.02), que «un Estado de derecho que admita que cada juez o tribunal tenga su propia jurisprudencia, de manera que el Derecho se crea para cada caso, actuando los jueces con completa libertad, sin consideración alguna a la ley, está llamado al caos y tiene sembradas las semillas de su destrucción o descrédito».

13. Rousseau lo expresa de un modo magistral: «Un pueblo libre obedece, pero no sirve; tiene jefes, pero no dueños; obedece a las leyes pero nada más que a las leyes y es por la fuerza de las leyes por lo que no obedece a los hombres.» O sea, que el Derecho hace muchos años que dejó de ser una invención libre de los jueces. Ningún ciudadano está sometido a otro, sea rey, sea juez, sea lo que sea. Por tanto, en un sistema democrático no tiene sitio —ni sentido— la libre creación del Derecho, ni la rebelión de los jueces contra la ley.

CAPÍTULO XVI

SOBRE LA JUSTICIA

1. «Raigada virtud que dura siempre en las voluntades de los homes justos, e da e comparte a cada uno su derecho igualmente» (Ley 1ª, tit. I, Part. 3). La Ley 2ª dice «que enseña a vivir cuerdamente sin yerro e con mesura, que mejora a los buenos por las recompensas y que corrige a los malos por la pena, faciendo vivir a cada uno en paz según su estado». El legislador la considera como algo que encierra todos los derechos de cualquier naturaleza que sean, y dice que sus mandamientos son tres: «1º que home viva honestamente; 2º que no faga mal ni daño a otro; y 3º que dé su derecho a cada uno.»

2. Muchos años son los que llevo dedicados a la administración de justicia. Sobre ella he leído todo lo que he tenido a mi alcance, no pocos son los artículos que tengo escritos al respecto, he pronunciado bastantes conferencias y casi constantemente —y con el rigor de que soy capaz—, pienso sobre el tema. Y es hoy, y me encuentro que no sé bien lo que, de verdad, es la justicia; qué es lo que hay detrás de esa palabra que muchos tienen en los labios y muy pocos en el corazón. ¿Será la justicia un truco, un juego de suerte, un recurso retórico con el que los políticos se entretienen? O lo que es peor: ¿se tratará simplemente de un medio que tienen algunos funcionarios para ganarse la vida? Y más grave aún: ¿acaso sea la coartada de determinados hombres de poder para dominar la

sociedad? Es posible que la única definición sensata que pudiera darse sobre esta palabra fuera la de repetir lo que todo el mundo sabe y entiende desde que Tomás de Aquino (*Suma teológica*), inspirándose en Aristóteles y en el *Digesto*, escribió: «*Iustitia est constans et perpetua voluntas ius suum unicuique tribuens*.» En traducción fácil: «Justicia es todo aquello que da a cada uno lo que es suyo y le corresponde.»

3. Desde sus inicios, uno de los fines de la humanidad es lograr un mundo donde impere la justicia. No obstante, ¿de verdad sabemos lo que los hombres quieren exactamente cuando piden justicia? «El hombre es más indeterminado que cualquier otro animal» nos dice Nietzsche en *La genealogía de la moral*, lo cual nos recuerda que la justicia tiene un fundamento antropológico. Ahora bien, desde el punto de vista metodológico, la idea de la justicia combina antropología y ética. La justicia humana es un tosco instrumento para hacer frente a la injusticia total.

4. En la práctica, hay dos concepciones de la justicia. La objetiva, según la cual coincide con lo que Hegel llama «vida ética», y que se identifica con instituciones como la pareja, la familia o la economía. Y la subjetiva que es aquélla que se enmarca en el concepto kantiano de moralidad. El hombre justo es aquél que cumple lo que exigen las leyes y no por temor al castigo, sino porque se lo indica la moral.

5. Por confusa, nunca compartí la redacción del artículo 117.1 de la Constitución. Decir que la justicia emana del pueblo es congruente con el principio de que el pueblo es el germen de todos los poderes, pero una cosa es la justicia, esa palabra mágica con mayúscula y otra el poder judicial encargado de aplicarla. Como distinto es decir «hacer justicia» que «administrar justicia», expresión que da la impresión de que la justicia es un bien escaso, que lo es.

6. Emanar proviene del latín *emanare,* que significa «proceder, traer origen», y nadie puede engendrar lo que no es capaz. La jus-

ticia es noción que vuela por encima de los hombres y de las leyes y si el pueblo fuese su manantial, todo lo que aquél decidiese sería justo, lo cual no es verdad. En boca de Cicerón, «el pueblo, al estar dominado por el favor o la envidia, nunca es imparcial para juzgar al hombre» y Radbruch nos advierte de que «existen leyes que por vergonzosas la conciencia moral rehúsa obedecer».

7. Decir que la justicia emana del pueblo y a continuación añadir que se administra en nombre del rey es una mezcla nada fácil de entender, salvo que busquemos la explicación en la buena voluntad del constituyente de dar gusto, al mismo tiempo, a populistas y monárquicos, con lo que, en resumidas cuentas, no se satisface ni a unos ni a otros.

8. La *invocatio regi*, declaración que ya estaba en la Constitución de 1869, como la republicana de 1931 de «en nombre del Estado», tampoco me convence, del mismo modo que la expresión «en nombre del pueblo» que emplea, por ejemplo, la Constitución italiana.

9. Betham afirma que la justicia no se administra en nombre de nadie, lo que quizá es muy razonable si tenemos en cuenta que la justicia, algo tan natural y universal, tiene categoría suficiente para que se administre en su propio nombre. La proclamación de una justicia administrada en nombre del rey puede que tenga que ver con la función arbitral que la Constitución le encomienda.

10. Al hilo del anterior juicio, pregunto por qué, en su día, no se otorgó al rey, como jefe de Estado, la facultad de proveer, si no todos, sí determinados cargos judiciales; verbigracia, algunos magistrados del Tribunal Constitucional o vocales del CGPJ. En ambos supuestos y con designaciones vitalicias, tal vez los nombrados, por el simple hecho de tener mayores posibilidades, podrían ser más independientes. No obstante, sabido es que en estos asuntos el éxito depende no tanto de los métodos como de las personas.

11. En mi opinión, la Corona podría ser la gran garante de

una verdadera democracia con división de poderes, al menos en lo que al poder judicial se refiere. La experiencia democrática ha demostrado que el sistema de elección de los miembros de la magistratura en los altos tribunales o de los vocales del CGPJ por parte del poder ejecutivo —directa o indirectamente, a través del legislativo— ha propiciado la designación de jueces dóciles, débiles y escasamente independientes.

12. Cualquiera que reflexione seriamente —dice Rousseau— encontrará que «todas estas grandes palabras de justicia, de leyes, etc., sólo son patrañas inventadas por diestros políticos o por cobardes pedantes para imponérselas a los simples». Estoy absolutamente convencido de que tan sólo cuando los españoles, o al menos muchos españoles, dediquemos nuestro esfuerzo mantenido a pensar —naturalmente, en serio— sobre la justicia española y sus circunstancias, sin engañar a la gente ni engañarnos, podremos empezar a estar en el buen camino de disponer de un abanico de posibles soluciones capaces.

13. Si hay un fracaso grave en política es el fracaso en justicia, pues, como dijera Albert Camus, «si el hombre fracasa en esto, habrá fracasado en todo». En este tramo del camino, pienso que las causas del fracaso pueden ser el aburrimiento de los espectadores o el hastío de la clientela.

14. El problema de la justicia se encuentra abocado a esta difícil disyuntiva: que sea noble y eficaz, para lo cual, o nos ponemos todos de acuerdo o se va al garete sin remisión; o que siga como está, en cuyo caso lo que tendremos es una justicia mezquina y estancada.

15. O la justicia marcha o se nos marcha. En la justicia española hay situaciones en las que cuanto más te acercas a un tribunal, más parece que te alejas de la justicia.

16. Hace años, un periodista me preguntó que cómo veía la justicia española. Le dije que hipotensa, o sea, falta de emoción,

sin pulso. Si la pregunta me la hiciera hoy la respuesta sería otra, más dramática. La justicia está enferma, huele a hospital, tirando a instituto anatómico forense. Y lo peor es que nadie o casi nadie se da todavía cuenta de que la justicia se contamina y pudre cuando se entrevera con la política, la ambición y las pasiones, compañeras todas siempre traidoras e innobles.

17. La acción de la justicia se desgasta en la lucha contra la inercia de la injusticia y a la postre, quizá por cansancio —o aburrimiento—, pierde la batalla y se refugia a contemplar la esterilidad de su esfuerzo amargamente inútil. La injusticia no es un vacío, sino una desviación de la justicia. La injusticia implica cierta justicia, tampoco demasiada, aplicada con entusiasmo a ignorar la justicia. La injusticia se apoya en la negación. En el fondo proclama que se debe negar el pan y la sal a los justos.

18. Además de otros sentimientos, la justicia inspira temor. No hay duda. Luis Araquistáin piensa que a la justicia se la teme porque hay casos en que obra con más saña que equidad: «cualquiera que conozca su terrible poder huye de ella como gato escaldado, para no ser triturado por su lento y avariento engranaje».

CAPÍTULO XVII

SOBRE LA IGUALDAD ANTE LA JUSTICIA

1. En la democracia antigua, la igualdad traduce la similitud o incluso la identidad natural de los ciudadanos: «La igualdad consiste en que lo mismo les corresponda a los que son iguales.»

2. La igualdad democrática, que es lo que confiere significado a la libertad, consiste en la realización perfecta de la *isonomía*, según la cual «pobres y ricos tienen una justicia igual» (Eurípides, *Suplicantes*).

3. Para Aristóteles «es evidente que entre los hombres, los unos son libres y los otros esclavos por naturaleza» y «es justo y bueno que tal hombre sea esclavo y tal hombre propietario de esclavos». La clase que dispone del dinero impone su religión y luego su filosofía, lo mismo que se impone la ley.

4. Siguiendo a Bodino (*Methodus* 1566), cabe distinguir entre una justicia correctiva que se expresa mediante una igualdad aritmética, y una justicia distributiva que lo hace en proporciones geométricas o analógicas. Bodino dice que un gobierno que se apoya en una justicia aritmética quiere, en sentido estricto, la igualdad de todos, mientras que aquél que se basa en la justicia geométrica y reparte los bienes atendiendo a razones proporcionales, es, evidentemente, elitista o aristocrático.

5. Cuenta Daniel Sueiro cómo en el año 1800, en Inglaterra todavía se castigaban con la muerte más de doscientos delitos,

entre los que se encontraban el robo de nabos, la asociación con gitanos, los daños causados a los peces en los estanques, cazar o pescar en vedado. «Los príncipes de la sociedad robaban legalmente o hacían legalizar sus robos —exclamaba Jack London en *El talón de hierro*—, en tanto en cuanto que los pobres diablos robaban ilegalmente.»

6. Todo está permitido contra los pobres, dice Anatole France: «la extrema debilidad es la única salvación de los débiles». Y todavía el profesor español Ruiz de Funes añadiría, comentando *Las ideas penales de Anatole France*, que «la justicia penal parece todavía una justicia de clase. La defensa social se sustrae de sus preceptos y triunfa en ellos la protección de los intereses de la clase dominante».

7. Hay más voces. Neruda grita: «El fuero para el gran ladrón, la cárcel al que roba un pan.» Y Zola, en su novela *París,* nos despeja cualquier duda acerca del significado de la guillotina: «… la guillotina se hallaba allí, en su sitio, en aquel barrio de miseria y de trabajo; elevábase como una amenaza, y, a decir verdad, conducían a ella la ignorancia, la pobreza y el sufrimiento».

8. Una premisa de la justicia es que juzgue sin consideraciones de persona, para lo cual hay que cumplir dos condiciones mínimas, propias de la justicia natural: a) nadie puede ser juez y parte; b) siempre hay que escuchar a la parte adversa.

9. El artículo 14 de la CE dice así: «Los españoles son iguales ante la ley, sin que pueda prevalecer discriminación alguna por razón de nacimiento, raza, sexo, religión, opinión o cualquier otra condición o circunstancia personal o social.» Este artículo significa que no hay ningún campo de la experiencia humana que pueda quedar a salvo de la reivindicación igualitaria.

10. La justicia debe huir de las desigualdades y la primera señal de que es justa es la de no hacer distingos. La justicia no encierra misterio alguno y le basta con ser leal a su propia esencia: todos iguales ante ella. Pero esto depende de los jueces, de su independencia.

11. Aunque no faltan doctores —por ejemplo, el profesor Rubio Llorente con su teoría del «*tertium comparationis*»— que justifican que la sociedad, pese a la identidad del hombre desde el vientre materno, nos moldea a unos y otros de diferente manera, a mí —dicho esto con tanta cautela como prudencia— y al margen de la evolución de la especie humana, lo que no se me alcanza es que a las criaturas se las trate con diferente rasero en cuestiones tan elementales como la ley o la justicia.

12. En España, la igualdad no es un principio que en los tribunales se reparta con mano generosa. La fuerza del poder real —el de verdad— es mucha y una de sus demostraciones es la exhibición constante de sus detentadores de que ellos pertenecen a otra especie.

13. La igualdad ante la justicia es algo que no admite excepciones ni interpretaciones. El juez de verdad tiene a este principio como un dogma hermético e inalterable y con él discurre por cauces ajenos a los de las necesidades o conveniencias.

14. La verdad sea dicha, siempre me pareció sencillo para un juez hacer realidad un principio tan elemental como el de una justicia sin distinciones. Un juez sabe, o debe saber, que cuando se trata de aplicar la ley la única fórmula es la de todo dios por igual y que lo mismo sufre el topo que el elefante cuando se les despelleja.

15. Lo tengo escrito y dicho en multitud de ocasiones: no hay duda de que, hoy por hoy, salvo crédulos y beneficiarios, el común de la gente piensa que no todo el mundo recibe el mismo trato cuando se las tiene que ver con la ley o comparece ante un juez. Sobre este punto las encuestas muestran un resultado estremecedor. Así, la realizada por el CIS en 1992 —ahora sería más severa— sobre la base de la siguiente pregunta: «¿Cree usted que en los juicios penales los jueces españoles suelen juzgar de forma imparcial sin tener en cuenta la condición social de los acusados?», los resulta-

dos fueron éstos: el 55 por ciento, no; sí, el 27 por ciento; no sabe/no contesta, el 18 por ciento.

16. El hombre corriente, cuando tropieza con la justicia, lo primero que debe sentir es que a él se le trata como a sus vecinos. Se me ocurre que eso nunca debe ignorarse pues en caso contrario la injusticia será algo que crecerá a cada minuto.

17. Un buen juez, si quiere cumplir este cometido, necesita un punto de valentía, otro de sosiego, sin que le falte cierta afición al riesgo.

18. Según la última encuesta de CIS, parece que a determinados jueces de este país les gusta bastante eso de hacer diferencias y tratar a los paisanos de diferente forma según la categoría o rango del cliente. Yo, sin ir más lejos, conozco a media docena de magistrados que lo primero que hacen cuando les llega un asunto es mirar la categoría de los personajes; luego, si son de su agrado, a las primeras de cambio demuestran la buena disposición.

19. Hay un fenómeno real innegable que parece amenazar los cimientos del principio de igualdad ante la justicia, a saber, la presencia de sentencias contradictorias. Si el Derecho es el mismo y los hechos idénticos, la existencia de resoluciones contradictorias obliga a admitir que el juez no decide sólo por la Ley y el Derecho, sino por otras causas que interfieren en el razonamiento jurídico.

20. Siendo iguales la ley y los hechos, ¿cómo explicar que los jueces lleguen a conclusiones distintas? En mi opinión, la explicación hay que buscarla fuera del Derecho, en los casos de sentencias inspiradas no por razones jurídicas sino por la corrupción; en las sentencias inspiradas por el capricho o la pasión y en las sentencias fundadas en un error.

21. Cuando un juez se inclina a favor del demandante y a la semana siguiente, en otro caso idéntico al anterior, lo hace a favor

del demandado, está actuando igual que cuando vota a favor de un partido político.

22. Parecerá mentira, pero a pesar de vivir en democracia y con más de veinte años de Constitución, en España aún hay razones —el dinero, las influencias políticas y los parentescos— que siguen abriéndose camino entre las patentes de corso. Sugiero que se eche un vistazo a alguna sede judicial calificada de suprema y a algunos de sus moradores. Ruego disculpas por no ser más explícito. Dar nombres sería hacer propaganda del mal.

CAPÍTULO XVIII

SOBRE EL PRECIO DE LA JUSTICIA

1. Si usted, estimado lector, echa un vistazo a nuestra Constitución verá que en el artículo 119 declara que «la justicia será gratuita cuando así lo disponga la ley y, en todo caso, respecto de quienes acrediten insuficiencia de recursos para litigar», lo cual es todo un propósito de hacer realidad y alcanzar los valores de justicia y equidad.

2. El mensaje expuesto no puede ser más bello y generoso y lo sería aún más si el Ministerio de Justicia y el Consejo General del Poder Judicial invirtieran recursos y esfuerzos en donde se pueda contribuir a que el acceso a la justicia fuese igual para todos, porque pese a que los responsables de una y otra institución sostienen que se está haciendo todo lo que está a su alcance para posibilitar un acceso a la justicia en condiciones de igualdad, la verdad es que los hechos no son congruentes con lo que se dice. Cuando alguien inicia un proceso, no se imagina la tremenda pérdida de tiempo, paciencia y dinero que el asunto habrá de acarrearle.

3. El valor *justicia* aparece como un derecho fundamental en el artículo 24 de la Constitución: «Todas las personas tienen derecho a obtener la tutela efectiva de los jueces y tribunales en el ejercicio de sus derechos legítimos, sin que en ningún caso pueda producirse indefensión.» Una declaración que reconoce la necesidad de que la justicia sea de general aplicación —«todas las perso-

nas»—, eficaz —«tutela efectiva»— y accesible, en el sentido de que no puede haber exclusiones por insuficiencia de medios materiales que impida acceder a los órganos de justicia.

4. Las críticas al funcionamiento de la justicia e, incluso, la desconfianza en los tribunales y en muchos de sus jueces, son, sin duda, la moneda de más uso, empezando por España. Mi tesis es que ni los pactos por la justicia, ni las modificaciones legislativas, ni la Constitución misma son capaces de lograr eso que llaman buena justicia.

5. Para una administración de justicia eficiente no bastan sólo recursos económicos, aumento del número de jueces y, en general, de funcionarios, así como nuevas sedes judiciales y sistemas informáticos. Se necesita, sobre todo, analizar qué tipo de justicia queremos, qué es lo que piensan, al respecto, no sólo los jueces y los políticos, sino también los abogados, los profesores de universidad. En definitiva, se trata de entender el sistema jurídico y judicial en clave sociológica y cultural.

6. A juicio de los responsables judiciales, uno de los problemas —algunos dicen que el más importante— que tiene la administración de justicia es que los costes del proceso son muy altos. Por consiguiente —afirman—, el objetivo no puede ser otro que el de reducir estos costes.

7. Siguiendo el estudio de la profesora Aurora Valiño, dos son los tipos de costes procesales: los de error, que son aquéllos que se originan por el fracaso del sistema judicial y cuya probabilidad está en función del número de casos litigiosos; y otros, agrupados bajo el concepto de directos, que comprende los gastos de material, servicios, edificios, etc.; también los originados por pérdidas de tiempo.

8. ¿Habría menos errores judiciales y, en consecuencia, en este aspecto, menos costes si aumentase el gasto público en justicia? Sí, siempre que ese incremento estuviese dirigido a aumentar los índi-

ces de seguridad; por ejemplo, destinando partidas presupuestarias a facilitar el pleno ejercicio del Derecho en la dimensión del derecho a la prueba. Sí, en principio —hacer justicia no es una operación sometida a reglas de cálculo—, pues cuanto mayor sea el número —y mejor también la calidad— de pruebas practicadas, menor será el riesgo de equivocación.

9. Entre los elementos más importantes del precio de la justicia están los honorarios de los abogados —no los de los procuradores—. Sobre aquéllos se ha llegado a decir que a mayor número, menores serían las minutas, algo que cuesta aceptar, pues por muchos abogados que haya, lo más probable es que ellos mismos estimulasen la demanda. En este sentido, existe la idea —en la que yo ni entro ni salgo— de que los abogados suelen provocar los pleitos, creando en el cliente amplias expectativas de éxito y así ir a juicio y, por supuesto, aumentar su remuneración.

10. Como alternativa a los pleitos están los acuerdos extrajudiciales. Un mal arreglo siempre es mejor que un buen pleito y cuanto menor sea el precio de ese sustitutivo, menor será la demanda de pleitos. Los costes de llegar a un pacto o transacción vienen dados, una vez más, por los honorarios de letrados. La norma es que si los letrados están en disposición de ceder, hay acuerdo y se dividen las minutas; si, por el contrario, se ponen duros, la cosa irremisiblemente termina en el juzgado.

11. Tal como está el panorama, se me ocurre si la mejor forma de lograr una solución a los conflictos es acudiendo y practicando la conciliación y el pacto. En los Santos Evangelios (Mateo 17:15,16) puede leerse «si tu hermano te ofende, ve y házselo ver a solas entre los dos. Si te hace caso, has ganado a tu hermano. Si no te hace caso, llama a otro o a otros dos, para que toda la cuestión quede zanjada...».

12. En España —también en otros países— uno de los sistemas de financiación de la justicia ha sido, durante tiempo casi inme-

morial, las tasas judiciales que en 1986 fueron suprimidas con la finalidad principal de coadyuvar al mandato del artículo 119 CE, pero también con el objetivo añadido de terminar con las «astillas», que era una práctica corrupta —en realidad, cohecho— que consistía en el precio que había que pagar para que un asunto determinado fuese mejor tratado que otro, en el tiempo y hasta en la forma.

13. Recientemente, a instancias del actual gobierno, las tasas judiciales han vuelto a implantarse, pero sólo para determinadas entidades, que deberán abonarlas cuando sean parte en un proceso civil o contencioso administrativo con pretensiones económicas en juego. Hay una tasa fija y otra variable, según la cuantía del asunto.

14. La reintroducción de las tasas cuenta con sus partidarios y detractores. Los primeros dicen que se trata de una medida socializadora, pues, según ellos, pagarán los que más tengan, el número de casos afectados no será superior al 1 por ciento y servirá para tener una justicia más rápida y, por consiguiente, de superior calidad. Los segundos, en la acera contraria, estiman que la justicia es un servicio público indispensable y que, por tanto, establecer tasas puede vulnerar el derecho fundamental a la tutela judicial efectiva. En esta dirección, la asociación Jueces para la Democracia ha declarado que «a la larga, la medida repercutirá en el común de los ciudadanos ya que las grandes entidades, fundamentalmente las aseguradoras y los bancos, que son las que más recurren a la justicia, desviarán los costes hacia los consumidores al hacerles pagar más por sus servicios». Para el PSOE, «llegará un momento en el que habrá que comprar la justicia y sólo será gratuita para los más marginales».

15. «Los actos de justicia son más justicia para la gente que anda mejor del bolsillo, de manera que si no queremos que los tribunales se atasquen de papel, el remedio es imponer tasas muy

elevadas a todo aquel al que se le ocurra pleitear.» «Quien quiera justicia que la pague.» Estos y otros argumentos de signo semejante los he oído yo a lo largo de mi carrera y de boca de muy insignes magistrados.

16. «La justicia es gratuita; lo que cuesta son los medios de llegar a ella.» La justicia será justicia cuando, además de lenta, burocrática e ineficiente, baje sus precios.

17. Nadie más que los políticos y altos responsables del poder judicial tienen la llave para hacer que la justicia «real y efectiva» no esté únicamente al alcance de los poderosos. Es necesario romper con ese sistema de una justicia cara, muy cara, y que obedece, sabe Dios, a qué intereses.

CAPÍTULO XIX

SOBRE LA LENTITUD DE LA JUSTICIA

1. Quizá uno de los peores lastres de la justicia. La justicia lenta y tardía, se mire por donde se mire, no deja de ser una forma de injusticia. Si la justicia funcionase en su punto y hora, cualquier injusticia sería menor.

2. La pereza de la justicia es un mal, una inercia que se arrastra desde antiguo, pero la lentitud judicial no tiene remedio porque no se quiere remediar y como nadie tiene verdadero interés en solucionar el problema, la cosa sigue marchando mal, y el ciudadano se calla por dos razones únicas: porque piensa que su voz va a caer en el desierto y porque supone que ni siquiera merece la pena hablar. No hay nada más decepcionante para el ciudadano que acude a un juzgado que el saberse preso tras la dura reja de la inseguridad.

3. Sin embargo, para resolver el problema lo primero que se propone es aliviar el trabajo de los jueces y magistrados y la mayoría de las reformas legislativas tienden a restringir el acceso a los tribunales. Así, por ejemplo, los hay empeñados en reducir las posibilidades de recurrir ante el Tribunal Supremo, lo que atenta y muy gravemente, al derecho de defensa.

4. ¿Cuáles son las principales causas de lentitud de la justicia? A mi juicio podrían reducirse a las siguientes: a) falta de experiencia de muchos profesionales, entre los que incluyo jueces, resto de

funcionarios judiciales y abogados; b) las maniobras dilatorias de las partes del proceso; c) deficiente sistema de citaciones, notificaciones, emplazamientos y comunicaciones entre juzgados, lo que obedece a la ausencia de una oficina judicial moderna, de acuerdo con el tiempo presente.

5. El poder judicial no está organizado en una red interna y externa que permita el flujo de información. La inexistencia de una red judicial es un hecho. Hace falta un sistema de información que permita trabajar en forma estandarizada dentro del juzgado, que la información fluya entre los diferentes órganos jurisdiccionales que integran la planta judicial.

6. Sería bueno que la búsqueda de información judicial se llevara a cabo a través de Internet, medio por el cual es posible acceder a leyes nacionales y extranjeras, tratados internacionales, doctrina y jurisprudencia nacional o extranjera, e intercambiar información con otros juzgados y tribunales.

7. Lo primero que la gente necesita y desea es información sobre su asunto, lo cual exige mejoras en el servicio de atención al público para que pueda estar al día de manera rápida, eficiente. Es necesario que el personal judicial esté bien preparado para responder de la mejor manera las preguntas o las cuestiones que los ciudadanos plantean.

8. No son pocas las veces que los retrasos judiciales se imputan a la caótica situación organizativa de la administración de justicia, algo que, tal vez, podrá exonerar de responsabilidad a los titulares de los órganos judiciales, pero en ningún caso elimina la vulneración del derecho a un proceso justo, en su faceta temporal.

9. El artículo 24.2 CE reconoce el «derecho a un proceso sin dilaciones indebidas», expresión que es la empleada por el Pacto Internacional de Derechos Civiles y Políticos de Nueva York de 19 de diciembre de 1966 (Art. 14.3), y que, a su vez, es semejante al «derecho a que la causa sea oída dentro de un plazo razonable»

del artículo 6.1 del Convenio para la Protección de los Derechos Humanos y las Libertades Públicas de Roma de 4 de diciembre de 1950, ratificados ambos por España con la eficacia que deriva del artículo 10.2 CE.

10. Según la jurisprudencia reiterada del Tribunal Constitucional español y del Tribunal Europeo de Derechos Humanos (casos Wemhift, Neumeister, Zimmermann y Steiner), el derecho a un proceso sin dilaciones indebidas es de esos conceptos jurídicos que se llaman indeterminados para cuya fijación hay que atender a la complejidad del litigio, los márgenes ordinarios de duración de los litigios del mismo tipo, los intereses en juego, la conducta de las autoridades y la consideración de los medios disponibles.

11. Las deficiencias estructurales de la administración de justicia no privan a los ciudadanos del derecho a reaccionar frente a tales retrasos y la reparación o indemnización de los daños y perjuicios derivados de las dilaciones puede ejercitarse como un supuesto típico de funcionamiento anormal de la Administración de Justicia: artículos 292 y siguientes de la Ley Orgánica del Poder Judicial, para más señas.

12. Uno de los problemas básicos del proceso penal que debe ser resuelto es el de una mayor celeridad en beneficio no sólo del imputado, sino de la sociedad misma, en la medida que quiere conocer la verdad sobre un determinado caso judicial, a veces con injustificada impaciencia.

13. Sin duda que el castigo del culpable siempre urge a la sociedad con ansias de venganza, pero también es cierto que la absolución del imputado inocente siempre apremia a la sociedad. Nunca puede interesar una más o menos rápida condena de un inocente.

14. Si por prontitud entendemos rapidez del proceso, hay que advertir que no siempre ello puede coincidir con los intereses del imputado al ver en las precipitaciones el sacrificio de irrenunciables garantías de libertad y de tutela judicial efectiva.

15. Todos podemos estar de acuerdo en que una justicia veloz puede conducir al desastre. Nunca las prisas fueron buenas, pero de ahí a que la justicia se eche grandes sueños en los estantes de los juzgados o en las mesas de los jueces y, de pronto, alevosamente, te sorprenda, hay tanta diferencia como de la noche al día.

16. Don Nicolás Pérez Serrano cuenta que una de las razones del fracaso de la República de Weimar en Alemania, fue la larga duración de los asuntos judiciales, bastantes de los cuales duraban más que la propia República. Sin duda que hay algo de exageración en esto, pero, la verdad sea dicha, si como escribía el gran Amiel, el tiempo no es sino la distancia entre nuestros recuerdos, hay casos en los que la justicia dura tanto como la memoria de quienes sufren las secuelas de su tardanza.

17. Hay un viejo proverbio español que advierte que el perfecto holgazán se come su capa por no trabajar, cosa que hoy ya está superada, pues actualmente el lema es premiar al vago con el dinero de quienes trabajan.

18. El trabajo ha tenido, por lo común, mala prensa, y a ello ha contribuido en parte la idea de entenderlo como un castigo bíblico. Es evidente que no pocos funcionarios judiciales —incluidos los jueces, naturalmente— trabajan con aplicación y buen aprovechamiento en el mejor servicio a la justicia, pero no lo es menos que otros no dan ni golpe y se limitan, con ánimo contemplativo, a ver pasar el tiempo mientras esperan que otros trabajen por ellos.

19. Es bien conocida aquella historieta que refleja el diálogo entre la mujer de la limpieza de un juzgado y un ciudadano que va una tarde a preguntar por su pleito:

—¿No hay nadie?

—No, señor.

—¿Es que los funcionarios no trabajan por la tarde?

—No, señor; por la tarde no vienen; cuando no trabajan es por la mañana.

20. A título personal, siendo vocal del Consejo General del Poder Judicial viví una anécdota que a menudo cuento. Se trataba de la visita que realizaban a España un grupo de magistrados ingleses. Dentro del Tribunal Supremo —por entonces en obras de remodelación— uno de aquellos jueces británicos preguntó:

—¿Cuántas personas trabajan aquí?

Mi compañero Martín Granizo contestó:

—Aproximadamente la mitad.

21. En España, en materia de justicia, no hay gestores en serio y de ahí que el barco vaya sin timón. El oficio de gestor de la oficina judicial se suple, hasta donde es posible, por la iniciativa espontánea del funcionario de turno. En este sentido, la existencia de un verdadero encargado de la oficina judicial es, a todas luces, necesaria. La burocracia judicial no debe ser una rémora en sí misma sino una herramienta al servicio del buen y eficaz funcionamiento de los tribunales.

22. Releo a un clásico. Montesquieu: «los litigios deben resolverse en plazos razonables, ya que de otro modo lo que es un pleito se convierte en un drama personal o tragedia familiar».

23. Tampoco es válida la fórmula de que los procesos judiciales terminen rápidamente, sea como sea. Los pragmáticos postulan que lo importante es que los pleitos terminen pronto y que el modo es indiferente. Esto es muy peligroso porque supone el deseo ardiente de sacar o eliminar papel, a secas. En un Estado de derecho no se priva a nadie de su honor ni de sus bienes sin que preceda un largo examen de la causa donde cada uno ha ejercido plenamente su derecho de defensa.

CAPÍTULO XX

SOBRE LOS ERRORES DE LA JUSTICIA

1. Errar es de humanos, decía el sufrido Séneca y está demostrado que los jueces no son dioses ni orinan agua bendita. Es más; incluso es posible que haya casos en que la parte dispositiva de una sentencia, conocida como «fallo», no sea tanto un pronunciamiento decisivo sino un verdadero desatino.

2. Goethe advertía que el hombre que aspira a algo se mueve en el error. Lo mismo que los médicos, los periodistas, los políticos y así sucesivamente, también los jueces se equivocan e incluso, en ocasiones, yerran de cabo a rabo.

3. ¿Error o injusticia? Una y otra son cosas muy distintas. Hay quien opina que no existen errores judiciales inevitables ni excusables, cosa que es falsa, pues la justicia está constantemente expuesta al error. Eso de lo justo y de lo injusto no es sino cuestión de perspectiva y nótese que lo que mata a la justicia no es el error de buena fe, sino la injusticia consciente.

4. Dicen que entre los condenados del infierno hay más equivocados que culpables, lo que tal vez se deba a que los injustos de verdad —los «a sabiendas»— se dan mucha maña para librarse de las garras de Satanás. Para mí que lo que está lleno es el purgatorio: el error judicial es la gran coartada del sistema judicial.

5. Cuando una sentencia es arbitraria, muy pocas veces se basa en el error y sí, muy al contrario, en el deliberado propósito de

que la justicia marche al revés. La sentencia errónea es injusta porque el error determina ese resultado injusto, pero no hay conciencia de que se está cometiendo una injusticia. Sin embargo, la sentencia venal es injusta hasta la iniquidad y no puede calificarse de equivocada.

6. Carnelutti nos dice que la sentencia absolutoria por no haber cometido el hecho o por la inexistencia de delito contiene no solamente la declaración de inocencia del imputado, sino, al mismo tiempo, la confesión del error cometido por aquéllos que lo han arrastrado al proceso.

7. Por poco que se reflexione, parece claro que los errores judiciales, aun de gran importancia, son mucho más numerosos de lo que se cree. Todas las sentencias de absolución, excluida la absolución por insuficiencia de pruebas, implican la existencia de un error judicial. La gente, cuando oye hablar de error judicial, piensa en el error descubierto después de la condena. Éstos son, ciertamente, los casos más dolorosos, pero forman parte de una serie mucho más numerosa.

8. Si hay algo grave en el engranaje político, judicial y quizá humano es que a una persona se la detenga, se la procese y se siente en el banquillo, y después, tras un montón de años, meses y días, el tribunal la absuelva de todos los cargos que la acusación —sea el fiscal o cualquier otro particular— le imputaba. La verdad es que, en supuestos como éste, no puede decirse que la justicia se haya apuntado un éxito. Todo lo contrario. La justicia habrá podido proceder con independencia, pero el disparate es mayúsculo.

9. Los juristas dicen que cuando una sentencia es firme se forma la cosa juzgada y también dicen que *res iudicata pro veritate habetur*, que significa «la cosa juzgada no es la verdad, pero se la considera como verdad». No conozco a un solo juez que reconozca que toda sentencia absolutoria, después de un calvario judicial, sea el descubrimiento de un error.

10. En más de una ocasión, en ámbitos judiciales he podido oír que la administración de justicia es eficaz cuando los jueces aciertan en el cincuenta y uno por ciento de los casos y se equivocan en el cuarenta y nueve. Siendo esto así —y encima el personal se conforma—, mi opinión es que entonces el problema es mucho más hondo.

11. ¿Quién repara los daños de un error judicial? ¿Quién pecha y por cuánto cuando a una persona, sea por una equivocación atribuible a impericia, a negligencia, a imprudencia, se le ha arruinado —además de materialmente— ante la opinión pública? Conozco casos en que, después de la fechoría, al perjudicado ni siquiera se le dan excusas.

12. Recientemente, el Tribunal Supremo ha ordenado que se indemnice con poco más de 66.000 € a un individuo que fue absuelto después de permanecer tres años en prisión. La desproporción es evidente, pues entre tres años de cárcel y once millones de antiguas pesetas hay una diferencia notoria. Ignoro por qué se tasa tan bajo la libertad, aunque mucho me temo que con tanta rebaja, los jueces no tendrán muchos remilgos a la hora de mandar a la gente a chirona y a nadie importará el anormal funcionamiento de la administración de justicia.

13. Para el que sufre sus terribles consecuencias, un error judicial es como la picadura de una serpiente, que no siempre cura sin secuelas. Cuando la mordedura es venenosa, o sea, cuando la injusticia se perpetra a sabiendas, a ciencia y conciencia, el único antídoto con eficacia terapéutica, es la venganza.

14. Algunos jueces deberían saber que, a veces, la injusticia llama a la injusticia, como la sangre llama a la sangre.

CAPÍTULO XXI

SOBRE EL GOBIERNO DE LOS JUECES

1. El Consejo General del Poder Judicial (CGPJ) se creó con la Constitución de 1978, lo que significaba emancipar a los jueces de la tutela del gobierno o del ministro de Justicia de turno.

2. La estructura del Consejo es una copia de la Constitución italiana que regula el *Consiglio Superiore de la Magistratura* que, justo es reconocerlo, fue un plagio del diseño español de Primo de Rivera, que en 1923, por Decreto de 20 de octubre, creó la Junta Organizadora del Poder Judicial para el autogobierno de los jueces y de los fiscales. La Junta estaba constituida por jueces, magistrados y fiscales de todas las categorías elegidos por sus compañeros.

3. El CGPJ actual se compone de veinte vocales, más el presidente que es nombrado por ellos y que, a su vez, es el presidente del Tribunal Supremo, dualidad de presidencias que puede plantear problemas de incompatibilidad e imparcialidad entre las funciones gubernativas y jurisdiccionales.

4. El primer presidente del CGPJ fue Federico Carlos Sainz de Robles, hombre de valor y buen criterio, que le dio un empujón considerable y le colocó en el lugar que como órgano constitucional le correspondía.

5. Según el artículo 122.3 CE, de los veinte vocales, doce deben ser magistrados y jueces y los ocho restantes abogados y juristas de reconocida competencia, redacción que, al principio, pare-

cía clara, es decir, los doce primeros habrían de ser elegidos por los propios jueces y magistrados.

6. Luego, en 1985, con el claro objetivo de poder gobernar la justicia con la misma mayoría absoluta lograda en las urnas en octubre de 1982, a través de una enmienda a la Ley Orgánica del Poder Judicial, obra —la enmienda— del diputado Juan María Bandrés, el PSOE decidió que la elección de todos los vocales fuera por el Congreso y el Senado, a partes iguales, modificación que, en palabras del Tribunal Constitucional, implicaba el riesgo de trasladar al seno del Consejo las corrientes ideológicas de los partidos. Aun así, para el PSOE no cabía duda alguna de que había que dar nacimiento a un órgano de gobierno de los jueces en que los elegidos por ellos mismos fueran clara mayoría.

7. ¿Es democráticamente imaginable un CGPJ de corte corporativo?, se preguntaba el editorialista de *El País*, el jueves 13 de octubre de 1994, para responder que no. Tres meses antes, en el mismo periódico, Perfecto Andrés Ibáñez —«¿Consejo de usar y tirar?» se titulaba el artículo— escribía que si bien «(...) la UCD y la Asociación Profesional de la Magistratura provocaron con el primer desarrollo constitucional en la materia un Consejo de dimensión corporativa-judicial, el PSOE de la ley orgánica de 1985 produjo un modelo, asimismo corporativo, sólo que *de clase* política». Y también meses antes y también en *El País* —sí, digo bien, en *El País*, (jueves, 17 de febrero de 1994)—, yo mismo decía que «(...) insistir en las excelencias de la elección de los doce vocales por los propios jueces frente a la designación parlamentaria es confundir capacidad profesional y poder de representación... Una asociación judicial, lo mismo que un sindicato (...) es un prototipo de comunidad cerrada que, precisamente por ello, no es idónea para el progreso; (...) es imprescindible que el órgano de gobierno esté elegido por una institución prudentemente distanciada del ambiente judicial; (...) el reproche de corporativismo no es patrimonio de

las asociaciones. También la clase política ha caído en esa perversión al desertar de intereses generales e inclinarse a planos egoístas para la obtención de rentabilidad política».

8. Hoy, pese a los retoques al sistema mixto de elección establecido en la Constitución y al introducido en 1985, el método sigue convirtiendo a los vocales del Poder Judicial en meros instrumentos de los partidos que allí los colocan.

9. El procedimiento que los partidos políticos emplean para la elección de los miembros del CGPJ —pactos y reparto por cuotas—, evidencia el desprecio de los propios partidos por el poder judicial. Estoy absolutamente convencido de que la designación de los vocales por las instancias políticas mancha al Consejo de forma irreversible, hasta el extremo de que su independencia estará en tela de juicio durante el quinquenio que cada mandato dura.

10. La misión primordial que se le encomienda es defender la justicia de los españoles. Su función irrenunciable es tratar de cumplir lo que cada una de sus palabras significan: aconsejar, hacerlo en pro del interés general y sobre todo, del Poder Judicial, procurando siempre que los jueces trabajen con independencia y responsabilidad, aunque creo que aún está por llegar el día en que lo consiga. Incluso, a veces, da la sensación de que ni tan siquiera lo ha intentado.

11. Con el CGPJ se abrió la puerta de la ilusión e hizo concebir a todos, jueces y no jueces, las mejores esperanzas, pero lo cierto es que la gente, quizá empujada por el desengaño y también por la mala prensa, no siente por él aprecio alguno. Ha sido sobre todo la incapacidad e ignorancia de muchos de sus vocales para dirigir el poder judicial honradamente, o para conceder la más mínima atención a las quejas sobre el funcionamiento de los juzgados y tribunales, lo que ha hecho que el CGPJ sea una institución de muy escasa estima.

12. Así, con tan pobre consideración, no es de extrañar que surjan iniciativas como la que, en el año 2002, tuvo la Generalidad de Cataluña de implantar un Consejo de Justicia de Cataluña, lo que originó la inmediata reacción del CGPJ —también del Gobierno— que considera —mayoritariamente— que ese Consejo catalán que se proyecta invadiría competencias del propio Consejo. Actualmente, las partes en conflicto están a la espera de que el Tribunal Constitucional se pronuncie. Cualquiera que sea la solución que ofrezca el alto tribunal, no me cabe duda de que ése o cualquier otro «Consejo del Poder Judicial Autonómico» atentaría contra el principio de unidad jurisdiccional que, atendido el artículo 117.5 CE, es «la base de la organización y funcionamiento de los tribunales», aparte de que el artículo 149.1.5ª CE atribuye al Estado la competencia exclusiva en materia de Administración de Justicia. Pero se me ocurre que cuando la Generalidad de Cataluña ha sugerido la creación de ese órgano ha tenido presente la doctrina del propio Tribunal Constitucional que sostiene la existencia de un grupo de materias, tales como la dotación de los medios materiales y personales, participación en la determinación de las demarcaciones judiciales o justicia gratuita, que no forman parte de las competencias relacionadas con el ejercicio de la función jurisdiccional.

13. Desde su origen, el CGPJ se ha dejado empujar por el engranaje de la política, para lo cual se han nombrado miembros de él a verdaderas mediocridades jurídicas, mientras que espléndidos juristas y grandes magistrados han sido postergados. Una vez dentro, los buenos vocales que se esfuerzan para que el Consejo ejerza sus funciones son laminados por la apisonadora del compadreo y mercadeo político. Qué pena.

14. Pero peor aún es que buena parte de la magistratura está convencida de que su carrera profesional queda en manos de un órgano confeccionado por la maquinaria de los partidos. Con este

panorama, hay que ser, a la vez, muy íntegro y muy osado para adoptar decisiones jurisdiccionales que puedan molestar a quienes, a través de sus peones, manejan los hilos del Consejo y derivadamente de todos los tribunales superiores.

15. Vista su línea de actuación, quizá el pecado fuera el haber confiado en una institución paradójica y resbaladiza, a la que, por cierto, pertenecí. Dislates como rechazar el nombramiento de un magistrado porque podría molestar a un partido político, es elocuente y bien pudiera ser el botón de muestra de una andadura caracterizada por el estupor.

16. ¿Qué decir de la insólita propuesta del vocal Javier Moscoso, aprobada por diez votos del total de dieciocho consejeros presentes, prohibiendo que los jueces y fiscales pertenezcan a organizaciones secretas o que originen vínculos de disciplina u obediencia, ajenos al orden constitucional, en referencia al Opus Dei y que, por si no fuera bastante, remató diciendo que a él le gustaría que todos los jueces fueran de izquierdas? Bajo genialidades de ese porte lo que subyace es una decidida voluntad de que las naturales cualidades del juez mueran a mano airada y que llegado el momento, la mejor carrera se hace apuntándose a siglas nada inocentes.

17. No menos sorprendente fue la iniciativa de ocho vocales —los propuestos por IU y PSOE—, que llegaron a aprobar un documento donde, en clara toma de postura respecto a la última guerra de Irak, se decía, entre otras cosas, que «ante la catástrofe para la humanidad que puede ocasionar el previsible conflicto bélico en Oriente Próximo» se sienten «en la obligación moral de expresar a la sociedad española que no es posible avalar una guerra preventiva que antepone la fuerza de las armas a la vida de miles de inocentes».

18. Resulta muy duro admitir que el CGPJ se utilice para ponerse al servicio de fines o nociones que no sean los que la ley encomienda. El CGPJ es el órgano de gobierno del mismo que ejerce

su misión en los términos que la ley —sólo la ley— le encomienda, entre los cuales no figuran el hacer manifiestos ni enarbolar estandartes a favor o en contra de la guerra. Los acuerdos del Pleno o de las diferentes comisiones no pueden —ni deben— confundirse con las proclamas políticas, ni es lícito abusar de unos ciudadanos que en su mayoría están del todo disgustados con el funcionamiento de la administración de justicia. Uno cree que a los miembros del CGPJ firmantes de ese atípico manifiesto «contra la guerra», más les hubiera valido estar callados, porque el CGPJ no está para hacer política pacifista o belicista. En el supuesto contrario, el funcionamiento de estas instituciones se atasca, chirría y cruje.

19. No me detendré en otras miserias que tanto han perjudicado a la institución, entre otras cosas porque el lector podría pensar que exagero, pero son muchos los disparates que yo vi.

20. Como me hacía notar un vocal del anterior consejo (1996-2001), hoy por hoy, la política judicial no se discute ni se realiza en los Plenos del Consejo o en la Comisiones. Del mismo modo que las grandes decisiones políticas no se toman en el Parlamento, sino en restaurantes, los asuntos importantes del CGPJ se resuelven y ventilan fuera de la sede del Marqués de la Ensenada, a veces por teléfono, durante algún viaje e incluso en la sede de algún que otro partido: «La intriga, el cambalache y el consenso han ocupado el lugar del debate. La política judicial es tribal en el sentido de que quien no tiene padrinos no es bautizado y lo que es peor, a veces muere irremisiblemente.»

21. Es casi seguro que un CGPJ de procedencia cien por cien parlamentaria es fiel reflejo de luchas partidistas, pero quisiera llamar la atención de que también en las asociaciones judiciales se libran batallas políticas. Hay casos sonantes de siglas asociativas puestas al servicio de un partido, lo que evidencia cómo sus miembros gustan del debate político y quien quiera, casi a diario, puede ver

a una portavoz judicial que parece el calco del secretario general de un partido.

22. Poco solucionaría, pues, un sistema de vocales elegidos por las asociaciones profesionales. Se me ocurre si no sería preferible un procedimiento de listas abiertas que permitiese que todo juez o magistrado, asociado o no, que aspirase a ser uno de los doce vocales del CGPJ de extracción judicial, se presentase ante sus compañeros. En tal caso, el candidato ofrecería un programa judicial, acompañado de su hoja de servicios, con sentencias, autos o providencias dictados, más trabajos científicos, si los hubiera. Antes de la elección se sometería a cuantas preguntas desearan formularle sus gremiales colegas y él supiera o pudiera responder. Finalmente, de ser nombrado, el vocal debería hacer las oportunas declaraciones de actividades y hasta de bienes, si fuese menester.

23. Desde su constitución en 1980, hasta nuestros días, una enfermedad que aqueja al CGPJ es la absoluta discrecionalidad en el nombramiento de cargos en los puestos claves de la organización judicial; léase Tribunal Supremo, presidencias de Tribunales Superiores de Justicia y de Audiencias Provinciales. Esta facultad del Pleno del Consejo, precedida de las ternas de la Comisión de Calificación, tal como se viene ejerciendo, hace dudar de la independencia judicial y de la justicia misma. Cuando se produce una vacante apetecida, los magistrados desnudos de protección se desviven por hallar valedor que los defienda; quienes ya los tienen, se ponen a la caza de otros; y los que ya cuentan con varios, aspiran a recabar nuevos patrocinadores, temerosos de que no basten.

24. A veces, es tanto el descaro en los nombramientos que, puestos a elegir, a lo mejor era preferible el método de la elección directamente por el presidente del Gobierno, como en Estados Unidos de Norteamérica.

25. La búsqueda de influencias políticas, impuesta por el sistema de descomposición política que rige nuestra sociedad, impide

al CGPJ ser un órgano de defensa de la división de poderes y de la independencia judicial. Gabriel Albiac lo dice magistralmente: «una institución cuyos miembros son nombrados por los partidos políticos desde el puro arbitrio de su cuota parlamentaria (...), no puede ser sino mecanismo específico de representación y control políticos sobre un aparato judicial al cual es cada día más difícil seguir llamando poder». Y, como prueba, cita el caso de aquel militar al que el PSOE hizo vocal del Consejo como premio por haber concedido una jubilación del 200 por ciento a dos guardias civiles condenados por los asesinatos del «caso Lasa y Zabala».

26. El sistema de elección de los vocales del CGPJ —sea el actual, sean los anteriores— es una prueba de cómo los partidos controlan a la justicia. No hay duda de que debería terminarse con él y apelar al sentido común y de justicia, porque no nos engañemos: lo importante es controlar el poder de tribunales donde se ventilan los asuntos de relieve político, social o económico. El que lo haga es el dueño.

27. El 13 de julio de 1998, Pedro J. Ramírez escribía del «cáncer garrafal del Poder Judicial» con las siguientes palabras: «A tal sistema de patronazgo, tales patrocinados. Mientras el PP no tenga la coherencia, el coraje y los votos para restituir el equilibrio constitucional en la elección del Poder Judicial, el órgano de gobierno de los jueces seguirá siendo el gran foco cancerígeno del que surgen todas las metástasis que corroen a nuestra desacreditada justicia.»

28. Según diagnóstico contrastado, el CGPJ pudiera ser uno de los pacientes más delicados de nuestra justicia. A mí, aunque sólo fuera por haber pertenecido a él, me gustaría romper una lanza en su defensa, pero reconozco que faltaría a la verdad si le atribuyese virtudes que no tiene y le restase defectos que le sobran.

29. Shakespeare pensaba que el mundo es un escenario en el que todos somos meros actores, lo que me sugiere que, tal vez, desde

su constitución hasta nuestros días, el CGPJ ha sido una representación. Antonio Gala, desde su tronera, nos dice que en el CGPJ se ha disfrazado lo peor de la política, lo que ha contribuido a su desprestigio. Está claro, pues, que el CGPJ, al margen de individualidades muy dignas, es un órgano que sigue sin cargar sobre sus espaldas el peso de la responsabilidad que le corresponde. Los hay que hasta se preocupan por su futuro y se preguntan: ¿qué es preferible, un mal Consejo o ningún Consejo? ¿Sería mejor dejarlo estar y confiar en que, de vez en cuando, aunque sea a cuentagotas, nos ofrezca algo positivo y saludable?

CAPÍTULO XXII

SOBRE LA CARRERA JUDICIAL

1. Durante muchos años, cuarenta por lo menos, la carrera judicial se componía de dos clases de jueces: los municipales —o comarcales— y los «de verdad». O sea, según terminología abiertamente discriminatoria, en jueces «serranos» y jueces «de pata negra». La diferencia consistía en que los primeros eran funcionarios que, sobre el papel, estaban peor preparados que los segundos, pues el acceso al cuerpo se hacía mediante una oposición con la mitad de temas y, en consecuencia, la mitad de fuerte.

2. A partir de la Constitución de 1978 (Art. 122.2), los jueces y magistrados españoles forman un cuerpo único, poniendo fin a la existencia de esas *dos justicias*, división contradictoria con el propio concepto de justicia y que dio lugar a comentarios como el del catedrático Montero Aroca, cuando afirmaba que daba la impresión de que había unos litigios competencia de los médicos; otros que resolvían los veterinarios, y otros, los de inferior cuantía, que se ventilaban ante el herrero del pueblo.

3. El primer reproche que se hizo a la unificación de las carreras judicial y de jueces municipales, fue que estos últimos, de un día para otro, pasaron a ocupar juzgados de Primera Instancia e Instrucción, con asuntos de mayor envergadura, llegándose a dar la paradoja de que, mediante concurso, ocuparon plazas de magis-

trados de Audiencia desde donde revisaban las sentencias pronunciadas por jueces de primera instancia e instrucción, a los que, en su posición de «inferiores», hasta se les llegó a dar lecciones de doctrina jurídica.

4. Superados aquellos primeros recelos y descontadas ciertas osadías, mi opinión es que ha habido jueces comarcales y municipales que hicieron y han hecho —antes y después de la unificación— grandes servicios a favor de la justicia e incluso conozco a más de uno que ha realizado importantes aportaciones a la ciencia jurídica, primero como juez y luego como catedrático.

5. Otra de las innovaciones en la carrera fue la incorporación de juristas procedentes de otras profesiones relacionadas con el Derecho sin hacerles pasar por el filtro de la oposición, que es una fórmula que existe en otros países continentales —Francia es un ejemplo—, aunque su precedente se encuentra en aquellos donde rige el sistema de derecho anglosajón.

6. En principio, la razón del nuevo sistema es la insuficiencia del tradicional de las oposiciones, al que había que complementarlo con esta otra vía de acceso que, compatible con aquella y con garantías similares, permitiera atraer al ejercicio de la potestad jurisdiccional a quienes tuvieran condiciones para ello, demostradas en la práctica por el ejercicio de actividades jurídicas.

7. Téngase en cuenta que la visión que tiene de la justicia el jurista formado como abogado, no es la misma que la del juez como funcionario, pues el primero tiende a interpretar la ley desde la sociedad y el segundo lo hace desde el Estado. Por poner otro ejemplo, mientras que el profesor universitario se esfuerza en el razonamiento, al juez le importa más la decisión.

8. Nada, pues, que objetar, sino todo lo contrario, al sistema de ingreso en la carrera judicial por los turnos tercero y cuarto, siempre que los elegidos sean, en efecto, buenos juristas y juristas buenos —lo del prestigio me suscita más de una duda—, lo cual

es igual de deseable para el método de acceso por oposición directa. Y a los que aún se resisten podría recordárseles que también hay jueces y magistrados que piden la excedencia para hacer incursiones en otros campos de la actividad jurídica, sin que nadie les ponga pegas ni les exija especiales índices de solvencia.

9. Ahora bien, aunque la idea en sí misma no es mala, hay que admitir que en el terreno de los hechos, en cuanto al acceso a la judicatura desde esos turnos de promoción externa, en algo sí se ha fracasado. En primer lugar, quizá por el propio procedimiento de selección, pues es cierto que, desde su reinstauración, se ha apuntado al oficio de juez, además de algún que otro personaje pintoresco, mucho inepto que no sólo no aporta el saber que se aprende en los temas de oposiciones, sino que encima lo que saben son cuatro cosas típicas y cuatro trucos de aburridos leguleyos. Eso por no hablar de los abogados con muy pobres méritos que entraron en la carrera judicial en la década 1985-1995 por su proximidad al PSOE y que recuerdan al mal uso que de ese método se hizo allá por los inicios del siglo XX, sirviendo de pesebrera a abogados de secano, o de premio de consolación a políticos venidos a menos, cuando no —y algún caso podría citarse—, albergue de falsos exiliados de países latinoamericanos.

10. Platón —*República*, libro VIII— no soportaba la venalidad. A este respecto dice: «Es como si en un navío se hiciera a uno marinero o piloto según su dinero.»

11. Que existen críticas al sistema, no hay duda. Y muchas. Algunas tan severas como la de Martínez Pastor, cuando afirma que «los tercer y cuarto turno, amén de consagrar, una vez más, el clientelismo político del juez, han hecho descender tanto el nivel intelectual y profesional del juez que raro es el respeto que inspiran. Una ojeada al currículo de muchos de ésos, primero aspirantes y después jueces y magistrados de reconocido prestigio, y lo mínimo que se siente es sonrojo. Y luego, el circo de los tribunales y

las recomendaciones. Se quiso acabar con el pasado y se logró. Lo malo es que el cambio fue malo».

12. ¿Que cuántos piensan así? Ignoro el número exacto, pero me parece que son bastantes los que opinan que este procedimiento de acceso a la carrera judicial ha llevado a la mediocridad. También abundan los que sostienen que el sistema se implantó para cubrir el alto número de bajas que se produjo en la carrera judicial tras la depuración operada en 1985 mediante el sutil procedimiento de rebajar a los sesenta y cinco años la edad de jubilación forzosa de los jueces, dejando huecos libres a gente atraída a la judicatura por la exclusiva idea de una salida económica y socialmente rentable, pero sin el mínimo valor de la vocación jurídica. En tales supuestos, por ventura pocos, la carrera judicial se ha convertido en refugio de juristas sin prestigio y abogados sin experiencia ni conocimientos suficientes.

13. Si tomamos como referencia el Tribunal Supremo, a mi juicio, los juristas que han accedido a la carrera por su más alta categoría en nada han desmerecido de sus ahora compañeros de escalafón. No quiero hacer comparaciones, pero sí decir, aunque sólo sea como empedernido lector y analista de jurisprudencia, que no encuentro diferencias entre unos y otros: los magistrados de carrera y los del turno de juristas de prestigio, mantienen niveles muy semejantes.

14. En España los jueces y magistrados, tomados como conjunto, sin distinción de procedencias, son mejores de lo que parecen. Sería absurdo negar que en nuestros tribunales hay de todo, pero si logramos prescindir de algunos nombres, creo, en palabras de Ossorio y Gallardo, que nuestros jueces son de las mejores cartas que tenemos en la baraja, gente que, día a día, se van dejando la piel en el camino de la justicia, que no se han contagiado por aquellos pocos para quienes ésta no es más que un apetito desordenado y de quienes la propia justicia se esconde avergonzada. Me

refiero a los ambiciosos, los egoístas, los manipuladores, los de mal conformar, los que carecen del espíritu de juez.

15. Uno de los errores en materia de justicia ha sido creer que no funciona, o funciona mal, porque hay pocos jueces. Y quienes en él han incurrido sostienen que el problema de la justicia se soluciona haciendo unos cuantos miles de jueces de la noche a la mañana, lo cual es un dislate —más bien, una coartada— parecido a la idea de creer que ante una proliferación de tumores cerebrales se podía proceder a crear en un momento, cinco mil neurocirujanos. En mi época de vocal del CGPJ, lo expuso muy bien José Luis Manzanares, a la sazón vicepresidente de la institución: «si un político puede hacerse en un minuto, hacer un juez requiere mucho tiempo».

16. ¿Cuántos jueces hacen falta y qué jueces nos hacen falta?, se preguntaba José Luis Requero, magistrado y miembro del actual CGPJ, en un artículo publicado en el diario *El Mundo* el 1 de marzo de 2003, para oponerse a la política oportunista del «más y más jueces» y censurar que el sistema de selección del juez «más que una operación de artesanía, de jardinería, se ha aproximado a la agricultura extensiva e intensiva con unos resultados que hielan la sangre».

17. Administrar justicia no es como lo que cuenta Montesquieu —siempre Montesquieu— de aquel Papa electo que, convencido de su incapacidad, opuso al principio grandes dificultades, pero al fin aceptó y, al cabo de unos meses, se admiraba diciendo: «Nunca hubiera creído que esto era tan fácil.»

18. ¿Y del compañerismo? El compañerismo, que no corporativismo, fue siempre en la carrera un sentimiento, que no un instinto. Hago notar que ser compañero no es, por ejemplo, ser un cómplice ni un encubridor de las fechorías de un colega, ni tampoco un camarada, sino algo tan sencillo como sentir lo mismo en relación con el fin último de la profesión.

19. Si uno se fija bien, verá que hoy los magistrados de los más importantes tribunales a menudo andan a navajazo limpio y en ellos lo del compañerismo produce sonrisa.

20. Lo que actualmente predomina es nadar a contracorriente del compañerismo. Hay jueces que no son compañeros del compañerismo, pues, para ellos, es rémora que puede alejarlos del poder. Otros jamás tendrán un gesto de desprendimiento no vaya a ser que alguien —normalmente un mandamás— les pida cuentas.

CAPÍTULO XXIII

SOBRE LOS JUECES Y LAS JUEZAS

1. La palabra *juez* ha tenido siempre un halo de misterio, lo cual obedece a que en todas las culturas, al juez se le ha identificado con lo religioso. Max Weber, por ejemplo, recuerda que la función de juzgar en un principio se encomendó a chamanes, brujos, hechiceros, oráculos, sacerdotes y ancianos. «Ropones» llama Raúl del Pozo a los jueces, recordando a Quevedo.

2. Desde luego, nada de juez natural, término que, sin duda, obedece a una idea arcaica de la justicia, algo que suena a brujería, a juez tribal y que, desde luego, no aparece en ninguna Constitución. El juez natural no existe, lo que hay es juez legal, el juez o tribunal competente, predeterminado por la ley, es decir, determinado con anterioridad al caso.

3. Sería vano pretender resumir todas las discusiones de las que puede ser objeto el papel del juez. Únicamente señalaré que en su concepto, el trabajo del juez depende, básicamente, de su función de juzgar, tarea que se reduce a una pura operación silogística, en que la premisa menor, el caso concreto, tiene que ser subsumida en la premisa mayor, la ley, para obtener así la conclusión o sentencia.

4. Para Kant, la labor del juez se ha de aproximar lo más posible a la del matemático o al geómetra. El Derecho, como indica su propia raíz etimológica, es lo *rectum*, lo *directum* que se opone a lo curvo u oblicuo. El Derecho resulta de la posición de dos líneas

que se cortan en un punto de las cuales puede ser perpendicular (Kant, *Principios metafísicos del Derecho*).

5. Lo que sí es verdad es que la figura del juez siempre estuvo muy desvalorizada y su autoridad cuestionada. Los motivos varían según las épocas, pero en general se le reprocha que constituye un peligro para el poder, que es irracional y favorece la arbitrariedad al sustituir las reglas procedentes de la razón y expresadas en la ley por decisiones singulares.

6. Uno de los personajes más beligerantes con los jueces es Cesare de Beccaria —*De los delitos y las penas*—, que ve en el poder de los jueces un medio de someter a la sociedad a convenciones, mientras que el soberano es, por el contrario, el depositario legítimo del resultado actual de la voluntad de todos.

7. No obstante, también los hay que divinizan la figura del juez. Por ejemplo, Carnelutti, para quien los jueces cuando juzgan con la conciencia limpia hacen las veces de Dios, que es el único que, llegado el Juicio Final, nunca falla. Se ha dicho que un hombre, para ser juez, debería ser más que un hombre.

8. Ésta es la raíz del problema. La justicia humana no puede ser más que una justicia parcial y todo lo que se puede hacer es tratar de disminuir esa parcialidad. La única manera de que el juez sea mejor de lo que es, consiste en que sienta lo pequeño que es. Sólo así podrá llegar a ser grande.

9. Digan lo que digan, el juez es la piedra de bóveda de la justicia y él es su voz. La sentencia del juez es la última palabra de la manifestación de la justicia y ésta es la máxima expresión del Estado y de toda la sociedad organizada. Martínez Pastor habla del juez como el definidor de la verdad, lo que toma de algunas lenguas eslavas, donde las palabras Justicia y Verdad tienen el mismo significado.

10. Alejandro Nieto lo expresa de modo claro: hablar de Derecho es hablar de juez, puesto que todos los conflictos han de pasar

por sus manos. El juez tiene siempre razón pero no porque sea más sabio que los abogados o los funcionarios, sino porque es el último que se pronuncia y ya, detrás de él no hay nadie que pueda corregirle. La infalibilidad del juez responde a una razón pragmática: en algún momento hay que cortar el hilo de los conflictos y de sus soluciones.

11. Esta tarea del juez es la que hace de él un personaje singular y, en alguna manera, dramático, por cuanto dramático es que una persona juzgue a sus semejantes, sabiendo que, a pesar del celo que ponga, serán muchas las injusticias que cometa. Ningún hombre, si pensase en lo que es necesario para juzgar a otro hombre, aceptaría ser juez.

12. Para Jhering —léase *El espíritu del derecho romano...*—, la aplicación del Derecho por el juez es una operación puramente técnica. De ahí su dura censura dirigida a aquellos juristas que «dicen que la sociedad puede pasarse sin el conocimiento de los jurisconsultos» a los que aconseja meterse a zapateros y sastres.

13. *¿Juez* o *jueza*? Siempre sostuve que *juez* y no *jueza*, pues el primero es nombre neutro, como pez, y Emilia Pardo Bazán habla de «la señora jueza» como la esposa del juez. Una buena noche, comentando el asunto con Camilo José Cela, me contestó que, al margen de glándulas, el género gramatical de la mujer que juzga es jueza y que, en último término, la lengua marcha al viento que sople. Valen, pues, las dos formas —*juez* y *jueza*— para designar a la mujer que tiene autoridad para juzgar y sentenciar.

14. Hasta hace relativamente poco tiempo la mujer no pasaba de ser un mueble más o menos decorativo; durante siglos, un producto de los instintos conservadores del hombre; pero lo más grave es que se aguantaba con serlo y hasta lo encontraba lógico. En España, la mujer ha sabido dar buena respuesta, pero, hablando de justicia, tampoco es justo el extremo de pensar que los hombres, como los zánganos de la colmena, no sirven más que para una cosa.

15. Creo que ya lo he dicho más de una vez y de dos: la incorporación de la mujer a la carrera judicial fue y es muy positiva. La mujer nunca ha sido un ser inferior como quería Aristóteles. La mujer tiene, en general, más constancia que el hombre y en cuanto a talento o falta de talento, allá se van la una y el otro. Por eso se me hace raro que la mujer haya tardado tanto tiempo en conseguir lo poco que ha ido consiguiendo a través de los años, entre otras cosas, juzgar al prójimo.

16. La primera juez española fue Josefina Triguero y la primera mujer que ha llegado al Tribunal Supremo, Milagros Calvo Ibarlucea, compañera de promoción, de la veinticinco, para ser exacto. Desde la modesta autoridad que me conceden mis años de juez y mi experiencia de preparador de oposiciones, bien puedo decir que las mujeres siempre han demostrado ser más constantes que los hombres y de ahí que aprueben las oposiciones más fácilmente y con mejor puesto.

17. A la hora de valorar a la mujer en el ejercicio de la función judicial, excepción hecha de algunos casos, los ejemplos de muy buenas jueces-juezas avalan, con toda garantía, sus dotes para asumir la terrible responsabilidad de juzgar al prójimo. Leyendo sus resoluciones la mayoría de ellas están impregnadas de sentido jurídico, intuición, moderación, paciencia y sensibilidad, virtudes que ya aparecen en el Yinn chino.

18. ¿Más jueces o mejores jueces? He aquí la cuestión. Uno de los errores del actual sistema ha sido la creación masiva de plazas judiciales ante la equivocada creencia de que la justicia no funcionaba porque había pocos jueces. Cada vez que se habla de los problemas de la justicia, la solución es siempre la misma: ampliar el escalafón, como si hacer jueces fuese igual que hacer churros. Al Estado —CGPJ— no le cabe otra solución que la de formar bien a los jueces; después, la independencia será más fácil de asegurar.

19. La ley ha ensayado todos los sistemas posibles para garantizar el acierto al juzgar. El más tranquilizador es aquél que consiste en el tribunal colegiado, pues juzgar a otro hombre exige, en principio, que quien juzga sea más que quien es juzgado. A primera vista, el método parece bueno, pero téngase en cuenta que un acierto no se consigue con la suma de varios desaciertos. No se trata de sumar jueces sino de *vertere plures in unum*, esto es, de hacer que todos se conviertan en uno solo.

20. ¿Qué idea se tiene del juez? Del juez siempre se ha tenido la idea de ser una persona que inspira temor y reverencia. Así, en el Antiguo Régimen, encontramos un espléndido texto de Castillo de Bobadilla, que sintetiza la noción dominante en la época: «Siendo como es el oficio de Corregidor y Juez de honra y dignidad, es cosa justa que los hombres los teman y reverencien, y con las debidas honras le acudan. Y de derecho es que debe ser honrado de todos aquél quien honra a sus jueces, pues no solamente los reyes y grandes monarcas, sino también los jueces, son ministros de Dios y por Dios ejercen sus oficios y disciernen las cosas justas, pues son imagen y simulacro del Príncipe Eterno.»

21. Textos como éste resumen la figura del juez como un ser cuyo poder es casi divino y absoluto. Lo único que se les pide es que sean buenos. La justicia es la virtud suma, pero no como obligación jurídica, sino como virtud interiorizada. Por eso se dirá que el juez, además de bueno, ha de ser sabio, nada iracundo, misericordioso y clemente.

22. ¿Cuál es el juez ideal? El abogado Ángel Ossorio y Gallardo decía que «ponga usted leyes magníficas y jueces pésimos y no podrá vivir; sin embargo, ponga usted medianas leyes y buenos jueces y vivirá a gusto».

23. El elegido juez ha de ser el mejor entre los mejores y, por tanto, debe reunir determinadas cualidades. En ellas insisten todos

los autores: fray Antonio de Guevara, Alonso de Villadiego, Castillo de Bobadilla, Saavedra Fajardo, Alfonso de Heredia, Argunedo, Álvarez de Velasco, Lorenzo Ramírez de Prado, Luis Vives, Heredia Bolaños, padre Juan de Mariana, Enríquez de Zúñiga, fray Juan de Santa María, Salcedo, Huarte San Juan, Quevedo, Pedro Rivadeneyra, Márquez. De sus textos saco las siguientes exhortaciones.

24. «El juez ha de ser honesto en la vida, recto en la justicia, sufrido en las injurias, medido en las palabras, justificado en lo que mande, piadoso en lo que ejecute; con ciencia para determinar y mirar los pleitos, con nobleza para honrar a todos.»

25. «Ha de ser sobrio no solamente porque conozca los libros de Jurisprudencia, sino para ser grave, modesto, manso, comedido y con buen entendimiento; porque habiendo pocas cosas que se hayan de llevar por el rigor de la justicia y muchas menos de guiar por la fuerza, el buen juez ha de ser sobrio para con la ciencia saber lo que sea justo, y ha de tener nobleza para templar, suavizar, el rigor del Derecho.»

26. «Debe ser manso y bien criado en sus palabras, es decir, sin ira y sin furor y de palabras corteses y urbanas; sufrido, no soberbio; amante de la justicia, con amor constante de administrarla conforme a las leyes y la equidad, sin distinción de personas, firme y fuerte, animoso y valiente, con brío y aliento para hacer justicia a todos y perseguir a los malhechores; leal, veraz, prudente, de buena forma; sin codicia, ni avariento ni deseoso de dádivas o regalos; sobrio y agradable, benigno y afable; grave, templado y mesurado.»

27. El juez ha de tener muchas cautelas con las amistades. «Pocos son los que llegan a él por lo que vale sino por lo que en el pueblo puede. No se debe doblar por ningún interés; ni recibir dones, pues aquél que da al juez una perdiz es con intento de sacar de él cincuenta en valor. No se mueva a lágrimas ni importunidades, las cuales muchas veces suelen ser engaños.»

28. Paciencia y sosiego antes de resolver. «El juez no ha de dar sentencia ni castigo estando airado, ni hacer beneficio estando alegre, porque la ira y la alegría pueden entorpecer el entendimiento y hacerle errar fácilmente.»

29. Buena educación y humildad, ante todo. «No sea el juez orgulloso, ni melancólico ni tétrico, pues muchos daños hacen estos caracteres en su fama. Ha de atender a los litigantes con buenos modos; no hacer gestos que los molesten; no dormirse en las audiencias; estar pendiente del bien hacer de escribanos, oficiales, auxiliares, preocupándose de que tengan buen salario, pero sin permitirles cohecho.»

30. En el *Templo de las leyes*, el filósofo valenciano Juan Luis Vives, amigo de Tomás Moro y precursor de Montaigne, dice que los jueces han de ser «personajes graves, intachables, incorruptos, severos, no impresionables por la lisonja, austeros, templados, prudentes, que ni el favor doblará ni intimidará ningún temor humano. No dejarán influirse ni del odio, ni de la amistad ni del enojo, ni de la sensiblería; no padecerán de dineritis ni consentirán que se les ataque con lanzas de plata».

31. Uno de los fenómenos más llamativos de la Historia de España, tal vez haya sido la honradez e integridad de su judicatura. Tradicionalmente, el juez español era persona de prestigio. Mal pagados, pero conocedores del Derecho, con buena técnica jurídica, con una legislación que hacía de ellos, en términos generales, seres austeros y de moralidad intachable. Todavía hoy, cuando todo está degradado, se puede hablar, en general, de la integridad personal de nuestros jueces, no empañada por la suciedad de alguno en cuestión.

32. Para mí, un gran juez es aquél con mentalidad flexible, el que siente compasión por los menesterosos, el que rechaza ser intimidado por el poder, aquél que tiembla ante la posibilidad de ser injusto. Tampoco es mal juez aquél que, además de saber dere-

cho y de argumentarlo en las sentencias, es discreto, tanto como lo es, o debe serlo, su indumentaria, tiene poca o ninguna voz fuera de estrados y sólo es conocido en su casa y en la de sus amigos.

33. Para ser un juez justo no se precisa ni gran talento ni gran sabiduría, basta con intención y buen deseo de acertar. La aplicación del Derecho como la balanza de la justicia, no se tiene que inclinar ni a un lado ni a otro, sino que debe permanecer ciega en una continua y neutral perpendicularidad. La única forma de ser objetivo estaría en el sometimiento del juez a la ley. El juez debe olvidarse de sus razones y ser un portavoz de la razón legal, bien entendido que la razón particular del juez no está totalmente suprimida y así se admite que el juez en la valoración de la prueba, se guíe —además de por otros instrumentos lógicos como las presunciones o la analogía— por su íntima convicción.

CAPÍTULO XXIV

SOBRE LA VOCACIÓN

1. La persona no es una realidad que tiene vocación, sino que es sencillamente, vocación —nos dice Monnier— y el sabio consejo del oráculo de Delfos y que Sócrates hizo suyo, de «conócete a ti mismo», se puede traducir en «conoce tu verdadera vocación».

2. Éste y no otro es el significado del término *vocación*, distorsionado en buena parte por la interpretación religiosa que se ha hecho de él. La palabra *vocación* tiene mayor dimensión que ésa. Para aquel que encuentra su verdadera vocación, el trabajo deja de ser un castigo bíblico y se convierte en un placer.

3. Los romanos tenían el lema de «*age quod agis*» que bien pudiera traducirse al castellano como «lo que hagas, hazlo bien», actitud que ya recomendaba Eugenio D'Ors, quizá el hombre que más ha defendido la vocación como actitud moral.

4. Si existe algo serio en la vida, sin duda es aquello que hacemos con auténtica vocación. Seguir el camino que la vocación marca es la única manera de hacer que nuestro trabajo sea digno. Probablemente, también, la manera, entre otras, de ser felices.

5. Los jueces, igual que los militares, los profesores, los médicos y los curas, deben apoyarse en la vocación para no ser más desgraciados de lo inevitable y calculado.

6. Amar la carrera judicial es amar a la justicia. Amar a la pro-

fesión significa que el único deseo de un juez sea el prestar a los ciudadanos el bien de la justicia.

7. La vocación del juez, como la del abogado o la del fiscal, es la que conduce serenamente al ejercicio de la justicia. La justicia —lo digo con todos los temores y reservas— es un gozoso y doloroso sentimiento del alma que el juez lleva a rastras, con furia o resignación, según los casos.

8. Insisto: el juez que ejerce de juez sin estar convencido de que hace lo que quiere y debe hacer, carece de sentido e incluso de dignidad. Sólo la vocación, ese don de los dioses que se recibe o no se recibe, la absoluta y completa dedicación y la reconfortante soledad, si se sabe soportar, dignifican y confortan al juez.

9. Elegir la profesión de juez no es encontrar un «*modus vivendi*». Los jueces que son jueces como podrían haber sido otra cosa, los que toman su trabajo de juzgar como un oficio más, tarde o temprano se sentirán hastiados de lo que hacen y lo único que les importará será la nómina a primeros de mes.

10. Lo explica Martínez Pastor con maestría, en su libro *Las miserias de la Justicia*: «de siempre la honorabilidad de los jueces se ha nutrido del carácter fuertemente vocacional que ha informado su selección. Los sueldos de los jueces, sólo comparables con los de los profesores o los médicos, ponen de manifiesto —al igual que en los otros dos estamentos citados— que hay que tener una gran vocación para afrontar una vida de escasez y sacrificarla en aras a la justicia».

11. Sin embargo, lamentablemente, las mayores retribuciones judiciales han atraído a una masa de aspirantes no vocacionales que corren únicamente en pos de un bienestar económico asegurado. Un bienestar modesto, pero bienestar al fin y al cabo, en una sociedad que segrega millones de parados.

12. Lo he dicho un montón de veces. En España hoy, lo mismo que ayer y anteayer, hay muy buenos jueces, unos ya granados

y otros a punto de granar. Son personas que procuran atender sólo a lo suyo y saben que este barco de la justicia o se lleva con pulso firme y remo seguro o se irá al fondo del mar de la injusticia con pasaje y tripulación incluidos. En la otra playa, están otros, los invadidos por aspiraciones y anhelos que nada tienen que ver con su profesión y que confunden vocación con aventura y administrar justicia con encantar serpientes. Y no hablemos de los que, a la menor oportunidad que salta, adoptan posturas de docilidad para asegurarse una carrera vertiginosa.

CAPÍTULO XXV

SOBRE LAS OPOSICIONES

1. Método habitual de reclutamiento en la judicatura. De todos los barajados, hoy por hoy, la oposición es el sistema menos malo.

2. Está bien que se busquen procedimientos para racionalizar el sistema de ingreso en la carrera judicial, pero mal que se reniegue de la oposición y se aplaudan otros caminos más fáciles, como, por ejemplo, las simpatías políticas.

3. Por tener de memorístico más de un 60 por ciento, tal vez la oposición sea un sistema de acceso a la judicatura —también a otros cuerpos— incompleto, arbitrario e injusto; tal vez, pero, desde luego, menos que las designaciones a dedo o al azar.

4. Además, tampoco es cosa de estar en contra de la memoria porque sí. El gran Descartes la aplicaba tanto a los objetos materiales como a las sensaciones de orden intelectual y el no menos genial Locke llegó a considerar que la memoria no era sino una habitación del inmenso edificio de la retención.

5. Que la memoria no es el mejor instrumento para hacer un juez sabio y completamente justo, eso lo sabe todo el mundo, pero, puestos a elegir, es preferible el aspirante a juez que se sabe de carrerilla el Código Civil o la Ley de Enjuiciamiento Criminal, antes que aquel otro que se conoce al dedillo los nombres de los

políticos y de magistrados influyentes que pueden meterle en el escalafón por la ley del mínimo esfuerzo.

6. Para el opositor de verdad, la fuerza de voluntad es su principal herramienta, tanto como la inteligencia. También la paciencia y la constancia han de ser sus fieles aliadas. La perseverancia puede llegar a confundirse con la voluntad misma y nunca debe aplicarse para menesteres distintos a los que ha de ser el único camino del opositor, es decir, aprobar.

7. El buen opositor es aquel para el que los días no se diferencian unos de otros más que en el número de temas que se ha estudiado. Salvo algunas fechas muy señaladas en el calendario —Viernes Santo, Navidad y Año Nuevo—, todos los días son idénticos y todas las horas iguales. La vida, siempre la misma: levantarse, desayunar, estudiar, comer, estudiar, cenar. Antonio Gala escribe que el opositor es un monje mendicante, con votos de castidad y de obediencia incluidos.

8. Más criticable que el propio sistema son algunos de sus elementos, como los preparadores. Al lado de magníficos ejemplos de preparadores preparados y con vocación de preparar, hay bastantes —jueces y fiscales— que preparan a su antojo y sólo les importa tener más y más opositores de los que perciben buenas retribuciones y, encima, no declaran al fisco.

9. Eduardo Dato, aquel excelente ministro de Alfonso XIII y no peor jurista, escribía a finales de 1902 que el mejor método de ingreso en la carrera judicial era la oposición, salvo los casos excepcionales en que las altas jerarquías de la Magistratura se abren a méritos eminentes contraídos en el foro o en la cátedra. Y añadía: «hay que modificar las actuales condiciones de la oposición de ingreso, dando mayor importancia a los ejercicios prácticos que al examen verbal, y estableciendo un verdadero noviciado que aquilate la vocación y aptitud de los aspirantes». Casi cien años después, el que fue presidente del CGPJ y del Tribunal Supremo, Federico C.

Sainz de Robles, advertía que si algo necesita la judicatura española con urgencia, es una reforma en profundidad del sistema de selección de los jueces y de sus promociones internas, no dependientes de la política ni del corporativismo, y en la que intervengan de manera decisiva, las valoraciones y los méritos estrictamente profesionales. Pues eso.

CAPÍTULO XXVI

SOBRE LA INDEPENDENCIA JUDICIAL

1. La palabra *independencia* proviene del latín *pendeo/pendere*, un intransitivo equivalente a «estar colgado, inclinarse». Sin embargo, con los prefijos *in* y *de*, el término adquiere un significado totalmente contrario. Según el diccionario de la RAE, la independencia es cualidad o condición de independiente. (…) 3. Entereza, firmeza de carácter, cualidad que se da cuando no se es tributario de otro. Dicho de una persona, independiente es aquel que «sostiene sus derechos u opiniones sin admitir intervención ajena».

2. En un sentido político o jurídico, la independencia es una voz anudada a la función de los jueces, aunque la idea es relativamente moderna. Un ejemplo: en el Antiguo Régimen, la independencia no formaba parte de las virtudes del juez, sino todo lo contrario. Otro ejemplo: a tenor de las Partidas, el juez es dependiente de una jerarquía que arranca de Dios y de «su vicario en la tierra» que es el rey.

3. En el discurso preliminar de la Constitución de Cádiz de 1812, hay un párrafo referido a la actuación del poder judicial que habría de inspirar la posterior evolución del concepto y que dice así: «Como la integridad de los jueces es el requisito más esencial para el buen desempeño de su cargo, es preciso asegurar en ello esta virtud por cuantos medios sean imaginables. Su ánimo debe estar a cubierto de las impresiones que pueda producir hasta el

remoto recelo de una separación violenta. Y ni el desagrado del monarca, ni el resentimiento de un ministro, han de poder alterar en lo más mínimo la inexorable rectitud del juez o magistrado.»

4. En la vigente Constitución española (Art. 117.1), lo mismo que en todas las constituciones democráticas, se pone especial acento en la independencia judicial, cosa natural en democracia, pues en ella los jueces y magistrados sólo deben ser dependientes de la ley. Mas la misma seguridad que adquieren los jueces en la Constitución, exige que su independencia esté contrarrestada con una responsabilidad que sea efectiva.

5. Pese a tanta declaración, España nunca —ni antes ni ahora— ha sido un modelo de justicia libre de influencias perniciosas. El magistrado, que no puede vivir aislado, siempre estará sometido a presiones. Algo parecido a esto lo decía ya en 1888 el jurista Luis Miller, cuando en su discurso de ingreso en la Academia de Legislación y Jurisprudencia advertía de que «la falta de virtudes cívicas, el apasionamiento político..., todas las lacras de nuestra vida social, han de reflejarse necesariamente en la administración de justicia. Sería un fenómeno inexplicable que este solo aspecto de la vida española se viera libre de contagio».

6. En la dictadura del general Franco se sostenía que el peor de los males de la justicia era su subordinación al poder único, encarnado en la figura del ministro de Justicia, y se consideraba preciso que los jueces dependiesen del Tribunal Supremo o de un órgano de gobierno del poder judicial creado *ad hoc*, como ocurría en los países democráticos cercanos, geográficamente, a nosotros. Ha pasado el tiempo, se ha constituido ese órgano —el CGPJ— y el poder judicial, en su conjunto, sigue dependiendo de poderes soberanos que lo manejan a su antojo, aunque la verdad sea dicha, si algunos jueces no son tan severos, justos y rectos como sería deseable es porque ellos mismos prefieren ser manejados como marionetas.

7. La idea de basar la independencia judicial en la conciencia del juez es una coartada. Esto es lo que ha ocurrido en España desde tiempos inmemoriales. Mas cuando llegó el momento de hablar de independencia del poder judicial —democrático, por supuesto— frente a los otros poderes, resulta que lo que primó fue la conciencia de clase, protagonizada, paradójicamente, por los llamados jueces progresistas. Éstos, los que se presentaron como luchadores —y hasta mártires— de la cruzada judicial, han sido menos independientes y más corporativistas —mejor sería decir clasistas— que los jueces llamados conservadores.

8. Una vez más estoy de acuerdo con Antonio García Trevijano cuando augura que no habrá independencia de la justicia sin un cambio formal que impida al legislativo y al gobierno controlar el reclutamiento y promoción de los jueces y fiscales. Ni habrá divinidad en la justicia, o genuina autoridad en la magistratura, sin un cambio espiritual que rompa culturalmente con la tradición que antepuso la conciencia a la independencia del juez.

9. Si damos por bueno el informe realizado por el Foro Económico Mundial, según el cual, de ochenta países, España ocupa el lugar cuarenta y seis en independencia judicial, ¿por qué algunos siguen empeñados en la mentira de que nuestra justicia es independiente, serena e imparcial? La fe del carbonero es muy inferior, pues no es posible confiar en una judicatura en la que la promoción profesional va ligada más a los merecimientos ante el poder, que a las capacidades o méritos profesionales de cada juez.

10. Como dijo un juez norteamericano en 1801, el juez ha de ser independiente también del propio titular, de uno mismo. Quizá se hable demasiado de los ataques a la justicia por parte de políticos, financieros, prensa y otros instrumentos de presión y, al contrario, muy poco de las emociones y pasiones que el juez puede llevar en su cartera o tener encima de la mesa de trabajo.

11. La independencia judicial, subjetivamente considerada, es

una virtud. Todo juez debe querer ser independiente, empezando por sí mismo; independiente de sus ideas e independiente hasta de sus más íntimas convicciones. Francisco Tomás y Valiente llegó a decir que cuando un juez quiere defender sus ideas políticas, lo primero que tiene que hacer es dejar de ser juez para, después, dedicarse al ejercicio de la actividad política.

12. Además de los enemigos externos, la independencia judicial suele tener enemigos infiltrados en sus propias filas, entre los que se incluyen algunos portavoces de asociaciones de jueces —también de fiscales— cuando toman postura pública ante casos judiciales en curso y dan su recetario —la mayoría de las veces, político— sobre cómo debe juzgarse el asunto, lo cual representa un atentado a la independencia del juez encargado de resolver.

13. Con todo, creo que el germen más corruptor de la independencia judicial está en aquellos jueces y magistrados que tienden, por su propia naturaleza, a entregarse —los hay que se ofrecen— a los que mandan, sean quienes sean. Hay magistrados —algunos presumen de supremos— que desprecian a la justicia y sólo respetan, hasta adorarlo, al poder. Para evitar esta plaga conviene que se den nombres y que los ciudadanos sepan quiénes son esos personajes que administran su honor, su libertad y su patrimonio.

14. ¿Cómo ha de proceder el juez para ser independiente? La única respuesta posible hay que buscarla en la ley. El juez únicamente se debe a ella, lo que significa que le está prohibido que sus sentencias sean arbitrarias, es decir, que respondan sólo a su mera voluntad o simple capricho, o lo que es igual, a sus prejuicios o intuiciones, cualesquiera que éstos sean.

15. Para Quevedo, independencia es la libertad de decir lo que se siente sin tener que sentir lo que se dice y, apurando el vocablo, puede llegarse a la conclusión de que también es algo así como no tener que ver nada con nadie, lo cual no quiere decir que el hom-

bre independiente sea necesariamente un soberbio, aunque sí un solitario, situación que no debe asustar pues está reservada a locos y héroes.

16. Va de citas. El inmortal Piero Calamandrei, aquel abogado italiano que se dedicaba a defender y elogiar jueces, sostenía que la independencia es un duro privilegio que exige a quien lo goza el valor de quedarse a solas.

17. Uno de los modos que tiene el juez para ejercer su independencia es expresar su opinión divergente de la mayoría de sus compañeros de tribunal, mediante el voto particular, cuando no está de acuerdo con el fallo mayoritario.

18. Los hay que dicen que permitir votos particulares a las sentencias debilita no sólo la autoridad del pronunciamiento, sino también la certeza del Derecho, pues —se sigue diciendo—, la opinión pública quiere tribunales fuertes, y la expresión de opiniones divergentes en el seno del tribunal da una imagen dividida del mismo.

19. «Un fallo unánime al que se llega sin sacrificar para ello ninguna convicción sirve para atribuir mayor fuerza al criterio adoptado», afirma el juez americano Hughes. No creo en ello, sino todo lo contrario: La divergencia de opiniones en el seno del tribunal no es algo extraño o pernicioso, sino una consecuencia lógica del funcionamiento de un órgano compuesto por varios miembros.

20. La tesis de que la sociedad quiere decisiones unánimes no es cierta, pues, precisamente, la sociedad, frecuentemente, sobre todo en asuntos candentes, está dividida. La vida misma lo demuestra; pensemos un momento en el aborto, o en las penas privativas de libertad, o en la inmigración.

21. La diversidad de opiniones en un tribunal no mengua la autoridad de la decisión ante los ojos de la opinión pública. Nada de eso. Incluso resulta beneficiosa, pues, además de reflejar las distin-

tas orientaciones, produce el efecto positivo de que la opinión pública reconoce sus intereses en el seno del tribunal. El pluralismo debe ser nota común en cualquier sociedad avanzada. El conocimiento público del voto obliga a cada miembro del tribunal a asumir su propia responsabilidad y a justificar la posición que ha tomado. La discrepancia y el voto particular exigen a los jueces una dedicación superior a la que conlleva la decisión colegiada.

22. Como escribe Calamandrei —*Proceso y democracia*—, «la colegialidad puede llegar a ser para cada uno de los integrantes del colegio una cómoda defensa para no sentir sobre su propia conciencia el peso de una responsabilidad injusta y para ocultar en el anonimato un voto del cual, individualmente, no se atrevería a asumir la responsabilidad».

23. Así pues, el voto particular supone una manifestación de la dignidad e independencia del juez, y de su responsabilidad moral. En palabras de Douglas William, el voto particular es un signo democrático, no menos auténtico que el de la libertad de expresión.

CAPÍTULO XXVII

SOBRE LA IMPARCIALIDAD

1. Desde antiguo, la imparcialidad del juez ha sido una de las exigencias de la justicia. Su sagrada balanza significaba que el juez debía ser fiel en todos los asuntos de su ministerio, no aceptando ni ruegos, ni favores, ni intereses propios ni ajenos, ni amistad, ni enemistad. En el caso contrario, las leyes llaman al juez «parcial», «bandero» o «favorable».

2. Según Beccaria es conforme con la justicia que el reo pueda excluir hasta cierto límite a aquellos jueces que le resulten sospechosos, pues compensados todos los intereses que modifican incluso involuntariamente las apariencias de los objetos, no hablarán más que las leyes y la verdad.

3. El juez justo de verdad, pese a ser amigo o enemigo, tener interés directo o indirecto en un pleito, puede hacer justicia por igual, pero también sabe que esto puede no ocurrir, y, por eso, la ley protege al justiciable. También piensa que éste, el ciudadano, igualito que el juez, es un hombre de carne y hueso y de ahí que tenga todo el derecho a que la ley proteja sus estados de sospecha y de desconfianza y le ofrezca el remedio para lograr que su juez sea verdaderamente imparcial.

4. Lo relevante no es tanto que el juez sea parcial como que su comportamiento, tras una valoración razonable, permita suponer que existen dudas fundadas de que lo es. Si un juez, por ejem-

plo, tiene creencias antiabortistas, no podrá evitar que, a primera vista, la gente sospeche de él en cualquier caso de aborto, pero nada puede hacerse en tanto esas creencias no se exterioricen de forma comprobable, en cuyo supuesto, obviamente, podrá ser recusado.

5. «No basta con que la mujer del César sea honesta sino que, además tiene que parecerlo.» Esta frase célebre es la que a menudo se aplica a la justicia cuando se afirma que el juez no sólo tiene que ser imparcial, sino que debe aparentarlo y es la que ha servido para que, en determinados casos, se aparte a un juez de su cometido. Vale la pena recordar la decisión tomada por la Cámara de los Lores británica a propósito del caso Pinochet, cuando tachó de parcial a uno de los miembros del tribunal que tenía que pronunciarse sobre la inmunidad del ex dictador por el mero hecho de que su mujer había colaborado con Amnistía Internacional, que era parte en el proceso.

6. En España el listón de la imparcialidad no está muy alto que digamos. Ni subjetiva, ni objetivamente, con lo cual, es frecuente que se vulnere el derecho de toda persona a que su causa sea oída equitativamente por un tribunal independiente e imparcial, tal como reconocen el artículo 24 de la Constitución y el Convenio Europeo para la Protección de los Derechos Fundamentales y las Libertades Públicas.

7. En palabras del Tribunal Constitucional, en el ámbito del derecho a un proceso con todas las garantías, ha de incluirse el derecho a un juez imparcial, noción que debe interpretarse en una doble vertiente: la subjetiva, que trata de evitar la parcialidad del criterio del juez —o su mera sospecha— derivada de sus relaciones con las partes, y la objetiva, que trata de evitar esa misma parcialidad derivada de su relación con el objeto del proceso o de su relación orgánica o funcional con el mismo. También es doctrina reiterada de este tribunal que «las causas de abstención y recusación

tienden, precisamente, a asegurar la imparcialidad del juez (STC 145/1988 y 119/1990), siendo el incidente de recusación el único cauce previsto por el ordenamiento procesal para obtener el restablecimiento por los tribunales ordinarios de este derecho fundamental o evitar la consumación de su lesión (STC 137/1994).»

8. La necesidad de preservar la imparcialidad se contempla en las leyes orgánicas y procesales a través de las causas de abstención y recusación, que no implican por sí la falta de ecuanimidad en el juzgador, sino el mero peligro o posibilidad de que se produzca, deducido éste de la concurrencia de unos hechos concretos y al margen de la situación personal del órgano judicial afectado.

9. La imparcialidad de un juez consiste en no estar, ni haber estado en posición de parte. Y conforme a la doctrina científica y jurisprudencial, se está en posición de parte cuando se toma o se ha tomado partido de un modo visible, palmario y exteriorizado a favor o en contra de alguno de los litigantes, o cuando existiendo o no una parcialidad anímica, se desarrolla o se ha desarrollado una actividad estructuralmente alineada a uno u otro lado de la contienda judicial. Sólo entendiendo la imparcialidad de este modo, lo que ahorra escarbar en el inexplorable rincón de la conciencia, es como se evita caer en tentaciones y consideraciones inadecuadas a un Estado democrático de Derecho.

10. También está en posición de parte aquel juez que concibe la ley como instrumento de poder a favor o en contra de un partido político, cuando no de venganza frente a persona determinada. En España se ha considerado como paradigma de este supuesto el caso del juez sospechoso por haber desarrollado una actividad de carácter político en la Administración —concretamente, en el Ministerio del Interior— que le permitió obtener conocimientos o datos influyentes para la actuación judicial posterior. En su momento, quien esto escribe tuvo que decidir el incidente de recusación formulado contra ese juez. Se trataba del magistrado Balta-

sar Garzón, instructor de uno de los sumarios por el asunto GAL. Entonces, al entender que no había causa legal y que más bien se trataba de una iniciativa que buscaba la descalificación del juez, rechacé la recusación. Hoy, con el paso del tiempo y conocidos más elementos de los que en su día se aportaron, reconozco que me equivoqué. Lo siento. Pienso que, en efecto, aquel episodio político del juez Garzón, ocupando escaño parlamentario y dirigiendo la Secretaría de Estado contra la Droga, más las circunstancias que le rodearon, crearon en su mente y voluntad un prejuicio capaz de inclinarle a unas decisiones espurias e injustas.

11. Los supuestos —en número cerrado— de abstención y, en su caso, de recusación, de un juez se recogen en la Ley Orgánica del Poder Judicial y van desde el vínculo matrimonial o situación de hecho asimilable y el parentesco por consanguinidad o afinidad dentro del cuarto grado del juez con cualquiera de las partes de un proceso, hasta ser una de las partes un subordinado del juez que deba resolver la contienda litigiosa, pasando por la amistad íntima o la enemistad manifiesta entre juez y partes, o el interés directo o indirecto del juez en el pleito o causa.

12. Aunque no con la generosidad, pureza y diligencia que se esperaban, el Tribunal Constitucional, poco a poco, ha ido perfilando esta garantía constitucional. Y así, en 1988, pronunció una sentencia que declaraba nula la norma procesal que encomendaba a un mismo juez la instrucción y fallo de causas penales.

13. Por la muy estricta interpretación de los estándares de imparcialidad judicial, el Tribunal Europeo de Derechos Humanos (TEDH) ha censurado varias veces a los tribunales españoles, sobre todo en el ámbito de la imparcialidad objetiva, es decir por prejuicios invalidantes de la función de juzgar, adquiridos en momentos procesales claves.

14. Dos sentencias del TEDH pueden considerarse históricas en este punto: la de 28 de octubre de 1998 (*Caso Castillo Algar c.*

España) y la de 25 de julio de 2002 (*Caso Perote Pellón c. España)*, al declarar que si los jueces que declaran culpable y merecedor de pena a un procesado, antes han dicho que contra él existen indicios suficientes de la comisión de un delito, la imparcialidad del tribunal sentenciador puede suscitar serias dudas, y los temores, a ese respecto, del acusado, caben considerarse objetivamente justificados.

15. Actualmente el gobierno tramita un proyecto de ley encaminado a mejorar la regulación de esta materia. De un lado, se amplían los motivos de abstención y de recusación y, de otro, se mejora el procedimiento para lograr el apartamiento del juez sospechoso. También se eleva la cuantía de la multa que procede imponer a los recusantes de mala fe.

16. Hay casos de descarada e impúdica falta de neutralidad. Sin ir muy lejos, yo mismo conozco el supuesto de un magistrado que, con todo descaro, intervino en un asunto en el que el abogado del querellante era amigo íntimo suyo; tanto que hasta le mandaba clientes al despacho profesional. No creo que fuera éste un supuesto de simple apariencia de imparcialidad. Tampoco que se hiciera precisa una interpretación extensiva de las causas de recusación. Me parecía y me sigue pareciendo, que el señor Bacigalupo —así se llama el magistrado en cuestión— se había ganado a pulso las sospechas de parcialidad y no merecía el menor margen de confianza.

17. El mejor remedio para evitar que las creencias de un juez —sean políticas, religiosas o de cualquier otro orden— empañen su decisión, predeterminándola, es enriquecer hasta donde sea posible su preparación. La cuota de subjetividad de un juez, algo inevitable, sólo puede contrarrestarse o compensarse —seguro que nunca completamente— a base de incrementar su técnica jurídica, que es lo que da al Derecho la mayor objetividad posible. Bien sé —por casos conocidos de primera mano— que cuanto más ignorante es un juez, mayor es el peligro de que sus decisio-

nes se apoyen en motivaciones personales y, por consiguiente, al margen del Derecho.

18. Balzac escribió que desconfiar de la justicia era un principio de convulsión social. De vivir, hoy habría actualizado aquel pensamiento: creer a ciegas en la imparcialidad de los jueces es renunciar a la democracia.

CAPÍTULO XXVIII

SOBRE EL ESCALAFÓN

1. Su origen está en el vocablo *escala*. Muy relacionado con el verbo escalar, sobre todo en la acepción de «subir, no siempre por buenas artes, a elevadas dignidades».

2. El escalafón de la carrera judicial lo confecciona anualmente el CGPJ. En él, por categorías —magistrados del Tribunal Supremo, magistrados y jueces— aparecen todos los funcionarios judiciales con sus nombres, apellidos, fecha de nacimiento y años de servicio.

3. Para que los interesados puedan hacer sus reclamaciones, que normalmente se refieren a errores de tipo material, el escalafón se publica en el BOE y se revisa todos los años, adaptándolo a las altas y bajas habidas en ese periodo de tiempo, y que, entre jubilados, fallecidos, recién ingresados, excedentes —voluntarios y forzosos— y los que han pasado a servicios especiales —léase cargos políticos—, no son pocas.

4. En España, en eso de los oficios judiciales —ha ocurrido igual con los militares, abogados del Estado, registradores de la propiedad, secretarios de ayuntamiento y me parece que también con los curas—, siempre ha regido el principio de que la antigüedad es un grado. «El escalafón es el escalafón y no se lo salta ni Dios», con perdón; algo que ya sólo funciona para los nombramientos reglados propios de concursos ordinarios de traslado o destino.

5. Lo de las jóvenes promesas está muy bien, pero subirse, sin más, a las barbas de los veteranos es, como poco, una soberana falta de respeto. Sólo la arteriosclerosis o enfermedades parecidas y otra suerte de defectos —la vagancia, la indolencia o vicios semejantes— deberían cancelar los méritos de la edad y la experiencia.

6. Aunque según el refrán, más sabe (el magistrado) por viejo que por magistrado, esta teoría falla en buen número de casos y, por tanto, aplicarla sin más podría dar lugar a sonoras injusticias, como las de aquellos que progresan al margen del calendario y que se abren camino mediante componendas, influencias y trapicheos.

7. Los trienios no son licencia para esperar tumbado a que a uno le llamen para el ascenso y aquellos que desde su juventud trabajan con aplicación y aprovechamiento, deben ser bien valorados. A la hora del nombramiento discrecional, lo importante es tener presente los verdaderos méritos de los candidatos. Únicamente así evitaríamos ser más injustos de lo inexcusable y calculado.

8. Hay compañeros que se mueren de viejos después de haber gozado del afecto de sus gremiales colegas y hay otros que pasan por el escalafón sin haber conocido el respeto ni la consideración del resto de los pobladores de la guía judicial.

9. A mí ya se me han muerto muchos compañeros —también amigos— jueces. A los magistrados recién muertos se les suele valorar mucho, casi, casi, sobrevalorar. Luego, incluso antes de que empiecen a pudrirse, son arrojados al hondo y negro pozo del olvido.

10. Yo he escrito varios obituarios de compañeros muertos y me he negado a hacerlo de alguno, pues tendría que haberlo escrito mojando la pluma en la clemente mentira. Sé de un magistrado que mientras escribía del colega que acababa de fallecer, al lado tenía el escalafón abierto, donde había marcado con una cruz el puesto dejado por el muerto.

CAPÍTULO XXIX

SOBRE LOS JUECES ESTRELLA

1. Hay oficios que precisan el éxito —el torero, el financiero, el político— y oficios —el médico, el juez, el periodista— a los que basta el esfuerzo que puede conducir a la verdad, aunque ésta, a veces, se resista.

2. El juez ideal fue siempre aquél que no tiene cara ni opinión. Los jueces siempre fueron gente reservada, de vida austera, ajena por completo a los focos. A la justicia —quizá por su origen— únicamente se la conocía a través de estampas alegóricas.

3. En un país maduro, lo que verdaderamente debe interesar a los ciudadanos es lo que la justicia hace y no tanto cómo se llama el juez que la hace. Ser reina por un día puede que sea la ilusión de jóvenes lozanas, pero en un juez, una aspiración semejante resulta, además de carísimo, una soberana estupidez.

4. Un juez no debe ser ni un político agazapado —o descarado—, ni un enviado de Dios, tampoco un galán de cine o un torero de postín y, mucho menos, un justiciero con carisma. La justicia no es representación, los jueces no son actores ni están llamados a ser héroes.

5. En España, Luis Lerga, el encargado de la instrucción del sumario «Rumasa», fue el primer juez que recibió la denominación de juez estrella, seguro que a contrapelo de su voluntad. A partir de él, los jueces estrellas se han convertido en una categoría judicial acuñada al margen del escalafón, pero de uso común.

6. El juez estrella es un ser hambriento de éxito y de fama; deslumbrado por su propia valía. Se considera por encima del resto de los colegas. Consciente de ser el número uno hasta el punto de proponerse la sencilla tarea de salvar al mundo a través de su juzgado, tiene una concepción ridícula de la vida, que da la medida de su megalomanía. Egocéntrico y narcisista, disfruta mirándose a los espejos y viendo lo que ve. Como diría Natalie, una de las jóvenes amantes de la bisexual Simone de Beauvoir, el juez estrella es como un reloj dentro de una nevera: siempre maquinando, siempre controlando, pero siempre, también, todo él un témpano de hielo.

7. Para el juez estrella el único placer de la vida es destacar por encima de los demás; ser el primero, deslumbrar con su luz; para él, la felicidad consiste en eso. Su rasgo básico es la ambición. De ahí que cultive con mimo el protagonismo con el que alimentar la leyenda del magistrado justiciero que ve amanecer, absorto en sus autos y sentencias. El juez estrella está seguro de que si trabaja en aras a contribuir en la batalla contra el mundo mafioso del narcotráfico, la pestilente corrupción o el terrorismo, gozará del aprecio de la siempre agradecida ciudadanía.

8. El juez estrella es una figura construida a medias entre la osadía y los medios de comunicación. Lo describe magistralmente Arcadi Espada en sus *Diarios*: «los medios no muestran hombres, sino siluetas. La metáfora perfecta de la imagen del hombre, según los medios, es precisamente el ir y venir televisivo del juez Garzón, subiendo y bajando las escaleras de la Audiencia Nacional».

9. Sigo con Arcadi Espada: en esa categoría del juez estrella «los hay que hasta se prestan a que una medio monja les haga una repugnante biografía que titula *El hombre que veía amanecer* y que es capaz de admitir que la periodista —del Opus Dei para más inri— se meta en el dormitorio conyugal y cuente: "Sentado en el borde de la cama, un pie descalzo y el otro aún con calcetín, Baltasar

mira a Yayo." Si Yayo es la mujer de Garzón, ¿qué hacía la vestal... en el dormitorio conyugal?».

10. A propósito de aquel libro, recuerdo que las confidencias que contenía respecto a determinados asuntos del juzgado de Garzón dio lugar a la apertura de un expediente disciplinario encaminado a determinar si el juez había incurrido en alguna responsabilidad por desvelar secretos sumariales. Al final, a propuesta del servicio de inspección, las diligencias se archivaron con el argumento de que las manifestaciones del juez biografiado pudieron ser meros recursos de la autora. Es decir que para el Consejo General del Poder Judicial, el libro de Pilar Urbano estaba lleno de mentiras. También para mí, pero no sólo por eso. Pilar Urbano, sin encomendarse a Dios ni al diablo, injuria y calumnia con verdadera afición.

11. La verdad es que quien salvó de ese expediente a Baltasar Garzón fue su colega Guillermo Ruiz Polanco, instructor del incidente de recusación a cuenta del libro de sor Pilar. Sé lo que digo y por qué lo digo. Si la recusación hubiera prosperado —lo que iba a ser, pero no fue gracias a un suplicante llanto de última hora— seguro que hoy la situación sería bien distinta.

12. Que se sepa, la última aspiración de Baltasar Garzón ha sido la de alcanzar el premio Nobel de la Paz 2002, galardón dotado con 1.000.000 de euros, que, por fin, recayó en Jimmy Carter, ex presidente de los EE.UU. El semanario *Interviú* contó que Garzón iba diciendo por ahí «Voy a ser yo». Y es que, como escribe su biógrafa oficial, Garzón «*en el fondo de quien está enamorado es de él*».

13. A últimos de diciembre o primeros de enero, el diario *El Mundo* acostumbra a publicar una nómina de los quinientos personajes que han acreditado ser los más poderosos durante el año que se acaba. Vale la pena examinarla con atención. En ella hay de todo: políticos, banqueros, empresarios, escritores, directores de perió-

dicos, atletas y, como no, jueces. ¿Será verdad que el señor Garzón manda tanto y tiene tanto poder como el presidente del Gobierno, el líder de la oposición o el presidente del grupo Prisa? A lo mejor resulta que los cargos están mal distribuidos y que el señor juez es quien debería presidir el Tribunal Supremo y el Consejo General del Poder Judicial. No hago ninguna afirmación —bien lo sabe Dios— aunque sí apunto a una posibilidad evidente.

14. Aparte de los rutilantes, otros jueces —no pocos— tienen méritos para lucir con brillador destello en el arte de la justicia y nadie los conoce ni habla de ellos. También es cierto que los hay que, desde la mediocridad, se mueren de envidia por no estar en lo alto del palmarés, cosa a la que aspiran. Ya es bien sabido que el que no sueña es porque no se acuesta. En esto de suponernos los mejores y querer estar en el candelero, los españoles hacemos verdaderas filigranas.

15. No me ha sido fácil escribir lo que he querido decir. Poniendo énfasis a las palabras, pienso que el estrellato —también el heroísmo— judicial quizá sea la peor de las rémoras —podrían llamarse lacras— que padece el vacilante mundo de la justicia. Los héroes judiciales son los fantasmas habitadores de un universo donde malamente se cumplen las funciones que les son propias. Entiéndaseme bien. Es posible que sean magníficos personajes literarios y, probablemente, ejemplos vivos de una justicia en la que se precisan virtudes propias de los elegidos por el dedo divino. En este sentido, la figura del juez estrella es como una muesca carnavalesca, donde se parapetan intenciones muy ajenas al Derecho y, sin duda, aviesas.

16. Me preocupa que haya gente que pueda pensar que con un juez famoso, estrella de todo el firmamento judicial, se solucionen todos los problemas del mundo. Tal vez sólo sean temores. Ojalá. Lo otro, sería reconocer que la justicia se identifica con un solo juez, a modo de agente de la divinidad.

17. En cualquier caso, es probable que pueda aplicarse la tremenda sentencia que fue capaz de aupar a tanto pobre de espíritu y parco de inteligencia: lo importante no es lo que sucede sino lo que transciende.

18. «Yo no muestro el ser, sino el pasar», escribía Montaigne.

CAPÍTULO XXX

SOBRE LOS JUECES POLÍTICOS

1. Anticipo que aquí no habré de referirme al juez que, como cualquiera, tiene ideas políticas, elige la radio o el periódico que más le satisface y vota como todo hijo de vecino. Nadie es apolítico y si lo es, peor para él. Lo importante es la imparcialidad en el momento clave de juzgar a los demás.

2. El juez político del que quiero ocuparme es aquél que con su profesión lo que busca no es hacer justicia, sino alcanzar poder. Ese juez, para lograr su propósito, no suele pararse en barras ni tener demasiados escrúpulos. Ejemplos de esta especie hay muchos y muy claros.

3. El juez político aunque se disfrace de juez y llegue a creer en su disfraz, es un político, un hombre que antepone el fin a la norma y el resultado al procedimiento. En opinión de Dieter Simon —uno de los que mejor han tratado la independencia judicial— el juez político es el abominable usurpador del trono que corresponde al juez neutral.

4. Creo que de todos los males que un juez puede cometer, el peor es el de jugar a político, a salvo, claro está, del de dejarse sobornar o cometer injusticia por maldad, ignorancia o necedad.

5. Aparte de que con ellos la democracia se nutre de gente inexperta, lo cual es lamentable, los jueces políticos saben o deberían de saber que, por mucho que digan que no, son unos esclavos

encadenados a un partido que les exige permanente lealtad y obediencia.

6. Uno de los prototipos del juez político —quizá el más sonado— fue el magistrado italiano Antonio di Pietro, que perteneció al movimiento Manos Limpias, aquel sector de la judicatura italiana nacido con el objeto de combatir la corrupción política mediante el sistema conocido por Tangentopoli y que, para simplificar, consistía en la financiación de determinados partidos políticos a base de cobrar comisiones a aquellas empresas que quisieran ser algo en el panorama económico.

7. Las Manos Limpias empezaron a actuar a comienzos de los años noventa y cientos de financieros y políticos resultaron procesados, algunos de los cuales se suicidaron antes de sentarse en el banquillo. Con la actuación de estos jueces y fiscales, el partido socialista —con Bettino Craxi a la cabeza— y la Democracia Cristiana desaparecieron del mapa político, lo que originó un vacío de poder que, al cabo de los años, en 1994, ocupó Forza Italia, un partido presidido por el magnate de la comunicación Silvio Berlusconi, *Il Cavaliere*.

8. El juez Antonio di Pietro, al poco tiempo de empezar aquella cruzada judicial, se sintió tentado por la política y cambió la toga por un escaño en el Parlamento. Hoy, al cabo de diez años, el movimiento justicialista y sus miembros han perdido, prácticamente, todo prestigio y estima popular.

9. En España, jueces políticos ha habido muchos. En democracia y en autocracia. Jueces ministros, jueces gobernadores civiles, jueces directores generales, jueces diputados y senadores, los podemos encontrar antes y ahora. Así, a bote pronto, por citar los más cercanos en el tiempo, me vienen a la memoria Juan Alberto Belloch, Baltasar Garzón o Ventura Pérez Mariño, aunque no sé bien si estamos ante casos de jueces políticos o de políticos jueces.

10. Respecto al primero de los citados, todavía recuerdo una

entrevista que le hizo la periodista Consuelo Álvarez de Toledo, donde se dice lo que sigue: «Belloch, cuando era juez, quería ser político. Cuando fue diputado, quería ser ministro. Cuando ministro, quiso ser dos veces ministro. Lo fue de Justicia y de Interior, en feroz disputa con Baltasar Garzón, a quien dijo aquello de "lo siento, ahora es mi turno político".»

11. En cuanto al segundo, yo fui uno de los muchos que seguimos con detalle la campaña electoral de Baltasar Garzón, en 1993, como número dos del PSOE por Madrid. Recuerdo que mi destino era el Consejo General del Poder Judicial. Entonces éramos amigos, menos de lo que llegamos a ser y más de lo que hemos terminado siendo. Él tenía entonces treinta y siete años, estaba encantado, y en la retórica se sentía como pez en el agua. Lo anota en su diario Arcadi Espada: «Una operación de esa naturaleza sería inconcebible en una novela: hasta él sabe que un niño no puede hablar con voz de hombre.»

12. Cuando Baltasar Garzón concluyó el viaje de ida a la política y comenzó el de vuelta a la Audiencia Nacional, de su boca salieron palabras como «traición» y «ardid electoral» y reprochó a Felipe González haberle tratado como un muñeco.

13. Como Baltasar Garzón, también Ventura Pérez Mariño se presentó a las elecciones generales de 1993 y obtuvo escaño de diputado. Actualmente es alcalde de Vigo por el PSOE. Magistrado por la vía del tercer turno, en su haber judicial figura, como mayor mérito, haber sido ponente de la sentencia dictada en el llamado caso Argentia Trust, en la que se condenó a Mario Conde como autor de un delito de apropiación indebida. Una resolución calificada por algunos de ejemplar —las sentencias no tienen que ser ejemplares— y que, para otros, no pasó de ser una sentencia oportunista, escrita más con las vísceras que con la razón —por tanto, mala—, con lenguaje de taberna, de cara a la galería, para placer de los enemigos del acusado —antes aduladores suyos— y en un

plazo récord —a las veinticuatro horas de terminar el juicio— lo que dio lugar a que fiscal y abogados se preguntaran cuándo se deliberó el asunto.

14. El juez independiente ¿es político? O dicho al revés: el juez politizado ¿es independiente? El primer supuesto es cierto, aunque algunos quieran negarlo con el argumento de que todo el mundo es político. El segundo ya no lo es tanto. La independencia es secuela de la libertad y si la política ata, establece servidumbres, genera afectos y cría desafectos ¿quién se atreve a confiar en un juez que tiene tatuado en la piel —no hace falta que lo lleve en la boca— el carné de un partido?

15. El político y el juez no solamente no tienen por qué ser una misma persona, sino que, con frecuencia, es mejor y más saludable y eficaz el que no lo sean. Por eso el artículo 127.1 CE —los jueces y magistrados mientras se hallen en activo, no podrán pertenecer a partidos políticos— ¿se cumple? Si hablamos de carné, sí. Pero hay fraude.

16. En la carrera judicial —igual que en cualquier otra— no es lo mismo progresar por méritos científicos y profesionales que conseguirlo merced a éxitos políticos. Confundir ambos métodos nos ha llevado a dos metas no deseables: históricamente, a fracasos tremendos; y metodológicamente, a no pocas amargas descalificaciones de la justicia.

17. A mi juicio, hay que hacer lo necesario para preservar a los jueces de los contagios de la endémica enfermedad política. Por el mismo principio de independencia judicial, les está vedado inmiscuirse en actividades políticas, porque éstas, como propias de grupos debatiéndose acaloradamente para conservar o conseguir los mandos gubernamentales, son opuestas, de cabo a rabo, a la equilibrada e imparcial misión del juez.

18. El papel del juez empieza y acaba con la tarea de juzgar las conductas que se le ponen delante de sus ojos. No es él, recuér-

dese, quien ha de arbitrar las necesarias soluciones a las distintas crisis que padece la sociedad. El juez metido a político o, lo que es igual, a encantador de masas suele tener, con demasiada frecuencia, una actuación tan desdichada como funesta.

19. Ante un juez que se mete a político —también ante el que tiene veleidades políticas—, hay que echarse a temblar. Pregunto: ¿qué político o no político comparecería sereno y tranquilo en un juzgado o tribunal cuyo titular, sus miembros o parte de ellos, fueron antes políticos de distinta cuerda o siglas, o habiéndolo sido, mantuvieron serios enfrentamientos? La historia nos ofrece demasiados casos como para que tenga que insistir sobre ello. Únicamente me permito señalar que no parece descabellado temer que el juez que ha pasado por la política pueda utilizar su poder jurisdiccional para satisfacer resentimientos personales o para hacer desde el juzgado lo que no le dejaron hacer en el Parlamento. La tentación es tan grande como antigua.

20. Si el juez tiene la obligación no sólo de ser imparcial sino también de ofrecer la apariencia de que lo es, me sumo al pelotón de quienes patrocinan la idea de que el juez que deja la toga para ocupar un cargo político debe saber que antes de volver a su juzgado habrá de pasar un periodo de tiempo largo, a ser posible tan largo como para que cuando quiera regresar, ya esté jubilado. El profesor Rubio Llorente hace la siguiente comparación: volver a ser juez cuando antes se ha estado en política, es tan absurdo como que a un ministro de Hacienda se le reserve su cartera mientras ocupa la presidencia de un banco. Cuando un juez decide pasarse a la política ha de saber que a partir de ese instante no podrá pedir a la gente que crea en su independencia y neutralidad.

21. Si absurdo es que los políticos constituyan tribunales y se metan a juzgar, acaso no es inconcebible que los jueces y los fiscales se organicen en foros, tribunas o parlamentos y se dediquen a hacer política.

22. Parafraseando a Niceto Alcalá Zamora, aquí se podría decir algo semejante a lo que escribe en sus *Memorias*, o sea, que quien abandona la función jurisdiccional para acceder a un cargo político deja la puerta más que cerrada, «entornada», circunstancia que puede generar graves problemas. ¿A quién no le suena lo de la puerta entornada o, mejor, lo del cajón entreabierto?

CAPÍTULO XXXI

SOBRE LAS ASOCIACIONES JUDICIALES

1. A juicio de Aristóteles —léase *La Política*— el hombre es un ser sociable. Para sus seguidores, el aislamiento del hombre es imposible y en ese estado no podría cumplir sus fines. Esto es lo que deben de pensar los partidarios de que los jueces se reúnan en grupos. El lema: «Sólo en familia podremos subsistir.»

2. Como cada uno es muy libre de pensar —no digamos de hacer— lo que quiera, advierto que yo no opino así. Sé que en España todo lo que signifique gregarismo es muy bien acogido. Se prefiere la manada a la soledad, pero también es verdad que hay otra gente a la que gusta saberse libre, ajeno e impasible a movimientos corporativos y sin necesidad de que nadie le marque el camino a seguir.

3. No estoy muy seguro pero me temo que uno de los más claros síntomas de la debilidad del poder judicial es que para defenderse de los ataques de los otros poderes —de cualquiera de los muchos existentes— no ha encontrado mejor escudo que el corporativismo, a través de ese extraño instrumento que se llaman asociaciones judiciales.

4. Mejor que nos lo dice Gabriel Albiac, imposible: «que siga existiendo hoy una cosa llamada "Jueces para la democracia" se me antoja una de las más alarmantes pervivencias semiconscientes del franquismo».

5. Aunque partido y asociación son voces que sirven para nombrar conceptos distintos, en la práctica el matiz que distingue al uno de la otra es tan sutil que, en el supuesto de que fueran diferentes, a mí se me escapa. Si uno se fija bien, hay algún partido político y alguna asociación que resultan intercambiables.

6. Es cierto que, etimológicamente, el primer concepto lleva implícita una connotación política, al paso que sobre la segunda ese aspecto no aparece como si se hubiera deseado desinfectarla. Pero entiendo que no, y me niego a llamar asociaciones a lo que son sucursales de los partidos políticos, por cuanto supone querer dar gato por liebre.

7. Hablar de asociaciones judiciales políticas es ser fiel a la realidad y a ello no son ajenos ni los partidos políticos ni las asociaciones judiciales. Los primeros, cuyo objetivo es la agrupación de sectores sociales, no pueden prescindir de los jueces.

8. Semánticamente, partidos políticos y asociaciones judiciales son —o deben ser— cosas distintas. Pero también admito que no les falte alguna razón a quienes trazan un gran paralelismo entre unos y otras, pues, además de que la última sea «grupo de personas formado de manera estable con cierto fin que se especifica» (ver la cuarta acepción de la palabra en el María Moliner), hay representantes de asociaciones judiciales que, sin pudor alguno, exhiben tanta parcialidad que parecen portavoces de un partido.

9. No eludieron este problema los padres de la Constitución de 1978. Entre las diferentes opciones que barajaron a la hora de abordar la cuestión de la militancia partidista y sindical de jueces y magistrados, es decir, desde la prohibición a la libertad más absoluta, pasando por sistemas intermedios, como el de la libertad de militancia con prohibición de desempeño de funciones de dirección y representación, al final se eligió la primera, pues se pensó —Alianza Popular y UCD mandaban— que era necesario que los miembros del poder judicial se dedicasen de forma exclusiva y

excluyente al Derecho, al que se concebía como un mundo incompatible con el de la política.

10. Tengo dudas de qué sería lo mejor, porque la realidad demuestra que hay jueces con más carga ideológica y política que los propios políticos; que hay políticos que, tras causar baja en la política, han retornado a la carrera judicial; y jueces que causan baja en la judicatura para ir a la política, ciegos de codicia de poder. Nadie sensato y sincero puede desconocer que en los sucesivos gobiernos ha habido ministros de origen asociativo, tan conservadores y progresistas como los colectivos judiciales de procedencia.

11. El artículo 127.1 CE —ya citado— dice que los jueces «no podrán» pertenecer a partidos políticos o sindicatos. Camilo José Cela en una ocasión me reconoció que, cuando fue senador, este precepto se le pasó de largo y que por él, la redacción hubiera quedado más contundente; concretamente, de esta forma: «Los jueces no podrán pertenecer a partidos políticos o sindicatos ni tener cargo público, lo que supondría el automático y definitivo apartamiento de su función.»

12. De todas las maneras, a la vista del número de asociados —de alrededor de 4.000 jueces y magistrados, sólo 1.900 están asociados—, tampoco puede afirmarse que los jueces sean unos devotos del asociacionismo. Desde luego, por observación directa, a los ciudadanos, en general, la sopa de siglas —APM, JPD, AJFV, UJI, AF, UPF— nos les hace ninguna gracia. Según me cuentan, últimamente se está gestando una nueva asociación que tendrá el acrónimo FJI, que responde a la denominación de Foro Judicial Independiente.

13. El artículo 401 de la Ley Orgánica del Poder Judicial vincula las asociaciones judiciales a unos concretos fines lícitos, a saber, la defensa de los intereses profesionales de sus miembros en todos los aspectos y la realización de actividades encaminadas al servicio de la justicia en general. En línea con el mandato constitucional,

dice que no podrán llevar a cabo actividades políticas ni tener vinculaciones con partidos políticos y sindicatos.

14. No obstante, dada la ambigüedad de la redacción, el texto puede ser interpretado de forma que esas asociaciones tengan el mayor protagonismo, sin excluir materias que toquen lo político. La prohibición de actividades políticas ha de leerse como prohibición de actividades partidistas, dirigidas a ejercer el poder político en los ámbitos gubernamental o parlamentario.

15. No son pocas las ocasiones en que he expuesto mis críticas al asociacionismo judicial, según lo conciben algunos de sus dirigentes y los asociados permiten que funcione. De manera que nada descubro si ratifico mis escasas simpatías por ellas, cosa que no debe confundirse con los sinceros afectos y admiraciones que siento por determinados miembros o dirigentes de las mismas y las reservas y cautelas que guardo respecto de otros.

16. Además de las precisadas, otra de las nefastas consecuencias del asociacionismo, tal como actualmente se entiende y practica, es el haber servido de coartada a mucho juez mediocre que ha hecho del gregarismo su cueva y abrigo.

Nada más cómodo que saberse arropado por un colectivo que, llegado el caso, te saque las castañas del fuego. Tanto como doloroso lo es que la independencia tenga el precio de que, en semejante situación, nadie te escuchará y hasta te volverán la cara.

17. Los jueces a quienes ni la naturaleza ni la justicia les ha iluminado la inteligencia, necesitan meterse en el bulto y crecer a la sombra de unos colegas que son los amos de una carrera con muchos complejos. Unos y otros, respectivamente, saben que la misión de la asociación es ayudarles a progresar y a protegerles en caso de apuros. Por eso, hay que apuntarse a alguna de esas longanizas de siglas propiciadas, en buena medida, por la indolencia de una carrera pusilánime que sigue sin sentir nada pero que le encanta aplaudir las genialidades de sus dirigentes.

18. Recuerdo el ridículo episodio de un juez, hoy ya talludito, que apenas aprobar la oposición, me dijo: «Bueno, ahora lo que hay que hacer es asociarse y a vivir del cuento.» Y así lo hizo. Pena me dio y me sigue dando.

19. El asociacionismo judicial como tal no existe. Lo que hay son clanes con mayor o menor poder de influencia y eficacia. Sus mandos funcionan como jefes de una tribu y en ellas, las bases encuentran las claves del poder judicial. Por su parte, el Consejo General del Poder Judicial lo que hace es subvencionar a las asociaciones judiciales para que representen su papel, finjan el decorado y no rompan la baraja.

20. Hay casos y situaciones que demuestran que los jefes de esos colectivos lo único que persiguen es influir, a muy corta distancia, en las decisiones de sus superiores orgánicos, sean individuales o colegiados, con lo cual es obvio que con estos modos y maneras, las limpias y originales razones del movimiento asociativo se han cambiado por las turbias bases en las que se asienta una secta cualquiera.

21. En alguna parte lo he dicho por activa y por pasiva. En mi opinión, sería mejor y más útil que, en vez de andar cada uno por su lado, se creara una asociación en la que estuviesen presentes jueces, fiscales, abogados del Estado, secretarios judiciales, profesores de Derecho, notarios, registradores de la propiedad y demás juristas, a fin de aglutinar ilusiones, coordinar las diferentes tendencias y actividades para mejorar la justicia y defender al Estado de derecho. Se me ocurre que tal vez éste fuese un espléndido remedio a la enfermedad del corporativismo y sus irreversibles secuelas.

22. Lo explica muy bien Martínez Pastor. Para él, mejor sería que todos los juristas crearan en España una organización similar a la «*Bar Association*» estadounidense, en lugar de ese mundo judicial fraccionado de asociaciones en pugna todas ellas por incrementar su cuota de poder dentro de la judicatura. Mientras, el juez inde-

pendiente es condenado a un exilio profesional interior, si no se entrega en alguna de esas banderías.

23. Si la función primordial de una asociación judicial es, o debiera ser, la defensa de la independencia judicial, lo normal es que en los aquelarres judiciales, llegado el caso, antes de defender a un juez, por muy atropellado que lo haya sido en su independencia, se compruebe si es de «los nuestros». Suponer que todos los jueces tienen derecho a ser respetados por igual, no pasa de ser una falta de ingenuidad.

24. Porque, ¿dónde estaban las asociaciones de jueces y fiscales demócratas cuando políticos o todopoderosos ponían precio a la cabeza de algún juez molesto? No fueron pocas las veces —personalmente alguna contemplé con sorpresa y honda preocupación— en que muchos callaron o miraron para otro lado. «No es de los nuestros. Ése va por libre», comentaba cierto colega, muy progresista él.

25. ¿Dónde estuvo la muy progresista asociación judicial cuando su periódico favorito engrasaba la rotativa a base de zafiedades e injurias al magistrado Barbero, el juez del Tribunal Supremo encargado de la instrucción del caso Filesa? Los que salen en manada si uno de los suyos es maltratado, son los mismos que dieron la espalda a Marino Barbero cuando unas hienas le arrancaban el alma con las garras de la ignominia, incluido un presidente de Comunidad Autónoma que llegó a echarle en cara que tuviera dificultades a la hora de pagar las cuotas de la hipoteca de su casa.

26. Yo, después de lo que he visto, puedo decir que un juez habrá de morir independiente si ha vivido independiente, en el más puro de los sentidos, es decir, sin depender de nadie. Aseguro que merece la pena probar a vivir así y dar la cara por causas impopulares; la de la justicia, por ejemplo. También la de la libertad, esa noción que lucha en defensa del individuo y en contra del amansamiento que lo humilla.

CAPÍTULO XXXII

SOBRE LOS NOMBRAMIENTOS JUDICIALES

1. Tras la Ley Orgánica del Poder Judicial, actualmente y salvo los nombramientos «ordinarios» que son reglados, la discrecionalidad es el único criterio para el ascenso, por ejemplo, a magistrado del Tribunal Supremo. Es el Consejo General del Poder Judicial el que los elige con la misma libertad que el gobierno elige a los generales del Ejército.

2. Desde su constitución y salvo notorios aciertos, el CGPJ ha aupado a bastante mediocridad, mientras que grandes magistrados han sido abandonados en el ruedo de la política, con flagrante violación del principio constitucional del mérito y la capacidad.

3. Como el catedrático Ramón Parada nos advierte, qué lejos estamos de aquel anteproyecto de ley, fruto de una asamblea celebrada en 1931 bajo la presidencia del ministro de Justicia Fernando de los Ríos, que contemplaba que los ascensos a magistrados del Tribunal Supremo fueran en tres turnos: uno por la antigüedad entre magistrados, otro por oposición entre éstos y un tercero por oposición libre, fórmula muy similar a la seguida en la carrera notarial.

4. No hay duda de que debe terminarse con el proceso actual y apelar al sentido común y de justicia, porque, no nos engañemos, hay quienes saben perfectamente que controlar el poder de tribunales donde se ventilan los asuntos de relieve político, social o

económico, es ser el dueño. Creo que así ha sucedido en buen número de casos, que el perjuicio causado a la justicia es irreparable, que de ese modo el veneno partidista ha penetrado en los tribunales y que ciertas togas huelen a ese tóxico. Por no hablar del cianuro de rencor entre compañeros. De lo uno y de lo otro, ejemplos no faltan.

5. Ante este panorama, se hace preciso retornar a una carrera judicial completamente reglada, donde el ingreso y el ascenso sean siempre por oposición o antigüedad, a no ser que conste una declaración de inidoneidad hecha con audiencia de parte y susceptible de recurso.

6. Y es que, visto como han ido las cosas, me apunto a la iniciativa de aquel buen ministro de Justicia, Eugenio Montero Ríos, cuando de los tres sistemas de elección, declaraba su preferencia por la antigüedad, pues, aun reconociendo todos los defectos que tiene, el método «es menos perjudicial» y «evita el gravísimo peligro que para la recta administración de justicia pueda haber en la elección» y, lo que es todavía mucho mejor, con él se deja fuera «al juez que sabe que por los tortuosos caminos de la influencia puede cobijar y satisfacer sus aspiraciones» o «comprende que la flexibilidad en el cumplimiento de su deber puede servirle de propio mérito para conseguir adelantos en su carrera».

7. Al decir lo que dijo, Montero Ríos ponía el dedo en la llaga, pues él sabía mucho de cómo se canalizaban los votos, emitidos por sistema de sufragio universal, hasta los escaños del Parlamento y las poltronas del banco azul. Fraile antes que cocinero —había sido seminarista— y cocinero antes que fraile, para hacer verdad al refrán, conocía bien el foro, la abogacía y la judicatura, las tristes lacras humanas y los naturales deseos de prosperar cada persona en su carrera. La Orden Ministerial del día 5 de febrero de 1893 es todo un canto patriótico a sus ideales de independencia judicial y de democracia parlamentaria.

8. En la historia han sido frecuentes las acechanzas de los jefes de los partidos, que rodeaban y casi asfixiaban al juez. Son abundantes las pruebas existentes en los libros de memorias, las Memorias Anuales del Fiscal del Tribunal Supremo, los discursos de aperturas de Tribunales y las intervenciones de los diputados y senadores en las sesiones de las Cortes. Citemos, como ejemplo, el libro del magistrado. Miguel Sainz Gómez cuenta las presiones que le hizo un candidato a diputado para conseguir los procesamientos de los miembros de dos ayuntamientos, aludiendo a «deseos del gobernador y de alguien más alto».

9. Si la gestión de la carrera judicial fuera plenamente reglada y los ingresos y los ascensos lo fueran, también siempre, por oposición o antigüedad, no habría problemas, pues éstos surgen precisamente cuando se atribuyen amplios poderes. Con un sistema de carrera reglado, como lo tienen los notarios, los registradores de la propiedad o los abogados del Estado, la independencia de los jueces estaría más asegurada, aunque la formalidad del nombramiento dependiera de quien dependiera.

10. Lo justo y oportuno sería nombrar magistrados del Tribunal Supremo y presidentes de Audiencias a los que verdaderamente son los mejores, y en igualdad de circunstancias, a los más antiguos, pues las prisas están de parte de quienes, cronológicamente, han de despedirse antes de este mundo.

11. Con tan amplio margen de discrecionalidad, ¿cuántos magistrados hubieran accedido a la cúpula de la carrera si el sistema aplicado fuera el de antigüedad, combinado con los méritos acreditados? Desde luego, bastantes menos de la mitad. No digamos de los provenientes del más allá de los mares y que llegaron a España con el único mérito de haber servido a un gobierno peronista, aunque, eso sí, prestando promesa firme de que ninguna queja habrían de tener de él quienes le auparan al supremo sillón y le proporcionaran toga de armiño.

12. El 13 de julio de 1998, Pedro J. Ramírez, director de *El Mundo*, en su habitual carta dominical, advertía de la necesidad de despolitizar la justicia, «unos lodos que vienen de aquellos polvos del 85, cuando en plena borrachera de poder un alto cargo del partido gobernante decretó la muerte de Montesquieu y todos los miembros de la carrera judicial comprendieron ipso facto que su futuro profesional iba a ser decidido por un gobierno judicial designado por la maquinaria partitocrática». A eso se llama leer el futuro.

13. Soy el primero en defender que hay magistrados íntegros e incorruptibles, pero creo que éste no es el problema, sino evitar el gravísimo peligro que para la credibilidad y buen nombre de la justicia pueda haber en la elección. Desgraciadamente, en algunos jueces ha calado la idea de que la trocha de las influencias y vereda de la docilidad en el ejercicio de sus funciones son los procedimientos más rectos para hacer carrera y satisfacer torcidas aspiraciones profesionales.

14. Esto que afirmo es un hecho, un fenómeno real que casi nadie discute, pues los ciudadanos, en su conjunto, lo conocen muy bien. No digamos los políticos sin escrúpulos, para quienes el arte de administrar justicia consiste en que el asunto que afecta a su partido vaya a parar a las manos de un juez propicio, que se ha nombrado de antemano para por si acaso.

15. Ante un juez de los nuestros —o de los suyos— da lo mismo aportar pruebas ni alegaciones, puesto que la sentencia está dictada antes de empezar el pleito. Me parece que un ligero esfuerzo de memoria y pocos habrá que me tachen de aventurero de juicios rotundos e imprudentes. Pistas no faltan. Escárbese en la historia más reciente y enseguida descubriremos jueces del mismo signo ideológico y político que los dirigentes de un partido político.

CAPÍTULO XXXIII

SOBRE LOS SUELDOS

1. Advierto que mi posición en este asunto se sitúa en la antípoda del sentimiento de la mayoría de la carrera judicial. Y es que hace muchos años que tengo dicho que al cargo de juez únicamente se debe acceder para prestar un servicio a la sociedad y para subsistir, no para ganar dinero, ni siquiera para salir de pobre.

2. El dinero en la judicatura no tiene sitio. Debe llegar mensualmente y emplearse para vivir. Para nada más. Pero quede claro: si los sueldos demasiado altos es cosa perniciosa en la judicatura, no lo son menos los sueldos demasiado bajos.

3. Algunos representantes de asociaciones judiciales dicen que si a la carrera judicial no se le ponen atractivos, nunca tendremos los mejores. Expreso mis dudas al respecto, aunque admito que sea yo el equivocado. De todas formas, prefiero que la vocación y la entrega sean los émbolos que muevan a los jóvenes aspirantes a jueces.

4. Parece un despropósito defender las aspiraciones de mejora salarial con el argumento de que una subida de sueldo es necesaria para preservar la independencia judicial y que a mayor sueldo, mayor independencia y al contrario, o sea, que la pérdida de poder adquisitivo equivale a pérdida de poder judicial. Al margen de la intención, que siempre presumiré bondadosa, la impresión que se da al ofrecer ese razonamiento es que hay jueces dispuestos a subastar su independencia en un mercado de abastos.

5. ¿Por qué empeñarse en levantar el prestigio de la carrera judicial sobre los sueldos de los jueces? ¿Qué raro síndrome induce a ciertos jueces a no admitir más dignidad que la que otorga el dinero? El síntoma es grave y el diagnóstico, más grave todavía, probablemente porque esos mismos jueces —igual que muchos españoles no jueces— con grave ingenuidad, ignoran que el dinero, que sirve para bastantes cosas, no sirve —por fortuna— para todo. Dicho con toda modestia: la independencia, lo mismo que la justicia a la que se debe, no está sometida a conceptos tan poco justos como las plusvalías, la inflación o el control del gasto y que el dinero no es el mejor camino para llegar a buen destino.

6. Mucho me temo que el problema rebase los muy defectuosos cauces legales para entrar en los de una mentalidad que no acaba ni de educarse ni de sentar la cabeza. Anteponer el sueldo, el confort, el lujo a la dignidad y a la vocación, es dar por buena una mala idea. Aquí hacen falta muchos jueces que preconicen que, en vez de abultadas nóminas, lo que se necesita son entusiasmo y sacrificio. Con ansiosos —y menos con ambiciosos— es muy difícil levantar un estamento, el judicial, que se está cayendo de las manos, mejor dicho, lo están —lo estamos— tirando abajo, y lo que es peor, sin darnos demasiada cuenta. Mientras la judicatura española no admita el elemental supuesto de que la justicia no es un bien fungible, estaremos siempre al borde de propiciar la catástrofe.

7. De siempre, en la carrera judicial ha habido gente que no se queja, jueces que lo han pasado mal pero que se callaban; jueces que se han quejado con oportunidad y razón y jueces que se quejan de todo. A éstos yo les llamo quejicas. A mí, antes, mucho antes, de ingresar en el escalafón, alguien se encargó de enseñarme que la filosofía del juez se apoya en la no necesidad de nada y el buen talante de aceptarla sin queja alguna. Ya sé que estamos en otros tiempos y que hoy la última razón de cualquier profesión es la nómina.

8. Aunque la retribución económica en el ámbito público responda a parámetros distintos al privado, por mucha que sea la distancia, la actividad pública tiene sus propias exigencias de decoro y suficiencia económica que aconsejan que las diferencias retributivas entre ambos sectores no sean las que son. En expresión del profesor Fernando Vallespín, «el ámbito de lo público no podrá competir nunca con los salarios del sector privado, pero debe reivindicar su propia dignidad».

9. También en el propio seno de la administración pública hay diferencias, empezando por la carrera judicial. Es necesario que haya homogeneidad retributiva. Comprendo que existan diferencias entre la categoría de juez y magistrado, como que las haya entre magistrado y magistrado del Tribunal Supremo; pero tampoco es cuestión de que las cifras retributivas entre unos y otros sean las que son.

10. En la justicia, la gente suele considerar injustas e incluso provocadoras, las subidas de sueldo, lo que obedece al mal concepto que se tiene de la justicia. Además, cuando un gobierno es extremadamente cicatero con la totalidad de los funcionarios públicos, cualquier subida judicial por encima de los cánones generales es, aparte de posiblemente excesiva, soberanamente antisocial.

11. Acepto como razonable que con un régimen de incompatibilidades absoluto —siempre que se cumpla—, un magistrado del Tribunal Supremo, lo mismo que un vocal del Consejo General del Poder Judicial, perciba más de cien mil euros anuales, pero lo que no se entiende es que un magistrado de la Audiencia Nacional, o de la Audiencia Provincial de Madrid, se quede en la mitad y que un juez de entrada no alcance la cuarta parte.

12. Hoy la mayor fuente de descontento en la judicatura es la desigualdad de sueldos entre los distintos miembros. De esta desigualdad, que tuvo su punto más álgido cuando en 1997 se agració a los magistrados del Tribunal Supremo con un incremento salarial del 68 por ciento, han resultado agravios, envidias y malestares

que los políticos de turno —también los propios beneficiados— debieron evitar. Comprendo el malestar del resto de la carrera, lo que ha originado justificadas protestas, pero me parece alejada del buen juicio cualquier iniciativa de protesta sonora, como cuando un grupo de jueces se manifestaron y hasta amenazaron con una huelga.

13. Decía Benjamin Constant que los jueces o debían ser elegidos únicamente entre los miembros de las clases más acomodadas o debían ser nombrados y pagados con los mayores sueldos como funcionarios del Estado. Sin duda que hoy, ante los sueldos actuales de los magistrados del TS, Benjamin Constant estaría encantado.

14. El cardenal Richelieu dispone en su *Testamento* que no hay que servirse de gentes austeras porque son demasiado difíciles. ¿Qué querría decir?

CAPÍTULO XXXIV

SOBRE LOS HONORES

1. De Montesquieu aprendí que el honor que dirige todas las partes del Estado es un honor falso, aunque sea útil para la cosa pública. Y ya por mi cuenta y algo mayor, pienso que eso de los honores nada se parece al honor como patrimonio del ser, y sí, muy al contrario, que es una noción acuñada por quienes tienen al prestigio y la fama como productos maleables y por tanto, posibles de adquirir en cualquier mercadillo de vanidades.

2. Mi padre, que fue excelencia por sí mismo —sin necesidad de tirar del carné de magistrado del Supremo—, decía que los tratamientos suelen confundir a las personas y que, además, están tan gastados por la inflación que hasta cualquier mequetrefe puede hacerse con un reverendísimo.

3. En la carrera judicial lo de los tratamientos siempre se ha llevado a rajatabla y sé de magistrados —algunos ya muertos y la mayoría del género de los progresistas— que cuando recibían una carta sin el ilustrísimo o excelentísimo correspondientes, ni la abrían. También los he conocido que llamaban la atención a los abogados cuando al dirigirse a ellos no ponían por delante el *señoría* o el *señoría ilustrísima*. Para ser tan justo como preciso, debo aclarar que esto que cuento se practicaba normalmente por los más bajos en inteligencia y menos gruesos en conocimientos.

4. Nunca jamás había reparado en los atributos artificiales hasta que, para las oposiciones, tuve que estudiar el delito de uso indebido de trajes, insignias y condecoraciones, o cuando me concedieron la Gran Cruz de San Raimundo de Peñafort, a la que renuncié *ipso facto* y no por desprecio sino porque me pareció que había otros compañeros con más méritos contraídos.

5. A propósito de esta condecoración, la experiencia me ha demostrado que el galardón se ha concedido y no con poca frecuencia, a demasiado inepto y que por ello se ha ofendido a los preteridos. En menos de un santiamén daría el nombre de un centenar de magistrados a quienes la concesión de «la Raimunda» no ha significado más que un trofeo obtenido por el azar o la buena puntería, mientras que para otros apenas ha sido una moneda devaluada.

6. Para evitar sonadas protestas y, lo que es peor, molestas reclamaciones, no voy a dar el nombre y apellidos de nadie, cosa por otra parte que resulta innecesaria, pues todos los colegas sabemos quiénes son. Pero sé de algunas «raimundas», sobre todo las de superior categoría, que han sido algo así como el premio de una ruleta caprichosa o la cosmética de una fea, horriblemente fea, vida judicial. E incluso me viene a la memoria un caso en que la medalla me pareció como ese inútil crecepelo que se aplican algunos calvos a sabiendas de que nada arreglará su alopecia.

7. Tras más de un siglo de cruces, la historia de «la Raimunda» me ha aleccionado lo suficiente para no pedir más milagros. Hay condecorados que son personas y jueces estimables, pero, salvo excepciones muy dignas, la mayoría no se ha destacado, precisamente, por su entrega a la justicia. Lamento la inercia de dársela a quien ostenta un importante cargo —sea judicial o no— y sale de él, sea como cesante, sea como jubilado o a título póstumo. O, por poner

otro ejemplo, que los hay, a un jefe de Estado de visita a nuestro país.

8. Hay casos y casos. Así, a bote pronto, se me ocurre que conceder la Cruz de San Raimundo de Peñafort a Carmen Tagle, a Rafael Martínez Emperador o a José María Lidón que dejaron su vida por el noble fin de la justicia estuvo más que bien. Sin embargo, y para desgracia de todos, me parece que en esto de los prestigios, créditos y recompensas llevamos mucho tiempo jugando a la baja. Tengo la sensación de que pasarán años, muchos años y seguiremos identificando prestigio con vanidad y presunción, ese pienso compuesto que tanto engorda y tan poco nutre.

9. Se me ocurre pensar si acaso no hemos dispensando inmerecidos abrazos y reconocimientos a quienes jamás dieron la cara ni se jugaron el tipo por el proyecto de una justicia libre de sometimientos y trabas. Creo, finalmente, que hemos desperdiciado nuestros mejores valores judiciales y se ha rendido vil tributo al compadreo ideológico y el nepotismo político. Y está claro que ése es un pésimo camino.

10. A los españoles —supongo que también a los franceses, chinos y otras razas— nos gusta demasiado la cultura del galardón y nos encanta evaluar medallas y diplomas y pompas y vanidades, olvidando que las titulaciones y los premios suelen seguir sospechosos y mansos criterios de sumisión y mediocridad.

11. Para muchos, la Cruz de San Raimundo de Peñafort es como ese juguete que de niños pedíamos a los Reyes Magos. Nos motivaban durante las largas vísperas del gran día, pero cuando llegaban a nuestras manos, perdían de repente todo su anterior brillo.

12. En la judicatura española —supongo que será en casi todas— el esfuerzo generalmente ha sido silencioso y muy raras veces coronado por el éxito y, menos aún, por la gloria, dos nociones que suelen venir determinadas por la escenificación, ese tráfico que se

hace no del esfuerzo, sino de las circunstancias que lo fingen. La idea es de Paul Valéry, al que llaman el poeta de la entrega.

13. El buen juez jamás persigue el premio, ni el éxito; mucho menos, la fama, esa gloria en calderilla a decir de Victor Hugo. Lo único que busca es la verdad y su secuela de la justicia.

CAPÍTULO XXXV

SOBRE LAS INCOMPATIBILIDADES

1. Este capítulo tiene mucho que ver con el de los sueldos. Para una buena parte —no me atrevo a escribir que para la mayoría— de la carrera judicial, el trabajo de juez es indigno por las escasas compensaciones económicas. A menudo se oyen cosas como «con lo de juez no se puede llegar a final de mes», «hay que buscarse la vida por otro lado».

2. Tal vez aquí esté el error. Para el buen juez, administrar justicia no es un modo de ganarse —mejor o peor— la vida, sino un sentimiento grandioso que satisface por sí mismo. El amor a la justicia conduce a desinteresarse por otras muchas cosas. En la medida que sólo nos interesa servir a los demás, más nos despreocupamos por las necesidades.

3. El espíritu de trabajo lleva consigo el de entrega absoluta. Pero un exceso de actividades destruye el sentimiento de entrega. En *La comedia de la Justicia*, el juez Francisco Bruno relata que los peores magistrados que ha conocido son los que más y mejor compatibilizan su función. El argumento siempre es el mismo: «Cualquier trabajillo es bueno con tal de obtener un rendimiento que alivie la estrechez.» ¡Qué lástima! En todos aquellos países en que el poder judicial es lo que debe ser y sus políticos y gobernantes quieren que sea, el juez está plenamente dedicado a lo suyo.

4. En una buena administración de justicia, las compatibilidades son reprobables en la medida que acarrean el incumplimiento del deber. En un poder judicial digno, los miembros de la carrera judicial deben actuar pensando únicamente en lo que representan y no en obtener más y más ingresos, vengan de donde vengan. En una justicia de verdad, donde predomina eso, ser justa, el magistrado debe conformarse con lo que el poder legislativo ha decidido retribuirle. Donde la justicia es digna de tal nombre y, como tal, libre e independiente, deben excluirse cualquier trabajo complementario que conduzca a la servidumbre del favor o la gratitud.

5. Desde la experiencia puedo afirmar que conozco a muy pocos jueces cargados de compatibilidades que pronuncien grandes sentencias o destaquen por su brillantez. Por el contrario, la gran mayoría de los que se dedican sólo a lo que les es propio, suelen caracterizarse por dictar espléndidas resoluciones o por tener al día su juzgado o tribunal. Aun a riesgo de equivocarme, creo que únicamente es posible ser gran juez cuando se trabaja mucho y pensando únicamente en tu función, no en ociosidades o en el pluriempleo.

6. La Ley Orgánica del Poder Judicial es muy meticulosa en el régimen de incompatibilidades de los jueces y magistrados. Pero lo importante es que esa ley se cumpla rigurosamente. El CGPJ dispone de medios eficaces para hacer real ese control. Lo esencial es que se vigile la moral judicial, el pago de impuestos, el control de las formas de ingreso, las conferencias, los viajes, el turismo judicial. No es saludable permitir o hacer la vista gorda ante situaciones en que un magistrado mejora su forma de vida de manera más que sospechosa.

7. Los jueces y magistrados —como los diputados, los ministros, los médicos, los profesores o los empleados de fincas urbanas— tienen a su favor y en líneas generales, la presunción de ser honestos. Sin embargo, no estaría de más y a nadie debería de moles-

tar que en el Consejo General del Poder Judicial hubiera un departamento o servicio en el que figurasen registrados los bienes e intereses de quienes han adquirido el compromiso de hacer algo tan noble y responsable como pedir cuentas al prójimo.

8. Lo que más abunda son los jueces dedicados a la preparación de alumnos aspirantes a ingresar en las carreras judicial y fiscal, una actividad complementaria que, en algunos casos, se desarrolla con menoscabo de la obligación principal y percibiendo unos emolumentos que no se declaran a Hacienda. Esto es, a mi juicio, una corruptela con la que si no se acaba es porque no hay ni ganas ni voluntad y porque todo el mundo tiene mucho que callar. No digamos de aquéllos que dan clases como profesores en cátedras universitarias cuyos titulares, a su vez, ejercen la abogacía y llevan asuntos en los juzgados y tribunales de sus empleados enseñantes. Esto que digo y que ninguno de los implicados podrá negarme, es un claro signo de una justicia decadente y prueba de que algunos de sus principios están corrompidos.

9. El 2 de julio de 2002, *El Mundo* ofrecía la información de que el 10 por ciento de los jueces tenía concedida la compatibilidad para realizar tareas docentes. Más concretamente, que el CGPJ había concedido autorización para realizar una segunda actividad de carácter docente a 343 jueces y magistrados.

10. En la relación de jueces autorizados para desempeñar otra actividad, además de la judicial, no se encuentra ninguno del Tribunal Supremo y es que la cúpula de la carrera tiene un estatuto específico informado por el principio de dedicación plena y exclusiva, en cuya aplicación el CGPJ, tan pronto ha conocido la irregularidad, ha procurado ser estricto, aunque, a decir verdad, tampoco se ha empleado a fondo para averiguar si hay —que hay— algún supuesto de vulneración de ese régimen de incompatibilidades, sobre todo, en el campo de la preparación de opositores.

11. Uno de los casos —muy sonado, pero apenas difundido— en que el CGPJ tuvo que intervenir fue el del magistrado Bacigalupo, empeñado en dar clases en un Centro Universitario, hasta el extremo de que llegó a recurrir ante el Tribunal Supremo el acuerdo del CGPJ que le denegó la compatibilidad. Afortunadamente el Alto Tribunal rechazó el recurso, incluso empleando términos que a cualquier magistrado hubieran producido sonrojo. Pero ya se sabe que el señor Bacigalupo no se avergüenza por nada, ni siquiera cuando fue pillado en el renuncio de percibir una pensión vitalicia de 3.500 dólares mensuales de su país de origen por sólo dos meses de servicios como secretario de Estado del gobierno de Héctor Cámpora.

12. Este asunto del señor Bacigalupo me recuerda la anécdota que recientemente me contó un abogado británico, con el que hube de compartir la defensa de un ciudadano polaco. Al parecer, los jueces británicos, cuando alguien bromea a propósito de la blanca y rizosa peluca que se ponen en los juicios, contestan que es la mejor forma de distinguirse de los delincuentes. Mi colega me apostilló que un magistrado inglés no mancha su condición de juez por un empleo complementario, sea una conferencia o unas clases particulares —no digamos sin declarar al fisco—, pues si hiciese tales cosas perdería para siempre su independencia, nunca más podría volver a ser juez, ni ponerse la peluca para diferenciarse de los delincuentes.

CAPÍTULO XXXVI

SOBRE LA JUBILACIÓN

1. La tercera acepción que da el Diccionario de la Real Academia para la voz *jubilar* —según la vigésima segunda edición—, dice que, en sentido figurado y familiar, es «desechar algo por inútil» y no servirse más de ella. La cuarta, por el contrario, señala que vale por «alegrarse, regocijarse». Me parece que los tiros van más bien por la inutilidad que por la alegría y el regocijo.

2. ¿A qué principio obedece el señalamiento de tal o cual edad de jubilación? ¿Qué razón guía la decisión de echar a la gente dejándose llevar no más que por el criterio de la partida de nacimiento? ¿Por qué mandar de golpe al personal a un limbo profesional y condenarle a un sueldo de miseria, al borde de la mera posibilidad de supervivencia? Además, con estos métodos, la justicia —también otras instituciones y estamentos—, pierde magistrados prestigiosos. Y el único beneficiado es el burocrático escalafón, con sus gruesos peldaños.

3. Resulta un tanto sorprendente, al menos para mí, que sea el calendario el que venga a decidir de repente que uno no sirve para juez cuando todavía te encuentras en plena forma para seguir aplicándote en aquel menester que te ocupó una pila de años. ¿Tanto puede cambiar la justicia de un día para otro como para que de repente resultes un inútil o inservible?

4. Aunque, hoy por hoy, el tiempo de permanencia en el esca-

lafón coincide con la definición que hace de la vejez el diccionario de la Academia, a mí me parece que eso es un craso error, pues con la edad de jubilación a cuestas, uno todavía puede hacer grandes cosas.

5. Se ha discutido si los miembros de la judicatura deberían de ser vitalicios, al modo de los magistrados del Tribunal Supremo de los EE.UU. Aristóteles dice que el espíritu envejece como el cuerpo, pero para mí, si no hubiera el peligro —auténtico, por supuesto— de que el sistema fuera manipulado, qué mejor que prolongar la edad de jubilación sin más límite que el fallo de las facultades físicas o mentales para ejercer la función jurisdiccional.

6. Fue Jhering el que dijo que para ser un buen jurista hay que ser un gran escéptico y el escepticismo suele darlo la edad. En la medida que se sabe que tu vida profesional es una letra de cambio con vencimiento en día fijo y que no respeta ni prudencia ni sabiduría, bastantes catedráticos, abogados o notarios, todos veteranos, todos de prestigio y todos con sus carreras culminadas, renuncian incorporarse al escalafón judicial al que, sin duda, darían brillo.

7. Lo he escrito ya. La jubilación, en la carrera judicial y en España, ha servido en no pocas ocasiones para objetivos ajenos al Derecho y, por supuesto, a la justicia y su administración. Así, el PSOE, apenas llegar al poder en 1982, lo primero que hizo fue rebajar la edad de jubilación a los sesenta y cinco años. No se trataba de favorecer la entrada de savia joven, ni de rejuvenecer la carrera judicial «abriendo las ventanas a vientos modernizadores y a ideas renovadoras» —el entrecomillado es de un profeta judicial, ya fallecido—, sino de una exigencia impuesta por una corriente ideológica cuyo objetivo era decapitar la carrera judicial en los tribunales superiores, sobre todo en el Tribunal Supremo.

8. Los argumentos empleados entonces fueron, con sus matices, de un tenor aproximado a éste: «son franquistas; no conocen la democracia». A raíz de la entrada en vigor de la Ley Orgánica del Poder Judicial de 1985 y de la mano del ministro de Justicia Fernando Ledesma, magistrado y también vocal del primer Consejo General del Poder Judicial, más de cien magistrados fueron enviados, de repente, a casa, sin ni tan siquiera respetar sus expectativas de derechos. El balance fue que se perdieron excelentes jueces en el momento de plenitud de sus conocimientos con argumentos que ni siquiera fueron muestra de una demagogia inteligente.

9. «Para reformar la justicia es preciso también cambiar a los jueces (...) el relevo de las personas ha incidido decisivamente en el resultado de las políticas», escribía *El País* meses antes de la excomunión de esos veteranos magistrados. Los estrados dejados por ellos fueron ocupados por sus colegas del movimiento Justicia Democrática en premio a la lucha que habían mantenido contra la dictadura, aunque todavía estoy esperando que me digan qué juez pisó una cárcel durante el régimen del general Franco. Sólo sé de uno que estuvo detenido en la Dirección General de Seguridad y que se despidió de este mundo sin haber narrado la peripecia nada más que a media docena de compañeros, que le prometimos no contarlo jamás.

10. Jubilar a los sesenta y cinco años a un juez —lo mismo que a un catedrático o a un médico— es un disparate, como lo es retirarte de la circulación a los setenta. La valía de un magistrado o de cualquiera, no puede medirse en modo alguno de forma tan elemental, pues no se concibe bien eso de que no sirvas a plazo fijo.

11. Tras la limpia de los ochenta, la edad de jubilación volvió a situarse en el listón de los setenta años. Poco después, a los setenta y dos. El hecho de prescindir de buenos magistrados administrativamente dados por inútiles es —lo fue y lo será siempre—

un despilfarro estremecedor. Quizá sea éste un signo de que la justicia española sigue sin coger el pulso.

12. A veces ha habido excepciones y se ha mantenido activo —en calidad de suplente— a algún juez que chocheaba de manera evidente o presentaba un cuadro clínico típico de incapacidad, pero en general, el balance es lamentable y aún más bien miserable.

13. En España, siguiendo el ejemplo de lo que se ha hecho en otros cuerpos y en otros países, se ha sabido amortiguar la jubilación a través de la figura del emérito, lo que da derecho a continuar en activo y significa para el jubilado patentes ventajas de índole personal.

14. El magistrado emérito tan sólo tiene un problema, que es el de la selección. ¿Cómo puede mantenerse jubilado a un magistrado y, por el camino contrario, concederle la condición de emérito como digno de confianza? ¿Cómo impedir que se conceda el rango de jueces eméritos a gente que ha estado en el escalafón como postes telefónicos, dicho sea usando una frase ya famosa? Que se sepa, hasta ahora el benevolente cargo se ha otorgado por el CGPJ siguiendo pautas próximas al compadreo, al amiguismo o a la caridad. Pero no es ése el camino.

15. La jubilación de un magistrado o de un fiscal no debe confundirse con la vejez, pues a diferencia de ésta, con aquélla lo que se arruga es la toga y no la cara. Ser juez, en España, es una lenta despedida y, en el caso mejor, el oficio de juzgar al prójimo es una constante oposición al olvido.

16. A mí, cuando me jubile —en lo que sea, me da igual, y espero que la cosa llegue tarde— lo que más me gustaría es comportarme adecuada y resignadamente. Lo primero que necesitaré para retirarme con un mínimo decoro es no tener que aceptar ofertas engañosas. Hay que verlas venir y saber aguantar el tipo y de ahí que me preocupen aquellos magistrados que, al final de la carrera, pierden la dignidad suplicando un trabajillo y dando gracias a quie-

nes se lo conceden. Las formas siempre deben guardarse y no perder la compostura.

17. Todavía estoy viendo a un buen amigo, profesor de universidad, que un año antes de fallecer me dijo: «Javier, mucho peor que jubilado es verte solo y arrinconado. O sin nadie que te quiera. Antes que eso, la muerte.»

CAPÍTULO XXXVII

SOBRE EL TRIBUNAL CONSTITUCIONAL

1. Según la CE (artículos 159 a 165) y la ley que lo regula (LOTC de 3 de octubre de 1979), el Tribunal Constitucional (TC), con jurisdicción en todo el territorio español, es el tribunal que tiene la última palabra para decir qué es lo que resulta adecuado a la Constitución y qué lo que se opone a ella. De ahí que las sentencias que pronuncia tengan valor de cosa juzgada y no cabe recurso alguno contra ellas.

2. El TC se compone de doce miembros nombrados por el Rey; de ellos, cuatro a propuesta del Congreso por mayoría de tres quintos de sus miembros; cuatro a propuesta del Senado, con idéntica mayoría; dos a propuesta del Gobierno, y dos a propuesta del Consejo General del Poder Judicial. Los elegidos lo serán entre magistrados y fiscales, profesores de Universidad, funcionarios públicos y abogados, todos ellos juristas de reconocida competencia con más de quince años de ejercicio profesional.

3. No obstante ser innecesario, la CE proclama que los miembros del TC «serán independientes» en el ejercicio de su mandato; también, inamovibles; declaraciones ambas —insisto— que parecen obvias; debió ser que a la hora de elaborar el texto alguien se encargara de recordar lo que llegó a decir Osorio y Gallardo de los miembros del Tribunal de Garantías Constitucionales —el de la Constitución de 1931—, cuando los definió como «unos seño-

res salidos de los casinos políticos para ser jueces de jueces, de gobernantes y de legisladores», aunque para diatriba, la de Niceto Alcalá Zamora que llegó a afirmar de aquel tribunal que «en su seno predominan las medianías y calamidades».

4. Mucho se ha discutido sobre la naturaleza de la función que lleva a cabo el Tribunal Constitucional; casi tanto como se ha escrito sobre el carácter político de este órgano, hasta el extremo de que puede que ésta sea la espada de Damocles que pende sobre él. Precisamente fue el primer presidente del TC, el ilustre profesor Manuel García Pelayo, quien inauguró el debate sobre la neutralidad política del órgano, distinguiendo dos dimensiones diferentes: la constitucional y la política. En su opinión, ambos planos tenían que estar claramente separados, aspiración que el Camilo José Cela ex senador calificó de ideal lógico pero de muy dudosa realización.

5. Tienen razón quienes, como el profesor Hans Faller, sostienen que el TC no es una instancia política y que si se convirtiese en un tribunal cuyas decisiones respondiesen a razones de conveniencia, ello significaría el fin de la jurisdicción constitucional. Sin embargo, esto no supone ignorar las consecuencias políticas de las decisiones del tribunal. A los magistrados del TC no se les puede exigir que sean neutrales —en el sentido de que deben estar alejados de cualquier apreciación política— cuando lo que invoca en muchos casos son conceptos y principios políticos. Las sentencias constitucionales son todas ellas resoluciones jurisdiccionales que ponen fin a un proceso; pero, también constituyen decisiones políticas, como sinónimas de actos de un poder en relación dialéctica con los demás poderes del Estado. La función política de las decisiones del TC es inherente a la función de interpretación, ordenación y valoración de los principios constitucionales que lleva a cabo.

6. Es muy posible —casi seguro— que la llamada politización de los miembros del TC esté relacionada con el mecanismo de desig-

nación. El sistema de elección de los magistrados del TC previsto en la CE, que también se ve afectado indirectamente por la LOPJ, es un peligro que está en la mente de todos. Hubiera sido preferible optar por otros métodos capaces de ahuyentar al fantasma de las fidelidades políticas; verbigracia: dando intervención a los colegios de abogados, a los foros universitarios, a los colegios profesionales de notarios, registradores de la propiedad o abogados del Estado. La memoria es flaca pero en ocasiones muerde. A mí no se me ha olvidado el incidente protagonizado por Aurelio Menéndez —jurista de enorme prestigio— cuando, en octubre de 1980, renunció a su plaza de magistrado del TC al no ser designado presidente del tribunal, que fue lo que le habían prometido en el momento del nombramiento.

7. Recuerdo haberlo escrito a propósito de la jubilación. Como en el caso de los magistrados del Tribunal Supremo, requisito *sine qua non* para que pudieran tener un mínimo de independencia, es que la magistratura constitucional fuera vitalicia. Un mandato de esta naturaleza actuaría como condición de garantía.

Un nombramiento vitalicio podría ser el método para aplacar ciertas ambiciones que no por esconderse dentro de la solemnidad de las togas, son menos poderosas. Mientras no sea así —según denunció el diputado Anasagasti— el TC corre el riesgo de ser tachado de un árbitro casero.

8. Desde su nacimiento en 1979, el Tribunal Constitucional ha sido objeto de unos terribles celos por parte del poder judicial, sobre todo y fundamentalmente, por parte del Tribunal Supremo, que nunca ha ocultado su mal humor —el de algunas salas y algunos magistrados— cuando el primero, estimando un recurso de amparo, ha anulado una sentencia del segundo. El caso más sonado se produjo a raíz de la sentencia del TC que dejó sin efecto la pronunciada anteriormente por la Sala Primera del TS en el «asunto Isabel Preysler», aunque ya lo había hecho antes, a propósito de la

anulación de una sentencia sobre denegación de la investigación de la paternidad, llegando incluso a apelar al poder moderador de la Corona para que interviniese como árbitro en lo que el TS denominó invasión de funciones por parte del TC. En aquella ocasión —la del «caso Preysler»— el TS llegó a decir que el TC «transgredía la legalidad», «incurre en culpa con representación o dolo eventual», «se arroga, sin título, atribuciones». En su momento estas expresiones me parecieron, no sólo impropias de una sentencia, cuyo objeto no es otro que explicar la justicia que se aplica o se deniega, sino un montón de palabras teñidas, a capricho, con el color de la imprecación, la ofensa y el insulto.

9. Si el Tribunal Constitucional es el superior en materia de garantías constitucionales, todos, incluido el Tribunal Supremo, deben respetar el ámbito de esa jurisdicción. A nadie le sienta bien que el TC le lleve la contraria. Ni al Gobierno cuando le desestima un recurso de inconstitucionalidad, ni al Parlamento cuando se declara la inconstitucionalidad de una ley, ni al TS, ni a otros muchos tribunales, cuando se anula una sentencia por violación de derechos constitucionales. Tampoco a ningún tribunal inferior le agrada que el TS le revoque una sentencia, ni al Gobierno que ese alto tribunal le enmiende la plana a través de un recurso contencioso-administrativo. Sin embargo, ésa es la Constitución y todos —también el Supremo— estamos obligados a respetar las reglas del juego. Elegirlas a voluntad, según convenga o no, es hacer trampa.

10. El choque entre los dos más importantes tribunales de la nación constituye una crisis de la que deben sacarse consecuencias. De momento, es hora de pensar en soluciones. Quizá no sean pocas las que existan. Lo importante es que impere la razón jurídica, el sentido común y la prudencia, nunca el corporativismo, el orgullo o la soberbia.

11. Los magistrados del TS deben saber que dada la supremacía del TC en materia de garantías constitucionales, en ningún caso

se pueden plantear contra él protesta o queja alguna. El hecho de que el TC demuestre su eficacia como elemento básico de nuestro Estado democrático y de derecho, llegando a hacer pedazos una sentencia del Tribunal Supremo por haber vulnerado garantías jurídicas de un ciudadano, es la prueba de que en España las libertades son amparadas y algo que a los españoles debe llenarnos de satisfacción.

12. Pese a quien pese, hoy, en España, el Tribunal Constitucional es el órgano judicial más relevante, en la medida que es «verdadero poder constituyente indirecto» y ha logrado adaptar la Constitución de 1978 a la compleja evolución política y social española. Sin temor a equivocarme, creo que el Tribunal Constitucional es la Constitución. Y eso es ser mucho.

13. Para concluir, otra opinión de nuestro premio Nobel Camilo José Cela, en el papel de fino jurista: «El Tribunal Constitucional al regular lo que resulta adecuado a la Constitución y lo que se opone a ella no hace sino intentar de continuo una interpretación, lo más técnica posible, de lo que en gran medida se lee en clave de prudente política, y expresa ese deseo de pureza que se identifica con una utópica y a la vez imprescindible racionalización a ultranza. Fueron los griegos quienes descubrieron cómo y de qué manera la naturaleza humana está determinada por la tragedia, esto es, por aquello que resulta necesario e imposible al mismo tiempo. La tarea del tribunal es, en este sentido, penosamente trágica y honrosamente humana. No pretendamos, además, convertirla en divina.»

CAPÍTULO XXXVIII

SOBRE EL TRIBUNAL SUPREMO

1. Supremo. (Del lat. *Supremus*) adj. Sumo, altísimo. // 2. Que no tiene superior en su línea. // 4.m. *Der.* Tribunal Supremo.

2. Según el artículo 123 de la CE, el Tribunal Supremo es el órgano jurisdiccional superior. Pero supremo, supremo, no lo es, pues, digan lo que digan, por encima de él está el Tribunal Constitucional, intérprete máximo de la Constitución, sobre todo en materia de derechos fundamentales. En definitiva, aunque el adjetivo *supremo* acompañe a dicho tribunal y no al Constitucional, la condición de supremo quien la tiene no es el primero sino el segundo.

3. Gran parte de las cosas que el Tribunal Supremo me inspira han quedado expuestas en el capítulo precedente y en el que lleva por rúbrica «sobre los nombramientos judiciales». Precisamente, acerca de este punto, allí se dice que, hoy por hoy, la discrecionalidad es el criterio único para la designación —o ascenso— al Tribunal Supremo. Ante las posibilidades de favorecimiento y manipulación que el sistema permite, no es extraño que el pleno del CGPJ, cuando hay que elegir a algún magistrado del TS, salte por los aires ante las presiones de los grupos políticos en él representados o de las conspiraciones constantes de las asociaciones judiciales, absolutamente politizadas, que quieren imponer sus candidatos. No se olvide, por otra parte, que el Tribunal Supremo puede

que sea un peldaño más —el penúltimo— en una carrera político-judicial de libres nombramientos. Los ya instalados en aquél pueden después, por favor y ascenso igualmente político, ser designados ministros, fiscales generales del Estado, miembros del CGPJ, del Tribunal de Cuentas o del Tribunal Constitucional.

4. Me da la impresión de que algunos están empeñados en entronizar al Tribunal Supremo al altar de las divinidades, pretendiendo atribuirle —nada más y nada menos— que la misión de ser el definidor último del Derecho aplicable, para lo cual se declararía, mediante ley —es de suponer que con rango de orgánica— que la jurisprudencia emanada del Tribunal Supremo es estricta y rigurosamente vinculante para todos los demás jueces y tribunales.

5. Sobre semejante idea —debe ser algo más que una idea— juristas de la talla de Eduardo García de Enterría (Tercera de *ABC* del 06.07.02) ya han salido al paso, naturalmente, para intentar cerrarlo, con argumentos tan impecables como devastadores: a) el preámbulo de la CE prescribe que el sistema jurídico español está presidido por «el imperio es el de la Ley como expresión de la voluntad general», no por la jurisprudencia de un grupo de altos jueces; b) que los jueces y tribunales, por mandato del artículo 117.1. CE están «sometidos únicamente al imperio de la ley», y la jurisprudencia —que sepamos— (artículo 1.1. del Código Civil) no ha sido nunca en España fuente directa del Derecho; c) que el artículo 123 CE se limita a decir que «el Tribunal Supremo es el órgano jurisdiccional superior en todos los órdenes jurisdiccionales, salvo lo dispuesto en materia de garantías constitucionales», pero no que sea el que defina el alcance del Derecho; d) la facultad de crear Derecho se reserva en el artículo 66 CE a las Cortes Generales, «representantes del pueblo español».

6. Después de las reflexiones del profesor García de Enterría, poco sentido tiene que yo tercie en la polémica, aunque sí puedo aprovechar la oportunidad para opinar que la iniciativa tiene toda

la pinta de ser inconstitucional por atentar a la independencia judicial, que no es otra cosa que la directa vinculación del juez al ordenamiento jurídico, regido por el principio de jerarquía normativa.

7. Los jueces, por muy supremos que sean, no están para crear Derecho, sino para encontrarlo en la ley y después aplicarlo y, como mucho, reajustarlo. Estamos en España, no en Gran Bretaña ni en Estados Unidos, donde rige el modelo anglosajón —*Common Law*— y la doctrina de los jueces supremos se impone a todos los inferiores en aplicación del principio conocido como *stare decisis*. O sea, que mientras que en aquellos países se funciona a golpe de sentencia, aquí, en España, se funciona a golpe de código. No fue una casualidad el que la CE estableciera la exclusiva sumisión del juez a la ley y al propio texto constitucional.

8. Famoso es el alegato de Robespierre cuando, durante el debate en la Asamblea de la Revolución francesa a propósito del diseño del Tribunal de Casación, alguien habló de la necesidad de preservar la jurisprudencia: «¡Jurisprudencia! ¡Jurisprudencia! ¡Pero qué jurisprudencia! ¡Nada de eso! Los magistrados de Francia no tienen más jurisprudencia que la ley, el único valladar inconmovible de los derechos de los ciudadanos.»

9. Luis Díez Picazo, catedrático de Derecho Civil y ex magistrado del Tribunal Constitucional cuenta que, en una ocasión, alguien —él dice que fue una voz autorizada— le hizo el siguiente comentario: «¿Jurisprudencia? Eso no existe. Y si existe, habrá que admitir que es muy difícil que llegue a existir.» Sin duda que el autor del comentario estaba pensando en la escasa o nula relación que existe entre seguridad jurídica y jurisprudencia.

10. Todavía queda un asunto más a resaltar, quizá efecto derivado del anterior, y que no merecería comentario alguno, a no ser por lo que parece un complejo, casi enfermizo, de inferioridad institucional. Se trata de la permanente postura reivindicativa —o de desafío político— del Tribunal Supremo para ser lo que su adjeti-

vo significa. La última queja ha consistido en la protesta formulada al Gobierno sobre por qué en la Ley de Presupuestos de este año, la retribución de los magistrados no figura en el capítulo de «órganos constitucionales del Estado». Hace años, esto es, recién llegada la democracia y aprobada la Constitución, el hecho apenas sería más cosa que una simple anécdota política —en 1992, una comisión de magistrados reclamaron al presidente del CGPJ que se les permitiese utilizar la sala de autoridades del aeropuerto de Barajas—, pero una y otra —democracia y Constitución— tienen ya los años suficientes —más de un cuarto de siglo— como para que los magistrados sepan cuál es su sitio. Que recientemente toda una Sala de Gobierno del TS se queje por esa minucia y encima con el argumento de que ellos ganan lo mismo que los citados en tal o cual partida presupuestaria, evidencia, aparte de cierta miseria y ruindad, una ignorancia indisimulable. Ni en la CE ni en ninguna ley, se menciona al Supremo como órgano constitucional, aunque sí al CGPJ, junto al TC, el Gobierno, el Congreso y el Senado.

11. No hace mucho tiempo, en una conferencia que ofrecí en Salamanca, un estudiante de Derecho me puso en un aprieto cuando me preguntó cuáles eran para mí los cinco mejores magistrados españoles y los cinco peores. Contesté que en los últimos años España ha tenido jueces extraordinarios y jueces pésimos. Intenté salir del compromiso como pude, contestando que la selección era muy personal, sobre todo en cuanto a la segunda categoría, dado el fuerte componente subjetivo que en mí concurría, aunque no pude evitar algunos juicios. Creo que a lo largo de cuanto llevo escrito hay elementos bastantes para deducir quiénes son para mí los jueces que merecen el rango de grandes, es decir, de supremos, y quienes reúnen aquellos vicios que les hacen ínfimos.

12. La afición por el ocio, el desmedido orgullo, la miserable soberbia, el deseo de mandar, el odio a la verdad, el gusto por la adulación, la traición a los postulados de la justicia, el abandono

de todo sentimiento humano, el desprecio por los débiles, el temor ante el poder del gran amo, el afán de servicio al fuerte, la inconsciencia de sus debilidades y, sobre todo, el ridículo de que la última palabra siempre es la suya, suelen ser los muy graves pecados de esos malos y, afortunadamente, pocos, jueces de nuestro Tribunal Supremo, a los que todo el mundo —o casi todo—, es capaz de poner nombre y apellidos.

13. ¿Qué características deberían definir a quienes se sitúan en el primer puesto de la judicatura? En primer lugar destacaría una profunda convicción de que la justicia es la base para una nación civilizada. También, que sea culto y un caballero. Y, llegado el momento de fallar, que su lenguaje sea cuidado, conciso, claro y con enjundia jurídica. Según observó Archibald MacLeish, «era un hombre de mundo a la vez que un buen filósofo e incidentalmente, un jurista. El resultado nos da un juez muy bueno».

14. La grandeza de un juez no reside en la posesión del atributo de supremo ni tan siquiera de los que hoy se consideran méritos judiciales. Puede ser que algunos jueces del Tribunal Supremo —también de los que no pertenecen a él— se crean «dioses en la tierra», como dijo John Winthrop. Si así fuera, sepan que en el templo en el que trabajan lo primero que hay que tener es el sentimiento divino de justicia.

15. No a los magistrados de escaparate ni a los que ejercen de líderes judiciales. Como el magistrado Ramón Montero me dijo una vez: «CA y MP son más periodistas que magistrados. A ellos lo que les gusta es hacer editoriales. Un editorial de CA es mejor que cualquiera de las sentencias que ha puesto, que, por cierto, han sido más bien pocas.»

16. En mi etapa de vocal del CGPJ, cuantas veces tuve que votar para elegir un miembro del Tribunal Supremo, los principales elementos que tenía presentes en el candidato eran los servicios que había prestado a la justicia, la honradez e integridad, el

sentido común. Pero, sobre todo, la independencia. Para mí, el mejor juez es aquél que no duda en defender la independencia del poder judicial y es capaz de dar la vida por ella. Cuando terminaba la votación y no conocía bien al que había resultado elegido, casi siempre preguntaba a mi compañero Tomás Vives: «¿tú crees que éste es un juez justo?» Confieso que en más de una ocasión me equivoqué.

CAPÍTULO XXXIX

SOBRE EL MINISTERIO FISCAL

1. Una de *Las leyes* de Platón dice que «los que por descuido no advierten a los magistrados, o no les ayudan, deben ser castigados. Ello no sería conveniente en la actualidad. La acusación pública vela por los ciudadanos: ella actúa y éstos están tranquilos». Y en Montesquieu se lee que «tenemos en nuestros días una ley admirable: es aquélla que dispone que el príncipe, instituido para hacer cumplir las leyes, proponga un fiscal en cada tribunal para perseguir en su nombre todos los delitos, de manera que la función del delator sea desconocida entre nosotros. Y si se sospechase que este vengador público abusara de su ministerio, se le obligaría a nombrar a su denunciante».

2. Aunque los antecedentes del actual Ministerio Público se encuentran en la figura del *Questor*, en España, la institución del procurador fiscal se regula por primera vez en la Ley 1ª, Título 16, Libro IV de la Novísima Recopilación. En nuestra historia, el fiscal era el encargado de representar a la Monarquía ante los tribunales, bien defendiendo las causas criminales del Reino, bien velando por los intereses del fisco, término del que procede su denominación.

3. Siglos después, por influencia del Código Napoleónico, el fiscal se recogerá en la Ley de Enjuiciamiento Criminal de 1881. Antes, en la Ley Orgánica del Poder Judicial de 1870, se puntua-

lizaba que el jefe de todos los fiscales del Reino era el fiscal del Supremo, quien dependía directamente del ministro de Gracia y Justicia.

4. La Constitución española de 1931 fue el primer texto constitucional que se ocupó del Ministerio Fiscal. Sólo el Estatuto de Bayona hizo de él una ligera mención al declarar que el Ministerio Fiscal velará por el exacto cumplimiento de las leyes y por el interés social.

5. La vigente Constitución —la de 1978— se ocupa del Ministerio Fiscal en el artículo 124. El primer apartado del precepto enumera las misiones del fiscal, que son: promover la acción de la justicia en defensa de la legalidad, de los derechos de los ciudadanos y del interés público tutelado por la ley, de oficio o a petición de los interesados, así como velar por la independencia de tribunales y procurar ante éstos la satisfacción del interés social. En el segundo, se especifica que los principios de actuación del Ministerio Fiscal son el de unidad de actuación y dependencia jerárquica y con sujeción, en todo caso, a los de legalidad e imparcialidad. Y en el tercero, se establece que el nombramiento del fiscal general del Estado lo hace el Rey, a propuesta del Gobierno, oído el Consejo General del Poder Judicial.

6. A partir de la configuración constitucional del Ministerio Fiscal, pueden extraerse las siguientes notas: a) el Ministerio Fiscal es un órgano del Estado, pero no es poder judicial y por tanto, sus miembros no son independientes ni inamovibles en el sentido del artículo 117 de la CE; b) su cometido fundamental es defender la ley, los derechos de los ciudadanos y el interés social; c) el Ministerio Fiscal tiene el deber de ser neutral y objetivo; d) su estructura es jerárquica.

7. Además de la CE, la regulación del Ministerio Fiscal se encuentra en su Estatuto Orgánico, aprobado por Ley de 26 de mayo de 2003, que modifica el anterior de 1981.

8. Que el fiscal tenga que actuar, en todo caso, conforme al principio de legalidad, plantea la cuestión de si razones pragmáticas o de conveniencia, lo que se conoce como principio de oportunidad, tienen sentido. La propia Fiscalía General del Estado parece que lo ve claro: «El Ministerio Fiscal no está facultado para acogerse al principio de oportunidad de modo que, conocido un hecho delictivo con visos de certeza, ningún poder del Estado tiene en sus manos resortes lícitos para evitar que el Ministerio Fiscal cumpla sus obligaciones.» No obstante la contundencia de la declaración, en algunos casos oportunidad y legalidad pueden ser compatibles, e incluso, legalidad, oportunidad e imparcialidad. Oportunidad no es oportunismo y cabe que lo que se considera oportuno sea legal y justo, para lo cual, lo primero es que se trate de una oportunidad razonable.

9. El gran caballo de batalla del Ministerio Fiscal ha sido siempre el principio de jerarquía, pues se entiende, no sin razón, que, aparte de ser contradictorio con los demás —sumisión a la legalidad e imparcialidad— permite al gobierno de turno recordar a los fiscales que han de ser obedientes funcionarios.

10. La subordinación del Ministerio Fiscal respecto al poder ejecutivo no es algo exclusivo de España. En Francia, por ejemplo, donde no hay un fiscal general del Estado —el papel lo asume el ministro de Justicia—, la dependencia de los fiscales es absoluta, hasta el extremo de que son considerados unos funcionarios más de la administración. Pese a ello, allí, en el país vecino, pocos jueces y fiscales se extrañan, pues según su Constitución el Consejo Superior de la Magistratura depende del presidente de la República.

11. En Alemania y Portugal tampoco se da la excepción. En ambos países la dependencia del Ministerio Público respecto al Gobierno es total; tanto que en Alemania los miembros del llamado Consejo Superior del Ministerio Público son nombrados por el ministro de Justicia.

12. No descarto que la configuración de la institución en términos militares (general, jefe, teniente), sea un error que sitúa al fiscal en una permanente posición de firmes para recibir órdenes e instrucciones. Por eso me parece preferible la sencilla fórmula republicana de 1931: «El Ministerio Fiscal constituirá un sólo cuerpo y tendrá las mismas garantías de independencia que la administración de justicia.»

13. Que en España el Ministerio Fiscal está pasando por el bache del desprestigio, eso lo reconoce todo el mundo. Todo empezó cuando algunos se empeñaron en utilizarlo como brazo penal del gobierno y lo degradaron hasta cotas muy bajas. Afortunadamente, aún hay fiscales profesionales, independientes de juicio y de corazón que hacen todo lo que está al alcance de su mano para remediar el mal, empezando por vencer al virus de la politización de la carrera a la que pertenecen.

14. Desde luego —lo he dicho muchas veces— me declaro partidario de encomendar a los fiscales la instrucción de las causas y sumarios. De este modo, sacaríamos a los jueces de instrucción de un trabajo que no es propiamente jurisdiccional y su papel en esta fase procesal consistiría en atender y resolver aquellas peticiones de los fiscales referidas a la adopción de medidas cautelares o restrictivas de derechos. Naturalmente, la reforma legislativa tendría que ir acompañada de otras modificaciones en la plantilla y estructura del Ministerio Fiscal. Pero esto, si se aplica la inteligencia y pone buena voluntad, no encierra mayores dificultades. Como primer paso, sería bueno fusionar las carreras judicial y fiscal, con posibilidades de que cada cierto tiempo los funcionarios de una y otra puedan cambiar de escalafón y de lugar en estrados. Lamentablemente, con el nuevo estatuto se ha dejado pasar —o se ha querido dejar pasar— la oportunidad de implantar esa nueva función del fiscal, algo que deseaban jueces y fiscales.

15. En el esquema de funcionamiento del Ministerio Fiscal, las denominadas fiscalías especiales han resultado ser un cuerpo extraño en la institución, además de causantes de graves perturbaciones. Sobre todo la que se conoce como Fiscalía Anticorrupción. Una observación inicial se impone y es que si todos los fiscales están contra el delito en sus diversas formas, no parece que haya razón para distinguir entre unos fiscales mejores moralmente y jurídicamente que otros para perseguir los delitos financieros o de cuello blanco. Quizá fuera preferible el nombramiento puntual de fiscales especiales para asuntos determinados. La Fiscalía Anticorrupción pudo tener sentido en su momento —lavar la cara al fenómeno de la corrupción—, pero ahora resulta anacrónica y se ha revelado contraria a la naturaleza jurídica del Ministerio Fiscal.

16. De acuerdo con el actual Estatuto del Ministerio Fiscal, el nombramiento de los fiscales jefes de Sala del Tribunal Supremo, de la Fiscalía ante el Tribunal Constitucional, de la Fiscalía de la Audiencia Nacional y de otras fiscalías especiales, de los fiscales jefes de los Tribunales Superiores de Justicia y de las audiencias provinciales, es por un periodo de cinco años e incluso con carácter retroactivo para quienes ejercen esta función, algo que se ha interpretado como fórmula para cesar a algunos fiscales, por ejemplo, al fiscal jefe del Tribunal Superior de Justicia de Madrid, el señor Fernández Bermejo, cuya afinidad al partido socialista él reconoce abiertamente y hasta con orgullo y quien, en la actualidad, mantiene un pleito con el ministro de Justicia, porque, según él, el señor Michavilla ha atentado contra su honra, crédito y aprecio.

17. A juicio de la Unión Progresista de Fiscales, el nuevo sistema de nombramientos persigue «prescindir de los fiscales jefes más incómodos para los intereses del Gobierno y premiar a los adictos. Más parece una formula destinada a deshacerse de algunos fis-

cales», dicen. No lo sé. Es posible. Lo que sí es cierto es que el procedimiento pone fin a las jefaturas vitalicias, algo que, además de responder al deseo mayoritario de la carrera, venía impuesto por la inercia de cualquier mandato temporal, pues lo mismo sucede con las presidencias de los tribunales superiores de justicia y de audiencias provinciales. Todo aquel que aspire a un nombramiento sin fecha de caducidad refleja una concepción patrimonial de los cargos, contraria al sentimiento democrático. Casi todos presumimos de demócratas, pero muy pocos aceptamos la idea elemental en que se apoya la democracia: que los votos se cuentan, no se pesan.

18. Otro de los fiscales cesados en su cargo ha sido el titular de la Fiscalía Anticorrupción, Carlos Jiménez Villarejo, que, al conocer la noticia ha calificado el cese de depuración y ha culpado de ello al ministro de Justicia y al fiscal general del Estado. A los dos los ha tachado de indignos, olvidando que en estos casos siempre es bueno seguir la recomendación del código del funcionario británico: absténganse los funcionarios públicos de hacer cualquier cosa que pudiera hacer dudar a la opinión pública de su imparcialidad. Como su compañero Fernández Bermejo, Jiménez Villarejo, al despedirse, ha declarado su «compromiso con la causa de la izquierda», una profesión de fe ideológica equivalente a confesión de parcialidad.

19. Si el objetivo de todos los gobiernos es aumentar el control del Ministerio Público —lo demás, verbigracia, ser promotor de la justicia, parece accesorio—, no es de extrañar el enorme interés del poder ejecutivo en el nombramiento del fiscal general del Estado. La mayoría de los fiscales, sean progresistas o no, y también otros juristas entienden que uno de los principales problemas de la institución es el nombramiento del fiscal general, que actualmente y porque la Constitución así lo dispone, está en manos del Gobierno, lo cual genera las muy lógicas sospechas de parcialidad que recaen en el designado. He expuesto mi opinión en no pocas ocasiones, lo cual no es sinónimo de que tenga razón.

20. Pensando en el futuro, dicen algunos que esto podía haberse evitado si el nuevo estatuto hubiera contemplado un tiempo predeterminado de mandato, aunque yo me inclino por la tesis de que el problema es de personas y de libertad.

21. Lo ideal es que el nombramiento no fuera potestad del gobierno, pero tampoco se escapan los peligros de otras fórmulas igual o más sospechosas. Tal vez, una elección por los tres quintos del Congreso de los Diputados, con ratificación por el Senado y por un periodo de cinco años —lo mismo que el defensor del pueblo— fuera un mecanismo idóneo, aunque, aparte de que la reforma exigiría un cambio de la Constitución, tampoco el método, en sí mismo, puede asegurar resultados prometedores.

22. Aun reconociendo que el cargo tiene muchas dificultades, lo que en ningún caso debe hacer un fiscal general del Estado es comportarse como acólito de nadie y, para eso, se necesita bien poco: independencia, lo cual es algo que al final agradece hasta quien lo pone en el sillón.

23. En contraposición a la actitud de unos pocos, la mayoría de los fiscales generales del Estado nombrados a partir de la Constitución no han destacado por esa cualidad y, en consecuencia, no han cumplido con su deber. Un fiscal general del Estado debe girar únicamente en la órbita de la imparcialidad y ser esclavo sólo de la ley. Esto desgraciadamente no ha sido así y llama la atención que precisamente quienes más contribuyeron al deterioro de la institución han sido fiscales generales procedentes de las carreras judicial y fiscal.

24. La justicia vive de su propia sustancia y algún día, todos nos daremos cuenta del daño que le han hecho las derivaciones ajenas a lo que debiera haber sido siempre su meta. Hay que ser realistas y aquí está todo escrito. El Ministerio Fiscal, por mandato constitucional ejerce sus funciones conforme a los principios de unidad de actuación y dependencia jerárquica. No pueden los fiscales aspirar a lo que, de momento, parece inalcanzable: a equipararse al poder judi-

cial. Así lo quiso el constituyente, por algo sería y he ahí las consecuencias. El propio Jiménez Villarejo lo tiene escrito: «todos los fiscales están también sujetos al principio de jerarquía (...) y la ruptura de ese binomio desnaturaliza al Ministerio Fiscal democrático y provoca un grave deterioro de la institución en el seno del Estado de derecho». (*El País*, 15 de mayo de 1997.)

CAPÍTULO XL

SOBRE LOS ABOGADOS

1. Del latín *advocatus*. Según la Real Academia Española, abogado es el licenciado o doctor en derecho que ejerce profesionalmente la dirección y defensa de las partes en toda clase de procesos, o el asesoramiento y consejo jurídico.

2. También —versión de la Academia Argentina de las Letras— puede definirse como el profesional del derecho que se dedica a defender, por escrito o de palabra, los derechos e intereses de los litigantes, y también a dar dictamen sobre las cuestiones o puntos legales que se le consultan.

3. Según el vigente Estatuto General de la Abogacía española (Real Decreto 22.06.00), abogado es aquel profesional del Derecho, libre e independiente, que presta un servicio a la sociedad y que ejerce su trabajo en régimen de competencia, por medio del consejo y la defensa de derechos e intereses públicos o privados.

4. En la Grecia clásica, la profesión de abogado fue estimadísima, especialmente en Atenas, en cuyo foro conquistaron triunfos memorables personajes como Pericles, Demóstenes y otros eminentes oradores. Tan importante era ser abogado que la legislación ateniense exigía condiciones muy severas para poder ejercer la profesión.

5. En Roma se distinguían el orador encargado de hacer uso de la palabra en los debates del juicio a nombre de su cliente, y el

patrono, *advocatus*, jurisperito al que en ocasiones se acudía para que auxiliase al primero con su saber en materia jurídica. Al principio, los *advocati* ejercían gratuitamente, pero luego, ante la sabiduría y elocuencia de abogados como Cicerón y Hortensio, se fijaron honorarios.

6. La abogacía no es oficio que goce de los favores del público. Hasta el gran jurista y abogado Manzoni, cuando tenía que retratar a otro colega, perdía su bonhomía. O la Iglesia misma, que permitió introducir en el himno a san Ivo, patrón de los abogados, un verso injurioso.

7. Hoy es requisito universalmente exigido para desempeñar la abogacía el de ostentar el título de licenciado o doctor en Derecho, acreditativo de haber ultimado los estudios de la carrera de leyes en una facultad universitaria.

8. Según datos facilitados por el Consejo General de la Abogacía, en España hay alrededor de cien mil abogados —más que en ningún otro país de la Unión Europea—, lo cual es un exceso inflacionista que determina que al cabo de diez años de colegiación, casi el 40 por ciento de los abogados abandone el ejercicio de su profesión.

9. Actualmente hay un proyecto en marcha, capitaneado por el Ministerio de Justicia, cuyo objetivo es establecer fórmulas homologables con los países miembros de la Unión Europea para garantizar «la preparación en el ejercicio de la profesión» y que contempla dos vías de acceso: por un lado, una prueba de aptitud profesional, evaluada por un tribunal compuesto por abogados, jueces y profesores universitarios; por otro, unos cursos homologados por el Ministerio de Justicia. El lema: «Pocos abogados y bien escogidos.»

10. Cuando escribo estas líneas se cumple un año desde que pedí la excedencia voluntaria en la carrera judicial y me incorporé al ejercicio de la abogacía. Los chinos, que son muy sabios, piensan que

allí donde pisa un hombre nacen mil caminos y yo, que nada tengo de sabio, digo que sí, que la vida se mueve a golpe de timón y que si antes administré justicia, ahora me dedico a pedirla y la verdad es que no encuentro grandes diferencias. Quizá sea porque la justicia es un sentimiento del alma que llevas a cuestas, en la mayoría de los casos con resignación.

11. Tras esta corta experiencia, me parece que las mayores satisfacciones de la abogacía —de ahí que se diga «libre ejercicio»— se apoyan en la incansable búsqueda de la verdad y en el empeño por que la justicia triunfe. Hacer justicia o pedirla es la obra más grandiosa del hombre.

12. Para mí, que la tarea del abogado encuentra su raíz más honda en la soledad. El abogado nace donde puede; aprende sus artes en la madurez, y triunfa en la vejez. El abogado, cuando trabaja bien y da solidez a sus demandas o dictámenes, es en la soledad, en la gozosa y a veces dura soledad.

13. Todo conflicto humano es al propio tiempo jurídico. Ante él, el abogado debe aplicar la técnica precisa y quien no lo haga sepa que no pasa de ser un mediocre, pariente de leguleyo. La buena técnica es el mejor modo de resolver los problemas y de hacer que progrese la justicia.

14. El abogado debe tener como premisa ser leal con la verdad. La verdad, por encima de todo. Nada expresa la hermosura del alma —decía Gregorio Marañón— como el ser veraz. La necesidad de ser auténtico y rendir culto a la verdad debe acompañar al buen abogado hasta el sepulcro. Eso por no hablar del generoso entregarse a todo lo que se le requiere. El buen abogado ha de ser incapaz de decir no a nada que no sea patente y clamorosamente injusto.

15. «Tampoco el oficio de abogado está exento de peligros», nos advierte el catedrático y durante muchos años abogado Alejandro Nieto. «Para el abogado que quiere serlo de verdad, el foro

está lleno de riesgos cuya enumeración sería prolija. El compañerismo, eso que ayuda, también desilusiona. Los contactos políticos, eso que puede apasionar, también esteriliza. La vanidad y la ambición, eso que a menudo y a tantos, desgraciadamente, impulsa, también detiene.»

16. Más razones del profesor Nieto: «En la palabra es donde reside la clave para comprender en qué consiste el Derecho. Quiere esto decir algo muy simple: que los abogados no trabajan con reglas de cálculo, ni con fórmulas matemáticas, sino con argumentos. Argumentos legales, es decir, extraídos de las leyes, de algunas de las muchas leyes de diverso origen, diferente objeto, diferente época, etc., que forman parte de eso que se denomina ordenamiento jurídico.»

17. Abogado. El nombre mismo suena como un grito de ayuda. *Advocatus*, *vocatus ad*, llamado a socorrer. También el médico es llamado a socorrer. Lo dice Carnelutti: la esencia, la nobleza de la abogacía es situarse en el último peldaño de la escala, junto al imputado.

18. Digámoslo con claridad. Hay veces que el abogado tiene la sensación de ser humillado. No lo digo tanto por las largas esperas a que es sometido pese a concurrir puntualmente a un señalamiento o al permanente agobio que siente ante la intransigencia de los términos procesales, mientras que en los juzgados y tribunales rara es la ocasión en que se cumple un plazo. No. Afirmo esto en general. Es cierto que el abogado viste la toga, que colabora, desde luego, en la administración de la justicia; pero su puesto está donde está. Comparte con el acusado, el demandante y el demandado, la necesidad de pedir y de ser juzgado. Está sujeto al juez como lo están ellos.

19. Ahora bien, precisamente por eso, la abogacía es un ejercicio espiritual saludable. Es duro estar todo el día suplicando, pero resulta provechoso. El rogar te hace humilde. ¿Qué otra cosa es, más que un pedir, el suplico? La soberbia es enemiga de la justicia.

20. El más grande de los abogados sabe que no se puede hacer nada frente al más pequeño de los jueces. También es cierto que, casi siempre, el más pequeño de los jueces —no en el sentido del escalafón ni de la categoría— es aquél al que más le gusta humillar. Aunque, en honor a la verdad, hay abogados a quienes habría que ponerles en la puerta del juzgado «Abstenerse de llamar en vano».

21. Volvamos al principio, a los orígenes. Los romanos denominaban a la actividad del abogado en el proceso con el verbo *postular*. Dicen los diccionarios que este verbo significa pedir aquello que hay derecho a tener. No debería haber necesidad de pedir aquello que hay derecho a tener.

22. Ossorio y Gallardo, en su ejemplar obra *El alma de la toga*, proclama que el abogado no puede ponerse al servicio de quienes diseñan la justicia, sino al de quienes sufren por la injusticia, a lo que yo añadiría que quien no lo haga así, queda privado hasta de su honor. La misión de la abogacía viene marcada por la defensa de las leyes, esa herramienta dura y delicada que debe emplearse al dictado de la más firme conciencia, sí, aunque jamás, en democracia, contra la inquebrantable voluntad del legislador.

23. Para todo buen abogado, la justicia es una batalla difícil de ganar. Lo importante es dar esa batalla, seguir dándola hasta el último momento, porque ha sido él quien ha elegido voluntariamente desempeñar ese modesto oficio en la tragicomedia de la vida.

CAPÍTULO XLI

SOBRE EL DERECHO PENAL

1. Tomado del tratado de Derecho Penal, de Franz von Listz. El Derecho es la ordenación de la sociedad organizada en Estado y su objeto es, por naturaleza, la protección y defensa de los intereses de la vida humana.

2. El Gobierno debe preservar la seguridad; el inquilino no quiere ser desahuciado de la casa que tiene alquilada; el acreedor quiere cobrar lo que le debe el deudor; el trabajador desea asegurar su empleo; nadie debe atentar contra la vida, la propiedad o el honor del vecino.

3. Para cumplir sus fines, el Derecho necesita de la fuerza. Así aparece la coacción como nuevo elemento de la noción Derecho, que se manifiesta de tres formas: a) como cumplimiento por la fuerza; b) como restablecimiento del orden perturbado e indemnización en dinero; y c) como castigo de la desobediencia.

4. Fueron los griegos los primeros que abordaron la legitimidad del Derecho Penal, a través de cuestionarse la venganza. Protágoras repudia como absurdo el «derecho de venganza» porque una vez cometido el crimen, «no se puede hacer que lo que se produjo no se haya producido».

5. Platón conserva la vieja idea de que el crimen es una mancilla, aunque el acto sea involuntario o debido a un irresponsable y por esto debe dar lugar a una purificación. Para él, la injusticia es

en buena parte involuntaria ya que proviene de una especie de enfermedad del alma. Hay que esforzarse, por tanto, en curarla, siempre que sea posible. Aparece aquí la idea de la pena medicinal. Únicamente cuando el enfermo es incurable, podrán las leyes infligirle una pena eliminadora, justificada por el solo interés de la ciudad.

6. Séneca aprende y hace suyas las lecciones de Platón y sentencia: «*Nemo prudens punit quia peccatum est, sed ne peccetur.*» (*De ira*, I, 16).

7. Aristóteles, a partir del libre albedrío, otorga a la ciudad el derecho de castigar a los malhechores: «Los que no obedecen las leyes y se muestran rebeldes a la virtud deben ser castigados y sancionados; en cuanto a los que resultan absolutamente incorregibles, hay que desterrarlos.» En su *Ética a Nicómaco*, Aristóteles contrapone el hombre virtuoso, que sólo necesita exhortaciones, al «hombre vil, que no persigue más que su placer» y, respecto a este último afirma que debe ser tratado y castigado como un «animal de yugo».

8. El cristianismo también estableció el principio fundamental de responsabilidad; o sea, el pecado y, por tanto, el crimen, como acto voluntario que debe ser castigado.

9. La pena es legítima no sólo *ne peccetur*, sino también *quia peccatum est*. Para san Agustín, la pena es, así, una expiación, una forma de restaurar el orden del mundo comprometido por el pecado, lo que no excluye las otras funciones del Derecho Penal: proteger a la sociedad, «imprimiendo un terror que contenga a los malos y asegure la tranquilidad de los buenos», pero también enmendar al culpable, cuidarle, inspirarle un afán de salvación.

10. Para los fundadores de la escuela del derecho natural —léase Grocio—, «entre las cosas que la naturaleza misma declara lícitas y no inicuas, figura que el que hace un daño debe sufrir un daño». Es una ley muy antigua que los filósofos llaman «la ley

de Radamanto». Esta idea volverá a resurgir en Leibniz al decir que «la armonía de las cosas requiere una satisfacción, un dolor, una pasión, que haga sentir su culpa al espíritu después del mal de acción voluntaria al que dio su asentimiento».

11. Hobbes niega a la pena toda finalidad retributiva para asignarle sólo un fin de mera utilidad práctica: «El castigo es un mal infligido por la autoridad pública a quien ha cometido u omitido una acción que esta autoridad considera una trasgresión de la ley, a fin de que la voluntad de los hombres esté así mejor dispuesta a la obediencia.» (*Leviatán*, XXVIII).

12. Para Locke, el malhechor que viola «la seguridad del inocente» se coloca por este mismo hecho «fuera del Estado», el cual entonces puede tratarlo como enemigo; se coloca incluso al margen de la naturaleza humana y se expone a ser eliminado como una fiera.

13. Kant considera que el *ius puniendi* estatal sólo se deriva de la ley racional que obliga, para cada infracción, a infligir una pena, que se justifica sólo por su valor retributivo. La única medida de la pena es la infracción: «*punitur quia peccatum est*». Para él, la pena es una simple obligación racional que incumbe al Estado y que tiene su justificación en sí misma.

14. Para muchos juristas —cito al italiano Ángel Vaccaro—, el derecho penal no es históricamente otra cosa sino «una serie de recursos que aplica una clase prepotente y dominadora, bien avenida con un estado de cosas establecido a su conveniencia, para aplastar con esos recursos a quien se opone o combate ese régimen social en el que huelga, triunfa y se regodea la clase parasitaria».

15. Al margen o con independencia de teorías, el Derecho Penal es el instrumento más agresivo del que dispone el Estado para castigar al ciudadano que no respete las normas de convivencia. De ahí que sea menester un Código Penal que determine las conductas prohibidas, los presupuestos y las penas aplicables.

16. El Derecho escrito —la ley en su más amplio sentido— es la única fuente dispositiva del Derecho Penal. Se expresa esta exigencia en el principio de que una acción no puede ser castigada con una pena, sino cuando esta pena está determinada legalmente antes de que la acción se cometiese. *Nullun crimen sine lege, nulla poena sine lege*: sólo son punibles las acciones expresamente sancionadas por la ley con una pena, y sólo son aplicables las penas expresamente establecidas por la ley.

17. Éste es el dilema del Derecho Penal. O se pone la balanza en manos del juez y entonces, si el juez es justo, el peso será justo, pero el derecho no sirve, o sirve poco para su función preventiva; o se reserva la balanza al legislador, y entonces opera la prevención en el sentido de que el ciudadano sabe antes a qué consecuencias se expone al desobedecer la ley, pero el peso corre el riesgo de no ser justo, porque lo que se pone en uno de los platillos es el *tipo*, no el *hecho*.

18. Esta concepción está en íntima relación con el deber que el Derecho público asigna al juez penal. Desde la época de las luces, el juez no era más que el declarador de la ley, ligado por su letra y no por su espíritu. Los hay que sugieren prohibir, como lo fue en tiempos de Justiniano, toda interpretación de la ley.

19. Lo relevante es que los ciudadanos conozcan antes cuáles serán las consecuencias de sus actos, para saber a qué atenerse. Creo que es Carnelutti el que expresa el principio del siguiente modo: «es necesario que los hombres sepan que hay algo que los espanta para salvarlos de la tentación, como se espantan los gorriones con el espantapájaros a fin de que no se coman el grano». La balanza pasa, así, de las manos del juez al legislador.

20. Hay una especie de muestrario cada vez más numeroso que se convierte en una suerte de laberinto y el juez debe saber moverse en este laberinto; para eso debe ser un jurista.

21. Que un Código Penal sea eficaz no se consigue a base de hacer una tabla penológica de gran dureza, sino con el rigor y la aplicación de las leyes. Allá por los años cuarenta, Luis Silvela escribía que mejor que amenazar con penas de larga duración, era aplicar otras más cortas con prontitud y constancia. Algo que varios siglos antes había recomendado Beccaria, al afirmar que el mayor freno de los delitos no era la crueldad de las penas, sino su infalibilidad.

22. Recientemente, a instancias del Gobierno, el Parlamento ha aprobado una reforma del vigente Código Penal español de 1995, que obedece al eslogan de «Código Penal de la Seguridad» —mal asunto ese de las leyes con rótulos publicitarios— y que suscita dudas respecto a que sea jurídicamente equilibrada y constituya un acierto político. Nunca es bueno que los gobiernos abdiquen ni una sola de las múltiples funciones que le son propias, pero de lo que no estoy seguro es de que tenga carácter terapéutico.

23. Aun cuando demos por sentado que la gente tiene derecho a vivir en paz y con seguridad, lo que ya no resulta tan evidente es la segunda parte del planteamiento, o sea, que a mayor rigor penal, menor delincuencia y ecuaciones como ésta dan lugar a pensar si acaso no llevamos una larga temporada jugando al Derecho Penal de autor, no del hecho, y planteándonos si es o no conveniente lo que algunos —Muñoz Conde, entre otros— denominan Derecho Penal para enemigos, que postula la violencia jurídica como el método de combate más eficaz para acabar con la violencia como hecho social. El número de enfermos puede reducirse de muchas formas, pero nunca aislándolos en cámaras frigoríficas, lo mismo que tampoco se acaba con el salvajismo, moliendo a palos a los salvajes.

24. El objetivo del Derecho Penal no es calmar la indignación social ante actos criminales, sino asegurar que hechos semejantes no se vuelvan a repetir en el futuro. Sólo en ese sentido está justificado el castigo del delincuente.

25. Las leyes penales no pueden hacerse a impulsos del corazón ni asentarse sobre bases extrañas al Derecho. Las leyes en caliente no son leyes. Lo escribe José Luis Martín Prieto: «Un Código Penal es cosa de todos y de mucha meditación.» Más o menos, lo que don Quijote le recomienda a Sancho, que «si hicieres pragmáticas, procura que sean buenas, y sobre todo que se guarden y se cumplan».

26. Lo dijo Radbruch allá por mil novecientos veintitantos: «Ya que no tenemos algo mejor que el Derecho Penal, tengamos un mejor Derecho Penal.»

CAPÍTULO XLII

SOBRE EL DELITO

1. En determinados momentos históricos, el delito no es nada en sí mismo. Toda la escuela jurídica positivista, con Betham a la cabeza, es unánime en afirmar que, en principio, sólo se consideró inmoral, criminoso y punible todo lo dañoso e incómodo para las clases dominantes. No pertenecer a la clase de ciudadanos de primera categoría es sencillamente y por sí mismo un delito, y no poseer bienes y riquezas, también. La pobreza es una circunstancia agravante aún hoy. «Un ciudadano romano nunca es un criminal, un esclavo lo es siempre»; un ciudadano de Dallas nunca ha hecho nada, pero «un negro siempre ha hecho algo». (Jean Paul Sastre. *La putain respectueuse.*)

2. Para los criminalistas italianos, herederos del determinismo de la Ilustración, entre los que destacan Garófalo y Ferri, el hombre está abocado al delito desde su concepción. En concreto, Garófalo sostiene que el delincuente es un tarado congénito (*El hombre criminal*, 1876). Para los dos, el delincuente es producto de determinantes más complejos: su fisiología, pero también el medio físico y el contexto social.

3. Según otros, el libre albedrío no existe: «no somos más criminales por seguir las impresiones de los movimientos primitivos que nos gobiernan, que el Nilo por causa de sus inundaciones o el mar por sus estragos», afirma La Mettrie. O Diderot: «Nos arras-

tra irresistiblemente el torrente general que lleva a uno a la gloria y al otro a la ignominia.» (*Rêve de d'Alambert*).

4. Lombroso es el creador del «homo delincuente» o «delincuente nato», una especie de animal infrahumano, chacal congénito o carne de presidio. No es un ser humano, sino un animal segregado o irrecuperable, algo que no está científicamente demostrado. Únicamente se puede hablar de deficiencias glandulares, cromosomas alterados, personalidades psicopáticas, sujetos fronterizos, etc.

5. Hay delitos —los llamados de sangre— en los que la gente propende a magnificar el horror, como, por ejemplo, ante la aparición de un cadáver descuartizado. En ellos siempre se habla de la crueldad del homicida y de su naturaleza perversa. Pero no es así. Descuartizar un cadáver no siempre tiene que ser prueba, ni síntoma, de un ánimo frío, pues los criminales que despedazan el cuerpo de la víctima, lo mismo pueden hallarse serenos e impasibles, que aterrorizados por el miedo a las consecuencias del delito cometido. Descuartizar un cuerpo muerto con fines de ocultación, no es ensañarse en el dolor de un ser viviente.

6. Cualquiera que sea la fórmula elegida, los actos de barbarie, las graves sevicias o el ensañamiento exigen —como ya dijo Carrara en su *Programa*— que se ocasione a la víctima una serie de padecimientos mayores de los que son las ordinarias concomitancias de la muerte o del medio adoptado para matar. En la suma mayor de dolores físicos, de los necesarios para el homicidio consiste el elemento material de esta agravante. Se precisa que ésta constituya un fin distinto del de privar la vida. Es necesario que el odio del culpable no se contente con extinguir al enemigo, sino que se proponga además, hacerle sufrir de modo atroz, con el objetivo especial de añadir al mal de la muerte esos padecimientos. No se dan —en opinión de Carrara— los «actos de barbarie» en el homicidio cometido, por ejemplo, mediante incendio o con veneno, porque aunque la muerte haya sido atrozmente dolorosa, ello era con-

secuencia de los medios escogidos y no un especial refinamiento de venganza. Se necesitan, en sustancia, que se den dos objetivos ideológicos distintos: el fin de hacer *morir* y el fin de hacer *sufrir*; a los que responden dos objetividades jurídicas: el derecho de no ser muerto y el derecho a no ser expuesto a dolores corporales.

7. En un parricidio en el que intervine como juez, el descuartizamiento del cadáver a manos del autor obedecía a un objetivo bien diferente al de aumentar el dolor de la víctima. El cuerpo fue hecho pedazos por el parricida para borrar las huellas de su acto e impedir el descubrimiento del delito. A través de su declaración y de examinar los informes médicos y legales, la conclusión fue que mientras despedazaba el cuerpo, sentía el pavor del animal perseguido.

8. La Constitución de 1812 mandaba a los españoles ser justos y benéficos. Mas la moralidad y la recta conducta no se imponen por decreto. Mejor que las leyes nos digan que debemos ser justos y benéficos, procuremos que las gentes lo sean sin decirles que lo deben ser, aunque bien es verdad que nadie nace honesto, sino que es el Estado el que impone la honestidad.

9. El delito es hijo de muchos factores, entre ellos y de fuerte predominio, los sociales. La delincuencia debe combatirse en sus orígenes, más que en sus manifestaciones externas. La lucha contra el crimen ha de emprenderse de manera más indirecta y honda. Los delitos no deben atacarse de frente, sino destruyendo las bases en que se asientan.

10. Hace tiempo que asoma una delincuencia ajena a motivos causales y capaz de echar por tierra las previsiones en materia de categorías penales. Según un sondeo del Instituto Opina, un 80,1 por ciento de los españoles consideramos que el índice de la violencia ha aumentado en nuestro país, lo cual, según el 71,6 por ciento se debe a la desigualdad económica y la falta de expectativas económicas. Después, citan la ideología —esta respuesta predomi-

na entre los entrevistados en el País Vasco—, cambios de la estructura familiar y la falta de ilusión en general. A tenor del sondeo, los menores de treinta y cinco años tienen una menor sensación de aumento de la violencia en España que los mayores de esa edad.

11. La dependencia de la droga y el efecto de bola de nieve que suponen los reformatorios y las cárceles convierten a la delincuencia en una enfermedad casi imposible de curar con nuestros actuales y limitados medios. En ciudades como Nueva York o Madrid —ya estamos al nivel de EE.UU—, a lo que parece, deben robarle a uno a una media de dos veces al año, si hay suerte, que si no la hay, el primero de los robos puede ser el último por muerte del sujeto pasivo. Según esta idea, el delito ha pasado de ser algo excepcional a ser una circunstancia social, una característica de nuestra forma de vida, predecible por los sociólogos y los psicólogos sociales.

12. Por si fuera poco, junto a los delincuentes clásicos, los de toda la vida, los que se licencian en las universidades del delito, o sea, las cárceles, están los nuevos chorizos, los delincuentes de cuello blanco, los ladrones burgueses, que ni proceden de ambientes socialmente degradados, ni guardan vínculo alguno con la adicción a las drogas.

13. Ante el pavoroso incremento —verdadera inflación galopante—, al Estado le resulta prácticamente imposible perseguir, juzgar y castigar todos los delitos. No hay policías suficientes para investigarlos o aprehenderlos, ni tribunales bastantes para juzgarlos, ni cárceles que puedan albergar a todos quienes infringen la ley penal.

14. La situación se asemeja mucho a la descrita en economía por la ley de la escasez. Leamos a D'Alesio: «Ni siquiera en los países satisfechos de su sistema penal, existen los recursos necesarios para asegurar que todos los delitos van a ser exitosamente investigados y penados. Por eso selecciona con criterios de utilidad cuáles y en qué medida se perseguirán. El análisis no debe ser en

consecuencia ético o voluntarista, sino práctico (...); dado que no puede producirse nunca suficiente cantidad de bienes para satisfacer totalmente todas las demandas y deseos de la población, se debe elegir qué producir, es decir, cómo aplicar los recursos existentes (...); la realidad del principio de escasez lleva a recordar el caso de quien sale a cazar perdices y desperdicia su munición en mariposas.»

15. De todas las clases de delincuencia, la peor es la organizada. Cuando el delito se comete por empresas o sindicatos criminales, lo que hay es un desafío al Estado y un sentimiento de que el país es una jungla en manos de los profesionales del delito.

16. ¿El futuro? Los más pesimistas vaticinan que dentro de poco en todos los vagones del metro deberá viajar un policía para proteger a los viajeros. Otros sugieren que para no dar demasiado trabajo a la policía, habrá que dejar impunes todos los robos que no se cometan con violencia. Los economistas recomiendan a las compañías de seguros que no suscriban pólizas para robos domésticos o sustracciones de vehículos.

CAPÍTULO XLIII

SOBRE EL ABORTO

1. Del Diccionario de la Real Academia Española. Aborto. m. Acción de abortar.//2. Interrupción del embarazo por causas naturales o deliberadamente provocadas. Puede constituir eventualmente un delito.// 3. Ser o cosa abortada.

2. De la *Enciclopedia del erotismo*, de Camilo José Cela (Ediciones Destino). Aborto. Del latín *abortus*, a su vez de la partícula privativa *ab* y *ortus*, nacimiento. Es la pérdida del producto de la concepción antes de que éste sea viable, y también el producto de la aborción. El aborto puede ser clasificado obedeciendo a diferentes criterios. Algunos autores establecen una delimitación clara y hablan únicamente de aborto cuando aluden a la muerte provocada o espontánea, y la subsiguiente expulsión del feto antes de los cinco meses del embarazo; transcurrido este tiempo lo denominan parto prematuro. Otros, estableciendo una clasificación más rigurosa, optan por clasificarlo en: aborto fluxionario, cuando acontece en los primeros días de la fecundación; aborto ovular, si ocurre en las tres o cuatro primeras semanas; aborto embrionario, si se produce antes del quinto mes del embarazo, y aborto fetal, si tiene lugar después de este quinto mes de gestación. Cabría añadir aquí otro tipo de aborto, el habitual, el que se repite en embarazos sucesivos.

3. Entre las diversas clases de aborto, atendiendo a las causas, se habla de aborto de complacencia, deseado o de simpatía, que es

el producido por omisión voluntaria o por imprudencia; aborto accidental, al que se ocasiona por accidente; aborto terapeútico, al que tiene por objeto evacuar, por medio de maniobras regladas y en condiciones de rigurosa asepsia, la cavidad uterina, vaciándola de todo su contenido.

4. En las sociedades antiguas, los egipcios y los indios permitían el aborto, aunque, sobre todo los primeros, castigaban duramente el infanticidio. La Biblia considera que el feto masculino tiene animación a los cuarenta días y el femenino a los ochenta, distinción ésta admitida por Aristóteles.

5. En la antigua Roma el aborto estuvo permitido durante muchos años porque se consideraba al feto como *portio viscerum matris* —parte de las vísceras de la madre—, quien podía disponer de su cuerpo con plena libertad. En algunos casos se aplicaban a la madre abortadora las penas previstas para el delito del uso del veneno, si habían utilizado *pocula abortionis* —sustancias abortivas— y en tiempos de Severo y de Antonio, al aborto fue penado *extra ordinem*, con el fundamento de la ofensa que el aborto significaba para el marido.

6. En el Derecho español antiguo —ejemplo, el Fuero Juzgo— se penaba el aborto, tanto respecto a la mujeres que abortaban, como de quienes les suministraban abortivos o realizaban operaciones conducentes a tal fin. Las penas eran de gran dureza: la muerte, la ceguera o los azotes. En las *Partidas* se hace ya la distinción entre el feto con el alma y el no animado, tomando la noción del derecho canónico que, en las *Penitenciales*, distinguía entre *corpus formatum* e *informatum*.

7. La Iglesia católica condena el aborto en cualquiera de sus formas, incluida —en la encíclica *Casti conubii* (1930)— la del aborto terapéutico, por considerar que el propósito de salvar la vida de la madre no justifica la destrucción de la del hijo posible, ya que deben salvarse ambos o aquél que, por voluntad de Dios,

sobreviva al trance. En la encíclica *Humanae vitae* (1968), se insiste en la condena terminante del aborto en cualquiera de sus formas, si bien se tamiza algo más la cuestión al no aludirla específicamente. En la última declaración de la Iglesia sobre ética sexual no se cita el problema.

8. Nunca la ley, por firme y dura que fuere, ha conseguido reprimir la constante práctica del aborto, con lo cual quizás ésta sea otra de las razones que han movido a numerosos países a autorizarlo o tolerarlo —tras una bien reflexionada regulación, ya que las consecuencias del aborto clandestino, generalmente realizado en muy deficientes condiciones de higiene y de seguridad para las madres, son siempre peligrosas.

9. Como es lógico —y dada la clandestinidad en que se produce— es difícil establecer la estadística de los abortos habidos en los países en que se prohíbe; pero en Gran Bretaña, donde el aborto es legal, se calcula que se ocasiona uno de cada doce embarazos, y en Francia, cuando aún era ilegal, se señalaba la cifra de cuatrocientos mil abortos anuales. Y en aquellos países en cuya legislación ha desaparecido como figura de delito, se ha podido comprobar una considerable regresión de las habituales consecuencias de los abortos clandestinos, es decir, infecciones, esterilidades traumáticas, etc.

10. Las estadísticas cuentan que la mayor proporción de las mujeres que buscan el aborto se da entre las mayores de treinta años y con más de dos hijos, lo que no coincide con la opinión de que se trata de una práctica típica de jóvenes solteras, índice que, si es cierto hace algunos años, hoy ya no lo es. Los datos más solventes señalan que tan sólo una de cada diez mujeres que desea el aborto es soltera; la razón más frecuente esgrimida es la concepción no deseada o la que se produce por desconocimiento o mal uso de los sistemas anticonceptivos.

11. Para Ronald Dworkin, filósofo del Derecho de la Universidad de Nueva York, la pregunta crucial es: ¿cuándo adquiere dere-

chos una criatura humana? Como es de suponer, existen opiniones para todos los gustos. Desde los que afirman que el feto humano es ya un sujeto moral y, por tanto, para ellos abortar es peor que dejar morir, hasta los que dicen que ese feto no pasa de ser un montón de células sin control cerebral y que eso tiene de niño lo que un huevo tiene de pollo. Naturalmente, los primeros a los segundos los llaman asesinos y los segundos dicen de los primeros que son unos fanáticos deseosos únicamente de que se encarcele, por pecadoras, a las mujeres abortistas.

12. La discusión sobre dónde y cuándo comienza la vida no es ni puede ser «científica». Decidir si el embrión de pocas semanas es ya la vida, o si el *nasciturus* es sólo un proyecto de vida, no es algo que los médicos y los biólogos decidan en función de la ciencia. Es algo que deciden en función de su fe y sus convicciones, como nosotros, los legos. Con el mismo argumento que los partidarios de la penalización proclaman que el embrión es ya «la vida», podría sostener que se hay vida todavía antes, en el espermatozoide y que, por lo tanto, el orgasmo de cualquier índole constituye un verdadero genocidio. Por eso, en las democracias, es decir en los países más civilizados del mundo, donde impera la ley y la libertad existe, y los derechos humanos se respetan y la violencia social se ha reducido más que en el resto del mundo, esa discusión ha cedido el paso a una tolerancia recíproca donde cada cual actúa en este campo de acuerdo a sus propias convicciones, sin imponérselas a los que no piensan igual, mediante la amenaza, la fuerza o el chantaje.

13. Entre los juristas es muy conocido el caso Roe *versus* Wade, en que el Tribunal Supremo de EE.UU, en 1973, declaró inconstitucional una ley del estado de Texas que criminalizaba todo aborto voluntario salvo el causado para salvar la vida de la madre. La decisión de la Corte Suprema supuso una reforma de las leyes sobre el aborto de casi todos los estados norteamericanos y declaró que

el Código Penal sólo podía castigar el aborto practicado en los últimos tres meses de embarazo. Desde entonces, los llamados «pro vida» intentan hacerse con el puñado de votos que permitan que algún día ese mismo Tribunal Supremo cambie la doctrina.

14. Actualmente, lo que había sido una polémica reiterada, lleva bastante tiempo en sosiego; tanto como el que llevamos sin oír que la sociedad se dividía en dos razas: la buena, formada por los que se oponían al aborto, y la mala que era la de los *mata bebés*.

15. Es probable que a la actual situación de paz haya contribuido la Iglesia al superar argumentos anacrónicos y sustituir los sermones demonizadores por homilías simplemente orientadoras. Lo malo es cuando, al cabo de cierto tiempo, alguna conferencia episcopal adopta posturas que muchos no terminan de entender. Por ejemplo, la mantenida recientemente por la iglesia nicaragüense en el caso de una niña de nueve años violada y embarazada por su padre: «pese al calvario que le espera a la niña y por muy lamentable que sea el hecho, la vida de ese ser, aún no nacido, debe ser respetada». Para la Iglesia, abortar, sea en los supuestos que sea, sigue siendo pecado, aunque eso del pecado por abortar es algo que cada día preocupa menos a los fieles, semifieles o ex fieles.

16. La Iglesia católica tiene todo el derecho a condenar el aborto y de pedir a los creyentes que no lo practiquen. Pero en una sociedad donde el Estado es laico, no puede prohibir a quienes no son católicos actuar con arreglo a sus propios criterios y a su propia conciencia.

17. En España, jurídicamente, la polémica también ha estado servida durante muchos años. Derogada una legislación penal que llegó a considerar delito el control de la natalidad mediante cualquier tipo de anticonceptivo, la situación cambió con la llegada de la democracia, aunque no por ello cesaron los debates. Hay quienes echan la culpa a la redacción del artículo 15 de la Constitución por decir que «*todos* tienen derecho a la vida y a la integridad

física», en lugar de «todas *las personas* tienen derecho a la vida», con lo cual era claro que se excluía a los embriones y, por tanto, quedaba abierta de par en par la despenalización. Al final intervino el Tribunal Constitucional y con su doctrina, en el año 1985, definitivamente, se aprobó una reforma del Código Penal que no castiga el aborto en supuestos muy concretos, a saber: uno, si se practica para salvar la vida o la salud de la madre; dos, cuando el embarazo es consecuencia de una violación; y tres, en el caso de que sea necesario para evitar que nazca un niño con taras físicas o psíquicas. Esa misma ley exige que los abortos se realicen rodeados de ciertos requisitos burocráticos y con garantías de lugar y método, lo cual, a juicio de algunos, no son más que pegas que sólo perjudican a las clases menos acomodadas.

18. Ahora bien, que no haya dudas: el aborto sigue siendo delito en España, tipificado y castigado en el Código Penal. Y es que existe la idea de que el aborto es libre. Lo que hay son tres supuestos específicos en que la ley exime del reproche antijurídico; eso impide que pueda hablarse de que el aborto en España está despenalizado o legalizado.

19. Los supuestos de aborto no dejan de producir sorpresas jurídicas. El pasado año 2002 —por citar un ejemplo—, se planteó el caso de una adolescente de quince años embarazada que no quiso abortar, en contra de la voluntad de sus padres, que decían que lo mejor para su hija era la interrupción del embarazo. En el conflicto terció un juez que dio la razón a la joven, entendiendo que primaba la libertad a decidir sobre la maternidad y que nada importaba que la adolescente fuera menor de edad, pues la patria potestad está supeditada al libre consentimiento de la embarazada y al respeto de su intimidad. Hay que señalar que en el caso concurría un dato muy relevante y es que el embarazo fue deseado, lo cual impedía a los padres alegar, en favor de su postura abortista, que hubiera riesgo para la salud psíquica de su hija.

20. La actitud permisiva no oculta la gravedad del hecho del aborto. Como afirma Ferrater Mora, interrumpir el embarazo es algo intrínsecamente malo y algo también que se une a otras connotaciones que se mueven en torno al problema. Mejor, e incluso mucho mejor, es una política de prevención y educación que impida o amortigüe los embarazos no deseados. Por ejemplo, las campañas de educación sexual —incluidos los anuncios en televisión de métodos anticonceptivos— y que, a no dudar, han evitado embarazos cargados de problemas.

21. Con una buena política de planificación familiar, seguro que se evitarían bastantes dramas personales y familiares en personas menores de edad todavía lejanas al ejercicio de una paternidad responsable. Mario Vargas Llosa lo expresa magistralmente: «No es inhumanidad y crueldad lo que lleva a innumerables madres a interrumpir el embarazo; es el espanto de traer al mundo niños que llevarán una vida de infierno debido a la miseria y la marginación.»

22. En diversas ocasiones dije por escrito lo que pensaba del aborto como fenómeno social, como circunstancia humana y como actividad digna de calificaciones éticas y consideraciones jurídicas. Me afirmo y ratifico en ellas. Mas también quisiera hacer notar que abortar en Londres y con la ley a favor, a diferencia de hacerlo en España y con la ley en contra, continúa siendo un privilegio que muy pocos —o muy pocas— pueden costearse.

CAPÍTULO XLIV

SOBRE LA EUTANASIA

1. La eutanasia, bautizada por algunos como muerte dulce, es tan vieja como la propia vida. Ya en el siglo III antes de Cristo, Trasias de Mantinea se dedicaba a fabricar potingues para alcanzar la muerte indolora. Y cuatrocientos años después, los Plinios —tío y sobrino—, defendieron que nada había mejor que una muerte oportuna. Es más, el segundo, el Joven, calificó de acto sublime el gesto de una mujer que para acabar con el sufrimiento de su marido, se arrojó atada a él al hermoso lago de Como.

2. También la cultura griega contempla muchos casos del «correcto morir» —así entendían la eutanasia los estoicos— y, según cuentan, el método preferido era el patrocinado por Zenón de Citio que consistía en algo tan sencillo, higiénico y económico como el ayuno prolongado.

3. La eutanasia sigue siendo un asunto de viva discusión entre quienes la defienden y sus detractores. Los primeros afirman que la muerte voluntaria es un acto libre y hasta ético, pues cuando la vida se degrada hasta el tope de la degeneración física, uno tiene el derecho a no seguir viviendo indignamente. Los segundos argumentan diciendo que el individuo no es quién para decidir su muerte prematura. Aquéllos replican que no, que el respeto por la libertad ajena debe llegar hasta permitir que alguien, sensatamente, decida que la vida, cuando es inapelablemente decrépita, ya no es

para él un valor absoluto. Y en trámite de dúplica, los otros contrarrestan diciendo que con los progresos de la medicina no hay enfermedades intratables ni dolores insoportables.

4. ¿Qué es una muerte digna? Como nos recuerda Luis Ignacio Parada, muerte digna es lo que Marcozzi definió hace años como ortotanasia, una eutanasia no activa en la que el médico no acelera positivamente la muerte del paciente ni le priva de cuidados ordinarios, pero sí evita prolongar la vida artificialmente porque sería una forma cruel de prolongar la agonía. Es la fórmula que autoriza el Congreso Internacional sobre la Eutanasia celebrado en septiembre de 1984.

5. El nudo de la cuestión es saber si debe tratarse criminalmente a quien quita la vida a un semejante porque éste, por sí mismo, en plenitud de facultades, o en defecto y previamente, por vía documental a modo de testamento, decide poner fin a su existencia. En este sentido, la pregunta es bien sencilla: ¿qué debe hacerse con quien ayuda a otro a morir? ¿Debe encarcelarse al médico que retira los tubos de oxígeno que mantienen a un paciente en estado vegetativo?

6. En Estados Unidos de América, el país de las libertades, en el conocido asunto de Nancy Cruzan, una joven que quedó como un fósil tras un accidente de tráfico, la Corte Suprema de Missouri sentenció que el Gobierno estaba obligado a mantener el hilo de esa vida, pues era intrínsecamente malo que la chica muriera antes de que le sonase su hora. Esto ocurría en 1989. En 1991, los habitantes de Washington rechazaron en referéndum una propuesta despenalizadora, lo que también sucedió al año siguiente en el estado de California.

7. En Europa, la situación no es muy diferente a la descrita. En 1992, en Inglaterra, un jurado condenó por homicida a un médico que inyectó cloruro potásico a un enfermo que estaba agonizando mientras sufría dolores horribles y pedía a gritos que le

mataran. Es verdad que la situación va evolucionando favorablemente y este mismo año, otro jurado ha absuelto a un médico que actuó de forma parecida.

8. Algo más estricta es la legislación francesa y alemana hasta el punto de que, por ejemplo, la última equipara la administración de un medicamento letal al homicidio, si bien cabe que un juez tolere la eutanasia cuando no exista ninguna duda de que el deseo del paciente es morir. En este panorama, el país con la legislación más permisiva es Holanda, pues desde el año 1994 la llamada eutanasia activa está despenalizada cuando se practica por un médico, previa consulta con otro colega y siempre que sea a petición escrita del paciente o de sus familiares y aquél padezca intensos dolores.

9. El año pasado, Bélgica ha seguido los pasos de Holanda, si bien su ley despenalizadora de la eutanasia es más restrictiva que la holandesa y va acompañada de normas sobre cuidados paliativos y atención a ancianos y enfermos terminales. La ley belga exige para la práctica de la eutanasia una serie de condiciones: que el paciente sea mayor de edad, capaz y consciente, que realice la petición de forma voluntaria, expresa, por escrito y reiterada, sin presiones del exterior y que padezca una enfermedad sin remedio que le provoque un sufrimiento físico o psíquico constante e insoportable.

10. Nuestra legislación tradicional, sin duda por influencia de la religión católica, siempre fue muy severa con la eutanasia, hasta el punto que la equiparaba con el homicidio sin descartar el asesinato, si bien, en la práctica, la norma penalizadora dejaba abierta una puerta por donde se podían colar justificaciones como el estado de necesidad u otras eximentes, lo que, al final, comportaba la absolución del acusado.

11. Al día de hoy, aunque parezca raro, muy raro, en nuestro país los expertos en Derecho Penal consideran que en el tratamiento

de la eutanasia, el Código Penal de 1995 supuso un infortunio legislativo. Si se examina despacio el artículo 143.4 CP resulta que, con la excusa de despenalizar la eutanasia pasiva, la activa castiga con la pena de prisión a aquél «que causare o cooperare activamente con actos necesarios y directos a la muerte de otro, por la petición expresa, seria e inequívoca de éste, en el caso de que la víctima sufriera una enfermedad grave que conduciría necesariamente a su muerte, o que produjera graves padecimientos permanentes o difíciles de soportar...».

12. En España, el caso más sonado ha sido el del gallego Ramón Sampedro, un tetrapléjico que durante años pidió sin éxito ayuda médica para morir. Harto, sabiendo lo que se le avecinaba, una mano amiga, a comienzos del año 1998 proporcionó a Ramón Sampedro el jarabe de la muerte. En la actualidad el asunto está encima de la mesa del Comité de Derechos Humanos de la ONU.

13. Los herederos de Sampedro alegan que se ha vulnerado el derecho a morir dignamente, al haber tenido una agonía angustiosa y morir a la desesperada. El escrito dirigido al Comité de la ONU acusa al Estado español de imponer a Sampedro, en contra de su voluntad, «la obligación de vivir el tormento de la inmovilidad», mediante el secuestro de su libre determinación, sometida al dogma de la *Suma Teológica* de santo Tomás de Aquino, para quien la eutanasia era la «usurpación del poder de Dios, único dueño de la vida y muerte». La respuesta del abogado del Estado a la demanda de la heredera de Ramón Sampedro ante el Comité de Derechos Humanos de la ONU, es que carece de sentido reclamar el derecho a morir dignamente de Sampedro, dado que murió como él quiso y nadie fue condenado por ello.

14. Confiemos que la demanda de Sampedro ante la ONU corra mejor suerte que la interpuesta por la británica Dianne Pretty, aquejada de una enfermedad degenerativa incurable, a quien el Tribunal de Derechos Humanos de Estrasburgo falló en contra de

permitirle poner fin a su vida con la ayuda del marido. Antes, todas las instancias judiciales británicas habían rechazado la solicitud. Los ocho magistrados de Estrasburgo consideraron que cuando el Convenio Europeo para la Protección de los Derechos Humanos habla de garantizar el derecho a la vida «no significa un derecho a morir, ni genera un derecho a la autodeterminación en el sentido de otorgar licencia de escoger entre la muerte y la vida».

15. Vivir es un derecho, no un deber. Con una decisión favorable de la ONU en el caso del español Sampedro, tal vez no se volviera a obligar a otro ser humano a sobrevivir como tetrapléjico, si ésa no es su voluntad.

16. Que un funcionario, sea juez o no, tenga poder sobre la vida y la muerte, y encima lo ejerza, puede resultar fuerte. A lo mejor todos somos en alguna proporción culpables de ese error que significa imponer nuestra voluntad a los demás en cosas casi imposibles de distinguir. Cuando alguien, por impotencia, no puede morirse y nadie hace nada, salvo poner inconvenientes, quizá todos muramos un poco.

CAPÍTULO XLV

SOBRE EL TERRORISMO

1. Academia. Terrorismo. m. Dominación por el terror. // 2. Sucesión de actos de violencia ejecutados para infundir terror.

Etimología. Del latín *terror / terrere*: miedo muy intenso, persona partidaria del terrorismo.

2. El terrorismo ha sido siempre un elemento de desestabilización social. Marx escribió que el terrorismo es violencia política indiscriminada, extrema, y arbitraria. Habermas ve en el terrorismo un sistema de acción política dirigido a romper las relaciones de legitimación entre la sociedad o un cierto grupo social y la estructura política. Los efectos del terrorismo —dice Ferrajoli— son siempre «desestabilizadores y degenerativos» y hace prevalecer la demanda de orden y de seguridad sobre la demanda de transformación.

3. Aunque como realidad antropológica, el terrorismo se remonta a épocas bastante pretéritas, los términos *terror* y *terrorista* aparecieron por primera vez para referirse al régimen excepcional que protagonizó el Comité de Salud Pública francés entre los años 1791-1794 como medio de dominación política. Lo dijo el propio Robespierre en un discurso pronunciado el 5 de febrero de 1794: «Si el esfuerzo del gobierno en tiempo de paz es la virtud, la fuerza del gobierno popular en tiempo de revolución es a un tiempo la virtud y el terror. La virtud, sin la cual el terror es funesto; el terror sin el cual la virtud resulta impotente.»

4. En la historia contemporánea, el terrorismo hunde sus raíces en las acciones violentas perpetradas por el populismo ruso de los años 1870-80 y la propaganda nihilista-anarquista de fin de siglo.

5. Jurídicamente no existe un concepto unívoco de terrorismo. Tan es así que algunos sostienen que hay tantas definiciones de terrorismo como autores se han ocupado del asunto, que son muchos. Mas si hubiera que elegir, he aquí un par de ellas. Según la Enciclopedia inglesa de Ciencias Sociales, el terrorismo es el método mediante el cual una organización intenta conseguir sus objetivos recurriendo de modo preferente a la violencia. Otra, más sencilla, pero también más amplia, lo define como «el procedimiento de gobernar o de oponerse a un gobierno, intentando producir miedo».

6. La verdad es que hoy se llama terrorismo a cualquier acto de violencia que inspira pánico. Para la gente, el terrorismo es único y no distingue entre lanzar unos aviones contra dos rascacielos y un niño palestino que dentro de un autobús salta por los aires con una bomba adosada al pecho.

7. Según el artículo 1º de la Convención de la Organización de la Conferencia Islámica (1998), el terrorismo se define como «cualquier acto de violencia o amenaza, prescindiendo de sus motivaciones o intenciones, perpetrado con el objetivo de llevar a cabo un plan criminal individual o colectivo con el fin de aterrorizar a la gente o amenazarla con causarle daño o poner en peligro su vida, honor, libertad, seguridad y sus derechos». Pero ocurre que en el artículo siguiente se declara que «la lucha de los pueblos, incluida la lucha armada contra el invasor extranjero, la agresión, el colonialismo y la hegemonía, que persigue la liberación y la autodeterminación de acuerdo con los principios del derecho internacional no se considerará un crimen terrorista». Esta idea de que a los «movimientos de liberación» se les permita utilizar el terro-

rismo ha sido defendida duramente en la ONU no sólo por los países islámicos, sino también por otros países de lo que en otro tiempo se llamaba Tercer Mundo.

8. Parece evidente que esta posición resulta inadmisible. Lo dice con estas palabras (*El País*, miércoles 3 de junio de 2002) Roberto Toscano, quien, a continuación, se pregunta: ¿Podríamos jamás imaginar un artículo en la Convención sobre el Genocidio de 1948 que excluyera de la definición del delito los actos de genocidio cometidos en luchas de liberación y autodeterminación? Pensamientos como que «hay que distinguir entre combatientes por la libertad y terroristas» son más que inquietantes, pues si emplear terror contra un país cuyo gobierno no es democrático, no es terror, entonces envenenar niños en una guardería de la Alemania nazi no es terrorismo, igual que no habría sido terrorismo hacer saltar por los aires un rascacielos en el Chile de Pinochet.

9. De los muchos rasgos que definen el terrorismo, los más característicos son ser una forma de lucha basada en la violencia aberrante como medio y en el terror indiscriminado como resultado. Su lógica —mejor, su sinrazón— es asustar a la población con el uso sistemático del asesinato, el tiro en las piernas o el secuestro. «Queremos escandalizar a la gente; éste es nuestro único modo de comunicar con ella», se lee en uno de los manuales del buen terrorista. «Nadie es inocente», gritó el terrorista Ravachol en el momento que arrojaba una bomba contra los comensales del café de La Paix, en París.

10. ¿Qué es un terrorista? Arcadi Espada trata de contestar a la pregunta a partir de considerar que la crueldad es una forma de inhumanidad que sólo practica el hombre. «El terrorista no es un hombre cuando dispara contra una nuca (...), el terrorista es sólo su pistola (...), un objeto inanimado que dispara, además, contra objetos inanimados y que sólo ve en la nuca del hombre a Dios, la Patria, la Raza, la Igualdad o cualquier otra abstracción.»

11. Para mí, todos los terroristas que he conocido por razón de la profesión —fueran del grupo que fueran— presentaban el mismo perfil psicológico y todos, sin excepción, me parecieron unos inmaduros emocionales, rozando el infantilismo psíquico. Tengo la impresión de que el terrorista cuando destruye siente el mismo goce que un niño cuando rompe sus juguetes. Uno de los indicios de su deficiente personalidad era las dificultades que tenían para la expresión, lo cual era proporcional al nivel de agresividad.

12. En España, tras no pocas reformas y vacilaciones, hoy, según el Código Penal —artículo 571 y siguientes— y la jurisprudencia, los elementos que configuran el delito de terrorismo y sus derivados son, de una parte, el carácter organizado de los responsables, y, de otra, la finalidad de subvertir el orden constitucional o alterar gravemente la paz pública.

13. El terrorismo también tiene su espacio en otros textos legales, además del Código Penal, empezando por la Constitución, que en el artículo 55 contempla que «una ley orgánica podrá determinar la forma y los casos en los que, de forma individual y con la necesaria intervención judicial y el adecuado control parlamentario, los derechos reconocidos en los artículos 17, apartado 2, y 18, apartados 2 y 3, pueden ser suspendidos para personas determinadas, en relación con las investigaciones correspondientes a la actuación de bandas armadas o elementos terroristas».

14. La opinión generalizada es que las leyes penales antiterroristas tienen bastante de excepcionales. Los hay que en trance de defender a la sociedad por encima de todo, estiman que el terrorista es un sujeto enormemente peligroso y que, por tanto, pocas atenciones se deben para quien conspira y atenta contra los derechos ajenos. Otros, en posición radicalmente opuesta, afirman que la fuerza expansiva de un derecho excepcional lleva a mantener un estado de excepción encubierto, lo que facilita la vulneración de

los derechos humanos reconocidos en tratados y convenios internacionales.

15. Como no podía ser menos, en España también ha habido polémica entre normalidad o excepcionalidad; tanta que el Tribunal Constitucional ha tenido que intervenir varias veces para salir al paso de los reproches de inconstitucionalidad de alguna norma penal sustantiva y procesal. El dictamen final ha sido que cuando lo que está en juego es el orden democrático, parece razonable y no arbitrario reconocer que exista una diferencia de trato en la investigación de los delitos de terrorismo.

16. Dentro del marco constitucional caben, pues, medidas con las que afrontar situaciones de emergencia. Se diría que la ciudadanía y la clase política han interiorizado de tal modo el drama terrorista que, hoy por hoy, se demandan leyes penales de emergencia para combatir el mal. Así, por ejemplo, merced a una Ley Orgánica de 30 de junio de 2003 se ha reformado el Código Penal para ampliar el límite máximo de cumplimiento de las penas privativas de libertad a cuarenta a aquellos supuestos en que se cometan dos o más delitos de terrorismo, estando alguno de ellos castigado con pena de prisión superior a veinte años. La reforma también ha afectado a los beneficios penitenciarios, permisos de salida, clasificación en tercer grado y cómputo de tiempo para la libertad condicional, de tal forma que el terrorista, según frase de uso común, «se pudra en la cárcel».

17. Pese a todo, posturas como la de Francisco Bueno Arús parecen las más sensatas: «Para su erradicación —la del terrorismo— se ha de acudir primero a los medios políticos y a las reformas sociales que permitan cargarse de razón frente a los terroristas, y sólo en último término cabe acudir a los radicales medios de control social que son las leyes penales.»

18. El argumento más extendido en favor de la legislación especial para la delincuencia terrorista es que el terrorismo no sólo

afecta a bienes jurídicos individuales, sino también a las propias bases del sistema democrático. Además, se dice, el terrorismo no admite medias tintas y frente a él, sólo se puede estar con o contra los terroristas.

19. Partiendo de estas consideraciones, podría compartirse la idea de que el primer objetivo de una estrategia antiterrorista debe ser el mantenimiento de la democracia y el imperio de la ley, aun recurriendo a medios excepcionales, tal como recomendó el Informe Jellicoe al Parlamento británico en 1983: «Si la legislación especial puede reducir efectivamente el terrorismo, y yo así lo creo, hay que mantenerla mientras siga la amenaza terrorista.» Las dudas son si está claro que el terrorismo ponga en peligro el orden democrático como un todo y si el mantenimiento de la democracia como concepto abstracto pueda lograrse recortando progresivamente las concretas libertades democráticas.

20. Nunca son buenas las huidas al Derecho Penal. La estrategia antiterrorista debe consistir, fundamentalmente, en disminuir el apoyo social al terrorismo y no, simplemente, en medidas penales que, por inidóneas, pueden incrementarlo. Es lo que ocurre, por ejemplo, al suspender al procesado que ostenta función o cargo público aún no condenado o al ampliar el plazo de detención. Si es verdad que la necesidad hace leyes, más de uno se pregunta si la necesidad de acabar con el terrorismo permite hacer buenas leyes. Por tanto, prudencia. Tanto más, cuando algunos hablan de decretar el estado de excepción o de aplicar el artículo 151 de la CE.

21. Sé bien que no es prudente, ni inteligente, ni político poner la otra mejilla al terrorismo que nos mata. Corneille pensaba que la violencia es justa allí donde la justicia es vana, pero la violencia nunca borra la violencia. Las leyes antiterroristas han dispensado amparo a abundantes prácticas ilegales y quizá sea oportuno recordar que a Santiago Corella *El Nani* se le aplicó esa normativa antes de desaparecer para siempre, al igual que a Mikel Zabalza antes de

que su cadáver fuese encontrado en aguas del Bidasoa; eso por no hablar de los casos de Segundo Marey y Lasa-Zabala. Todo el terrorismo de Estado está entrecruzado por el uso y abuso de ese régimen legal excepcional y los veintitantos cadáveres y demás fechorías de los GAL apuntan en ese sentido.

22. Lo que importa es actuar con eficacia para terminar con el demencial furor del terrorista por seguir vertiendo sangre. Hace mucho tiempo —quizá demasiado tiempo— que todos los gobiernos tenían que haber sido más solidarios con el dolor ajeno y haberse puesto de acuerdo para acabar con el terrorismo. Nada de sangre para borrar la sangre, sino todo lo contrario, es decir, el imperio de la ley que permita acabar con ETA y encerrar con llave a todos los empeñados en seguir vertiendo sangre, incluidos los obsesivos entusiastas y los dementes enfurecidos. Con cumplir las penas de prisión impuestas es suficiente. Lo otro se llama perder los nervios y de ahí a recurrir a métodos moralmente rechazables hay un paso.

23. Por supuesto, nada de penas de muerte para quienes hasta dan pena por la muerte que ellos siembran. La muerte no debe llamar a la muerte, ni el Estado volver por pasiva la oración de los que aprietan el gatillo. En palabras de Jaime Campmany: ahí está la Constitución. O, recordando a nuestro Camilo José Cela, en esta terca lucha entre el bien y el mal, entre la luz y la tiniebla, ganará el que resista y conserve la serenidad hasta el fin, pero nunca empleemos el terror para responder al terror, pues ése es el camino que el terrorista busca para aparecer como víctima y ganar adeptos por vía de la compasión. Los más fervientes partidarios de la guerra sucia dicen que es la única forma de acabar con el terrorismo. Eso es engañar a la gente. Aunque sólo fuera por la sangre, la guerra siempre es sucia.

24. La respuesta del Estado al terrorismo no puede consistir en una mayor severidad o solamente en eso. Si enfocásemos todo

en este sentido, acabaríamos por vivir en un Estado bien distinto del que deseamos proteger. Quizá nos olvidemos de que una democracia necesita más tiempo que una dictadura para vencer al terrorismo. La lucha contra él ha de ser decidida, llevada con mano firme y sin que nos tiemble el pulso, pero con la cabeza fría.

25. En España, una de las últimas medidas contra el terrorismo ha sido declarar ilegal a la antigua Herri Batasuna, decisión tomada por el Tribunal Supremo al amparo de la Ley de Partidos y que es cuestión política y jurídica muy controvertida. Buena prueba de ello es que el Tribunal Europeo de Derechos Humanos se ha visto obligado a abordar el problema en varias ocasiones, para declarar en una de ellas —sentencia de 31 de julio de 2001— que la disolución de un partido político sólo puede decretarse cuando «sea necesario en una sociedad democrática para tutelar la seguridad nacional, la defensa del orden y la prevención del crimen, la protección de la salud o de la moral, así como la protección de los derechos de los terceros». Más en concreto, si esa actuación viene exigida «por una necesidad social imperiosa» y es proporcionada «al fin legítimo perseguido».

26. ¿Sin los medios de comunicación que informan de sus crímenes, el terrorismo tendría la misma fuerza? Para Santos Juliá, la exhibición de las acciones terroristas contribuye a expandirlo. Otros piensan todo lo contrario y prueba de ello es que muchos atentados terroristas se han cometido en la sombra. Arcadi Espada recuerda que cuando ETA cometió el error de permitir que se retransmitiera en directo el asesinato de Miguel Ángel Blanco, es cuando empezaron los verdaderos movimientos de contestación social masiva y furiosa en toda España. «Dejar a los terroristas en la penumbra sólo favorece el aura del secreto, ficción y leyenda, donde ellos y su negocio se desenvuelven con gran eficacia retórica (…); los terroristas están en los medios por asesinos y ésa es su única fama», afirma Espada.

27. Cuenta Altavilla que en una ocasión, el jefe de la policía berlinesa, un tal Klaus Hübner, le dijo que «el terrorismo es inimaginable sin la publicidad dada a los atentados por los medios de comunicación. Si un niño es secuestrado como rehén por un raptor, el hecho merece una crónica con título a dos columnas. Si la misma acción la lleva a cabo un terrorista, la noticia es a cuatro columnas». No sé si los terroristas necesitan de la publicidad para que la opinión pública los tome en serio, pero lo que sí parece una frivolidad es, por ejemplo, cuando una televisión entrevista a todo un premio Nobel de literatura —Heinrich Böll, para más señas— y éste dice que en Alemania no existe Estado de derecho y que se ha de ofrecer asilo político a los terroristas más buscados.

28. El auténtico horror del terrorismo y el delirio del que se alimenta está grabado en nuestras retinas desde el 11 de septiembre del año 2001. Los dos grandes colosos en llamas, sus ruinas y los restos humanos allí sepultados deben ser el símbolo de cómo el espectro del terrorismo lleva entre nosotros —en todos, sin excepción— muchas décadas. Ese atentado contra las torres de Manhattan ha dado lugar a un nuevo estado de ánimo mundial. Nunca como hasta entonces se había percibido el peligro de la destrucción indiscriminada del terror. Nunca hasta el 11-S el terrorismo había logrado inmovilizar los mecanismos de defensa del mundo occidental. El terrorista ha conseguido imponer su pavor mediante el estupor de montones de ruinas y cadáveres que, en definitiva, es lo que buscaba. La sensación que tuve —sigo teniendo— al contemplar las imágenes que ofrecía la televisión fue de horror. Mi sensación, corregida y aumentada, fue algo así como la que tengo cuando veo imágenes del ataque a Pearl Harbor o del bombardeo de Hiroshima.

29. Aun así, pese a tanta gravedad, un acto terrorista no justifica una guerra como la de Afganistán. Creo haberlo escrito en el capítulo *Sobre las guerras*. Hoy, cuando una nueva guerra en Irak está en marcha, entiendo que todas las guerras deben morir.

30. Ni el País Vasco, ni España entera, donde sus habitantes siempre hicieron honor de las virtudes de vida y esperanza, pueden seguir sumidos en el dolor del tiro en la nuca o el sobresalto de una explosión. Que los vascos tienen parte de razón es algo que nadie —o casi nadie— les niega, pero sus políticos necesitan del equilibrio necesario para no perderla. No nos engañemos: el terrorista del País Vasco es una mala hierba de esa tierra verde, húmeda y fértil.

31. Hubo un tiempo —el de la llamada tregua— que parecía que ETA había comprendido que en democracia cualquier objetivo político, incluida la independencia de Euskadi, no puede lograrse con el lenguaje de las armas. Entonces no hubo atentados y admito que fui uno de los optimistas que pensábamos que ETA, por fin, estaba dispuesta a encontrar sólo en la palabra la senda para sus reivindicaciones. ¡Lástima haberme equivocado!

32. Hay un dicho que afirma que las aguas vuelven siempre a su cauce. Sin embargo, tengo para mí que al fantasma del terrorismo, hoy por hoy, no hay manera de darle la puntilla y mandarle al desolladero. Creo que a los españoles, para ser medianamente felices sólo nos falta que desaparezca el terrorismo y sus valientes guerreros. Lo malo, según digo, es que aún no se ha encontrado la fórmula de ponerle fin al primero y hacer callar a los segundos. Me parece que en este valle de lágrimas donde habita el terror, además de otras cosas, hace falta mucha valentía para resistir y ser serenos en la resistencia; con naturalidad, sin empujones por rentabilizar dolores y sin malos pensamientos o peligrosas tentaciones.

CAPÍTULO XLVI

SOBRE LA TORTURA

1. Los suplicios se presentan generalmente a través de los siglos, como el preámbulo de la última pena y, por cierto, en la mayoría de los casos de la muerte misma. La base de toda forma de ejecución capital, sean antiguas o modernas, es el sufrimiento, la humillación, el tratamiento inhumano del hombre por el hombre.

2. Aristóteles, en su *Retórica*, menciona la tortura entre las cinco clases de pruebas extrínsecas posibles en juicio, al lado de las leyes, los testigos, los pactos y el juramento. «La tortura —piensa— es una especie de testimonio. Parece llevar en sí la convicción, puesto que se añade a ella una coacción. Cuando las torturas no son favorables, es ocasión de insistir sobre el punto de que son los únicos verdaderos. Si están en contra nuestra, o a favor del adversario, se podría destruir su carácter verídico alegando contra el principio mismo de la tortura.» La Inquisición habría de tomar buena cuenta del pensamiento de Aristóteles.

3. «Soy el primero en confesar —escribía a finales del siglo XVII Nicolás, consejero de Luis XIV— que prefiero una pronta muerte a los dolores tan insoportables de la tortura...» Y en la obra que dedicó al rey y que titulaba largamente *Si la tortura es un medio seguro para comprobar los crímenes secretos. Disertación moral y jurídica por la que se trata ampliamente de los abusos que se cometen en todas partes en la instrucción de los procesos criminales, y particularmente*

en la caza de brujas, añadía: «No tengo la menor duda de que todo hombre de bien que no sea un estoico ni un atleta confesará (...) Nadie ignora que una media hora de tortura contiene en sí más martirio que tres suplicios de horca (...).»

4. No hay reglas fijas ni tampoco unánimes en la práctica de la tortura. Una personalidad lo suficientemente imaginativa, lo suficientemente sádica o cruel puede introducir espeluznantes novedades en la técnica de la tortura, y de hecho, esto es lo que ha ocurrido siempre y en todas partes. Un buen verdugo, un buen inquisidor, un mal policía de nuestros días, pueden crear sus propias normas de actuación para obtener los resultados que buscan o satisfacer sus malos instintos.

5. Del libro de Daniel Sueiro *El arte de matar*. El sentido de venganza, de escarmiento y de desquite que tiene históricamente la pena de muerte parece justificar toda la serie de atrocidades, que la víctima ha de sufrir antes de expirar y expiar. Al hombre condenado a muerte, a ése que está sujeto a la silla en las modernas cámaras policíacas, hay que destruirlo, pero lentamente, hora a hora, golpe a golpe, sufrimiento tras sufrimiento, reanimándolo cada vez que pierde el sentido, volviéndolo a la vida cada vez que muere; a ese hombre hay que conservarlo vivo hasta el último momento, para hacerle experimentar en su cuerpo y también en su alma todo el poder de nuestra ley, todo el peso de nuestra fuerza, toda la humillación de nuestra justicia.

6. Para Sartre, la finalidad del tormento «no es solamente obligar a hablar, a traicionar; es necesario que la víctima se designe a sí misma, por sus gritos, por su sumisión, como una bestia humana. A los ojos de todos y a sus propios ojos. Es preciso que su traición le destruya y le borre para siempre. A aquél que cede al tormento, no se ha querido solamente obligarlo a hablar; se le ha impuesto para siempre un estatuto: el de subhombre». Y en su prólogo a *Henri Alleg*, Sartre nos dice que la tortura es una furia

vana, nacida del miedo; es la viruela que devasta toda nuestra época. Camilo José Cela piensa que quizás fuera aún más apropiado considerarla como el «taimado cáncer que mancha y corroe la historia del hombre».

7. La degradación a que se conduce al reo con la tortura, refleja ante todo la propia degradación del verdugo. «Los hombres son siempre los mismos», concluía Beccaria después de preguntarse por la nación o por el siglo que haya dejado de presentar pruebas de atrocidad.

8. En 1734, un jurista tan ilustrado como el canciller D'Aguesseau escribía acerca de la prueba de la tortura: «O la prueba del crimen es completa o no lo es; en el primer caso, es indudable que debe pronunciarse la pena señalada por las leyes; pero en el caso segundo, es igualmente cierto que sólo puede dictarse o el tormento o una información más amplia.» También pertenece a ese tiempo ilustrado aquel edicto según el cual, «en caso de duda sobre uno u otro culpable, aplíquese la tortura al más feo».

9. El escritor checo Julios Fucik, ante los tormentos a que lo sometían los ocupantes nazis en 1943 sólo deseaba ardientemente que llegara la muerte y acabar con semejante dolor y humillación. «La muerte no debe estar lejos», escribió en su *Reportaje al pie del patíbulo*. «Ahora es sólo un sueño, una febril pesadilla, caen los golpes, luego me tiran agua, y otra vez los golpes y de nuevo: "¡Habla! ¡Habla! ¡Habla!", y más golpes: la muerte no llega. Madre, padre, ¿por qué me habéis hecho tan fuerte?»

10. A los últimos vestigios de la tortura legal en Europa corresponde, sin duda, el artículo 143 del Código del cantón suizo de Tessin, en su redacción de 1816. Rezaba así: «Si el acusado persistiese con obstinación en sus negativas, en sus contradicciones o en un silencio malicioso, los jueces de instrucción podrán ordenar que sea encerrado en un calabozo muy estrecho, que sea cargado de estrechas cadenas y mantenido a pan y agua durante un mes.»

11. En España, los suplicios y torturas aparecen determinados en el Fuero Juzgo, del siglo VII, así como en los diversos fueros municipales de los siglos XI al XIII. En este último siglo, el rey Alfonso X el Sabio dispone en sus *Partidas* que debe atormentarse para saber de los hombres la verdad. Carlos V y Felipe II —la famosa ley Carolina del primero, de 1532, contiene 219 artículos, de los cuales 57 se refieren a la tortura— también aportan su colaboración a la legislación especial en pro del mantenimiento y extensión de la tortura.

12. Nuestro Código Penal castiga las torturas con penas que pueden llegar a seis años de prisión y doce de inhabilitación absoluta, a parte de las que puedan corresponder por las lesiones o daños a la vida, integridad física, salud, libertad sexual o bienes de la víctima o de un tercero. En el artículo 174 se dice que comete tortura la autoridad o funcionario público que abusando de su cargo, y con el fin de obtener una confesión o información de cualquier persona o de castigarla por cualquier hecho que haya cometido o se sospeche que ha cometido, la sometiere a condiciones o procedimientos que por su naturaleza, duración u otras circunstancias, le supongan sufrimientos físicos o mentales, la supresión o disminución de sus facultades de conocimiento, discernimiento o decisión, o de cualquier otro modo atenten contra su integridad moral.

13. El concepto de tortura que ofrece el Código Penal español es coincidente con la definición que hace la Convención contra la Tortura y Malos Tratos o Penas Crueles, Inhumanas y Degradantes, de 10 de diciembre de 1982, ratificada por España en 21 de octubre de 1987, como todo acto por el que se inflijan intencionadamente a una persona, dolores o sufrimientos graves, con el fin de obtener con ella o de un tercero, información o confesión, o con el fin también de castigarla por un acto que haya cometido o se sospeche que ha cometido, o de intimar o coaccionar a esa persona o a otros.

14. A juicio de Jacques de Bollardière, aquel general francés que renunció a la carrera militar al ver que su colega Massu practicaba la tortura, el objetivo del torturador es la humillación de su víctima. Para él, la tortura no consistía solamente en infligir brutalidades insoportables, sino, esencialmente, en humillar; es estimar que no se tiene ante sí a un hombre, sino a un salvaje.

15. Tal vez por esto, porque quienes torturan no persiguen más que la destrucción de su víctima, mucha gente piensa que con el torturador no cabe la generosidad y pide una justicia implacable, aunque no han faltado casos en que han sido indultados y hasta recibido felicitaciones de los superiores por actuar en defensa de la patria.

16. Un detalle que llama la atención en algunos torturadores es que suelen ir encapuchados. Al parecer —según la opinión de expertos psiquiatras—, para el torturador que oculta su rostro, el hecho de contemplar cómo el torturado sufre sin que él sepa quién eres, produce un inmenso placer.

17. Cuantas veces pienso sobre el asunto, lo primero que me viene a la cabeza son los hijos de quienes torturan. Lo he dicho un montón de veces. No alcanzo a saber qué es peor: si la imagen de los torturados hasta la muerte o la angustia instalada en el estómago del que sabe que su padre es un asesino a cámara lenta.

18. ¿Se sigue torturando en el mundo? Según Amnistía Internacional (AI), sí. Menciona 150 países. Hasta no hace mucho en Israel, los servicios secretos han aplicado la tortura como método legal de conseguir información en los interrogatorios de los detenidos por terrorismo. Tuvo que ser el Tribunal Supremo israelí el que, en el año 2000, pusiese coto a esas prácticas denominadas «presión física moderada». Según AI, miles de personas siguen siendo torturadas en el planeta Tierra y alrededor de la tortura se ha

generado una verdadera industria que fabrica y vende instrumentos para causar sufrimientos a las víctimas. Desde grilletes hasta bastones y planchas eléctricas, los inventores del dolor se esfuerzan para ser cada día un poco más crueles.

19. La tortura es una de las actividades en que el hombre ha dejado volar más libre e incontroladamente la peor faceta de su imaginación, de sus represiones, de su maldad esencial, para conseguir inventar y poner en práctica los más horribles e inhumanos métodos de destrucción del propio hombre. Como manual curioso y macabro, se recomienda el famoso *Malleus maleficarum* (Martillo de brujas), de Kramer y Sprenger, una especie de guía publicada en 1498 en Colonia, conforme a la cual torturaron los jueces e inquisidores de la época.

20. El 3 de abril de 1995, a propósito de las desapariciones de Lasa y Zabala, Francisco Tomás y Valiente, catedrático de Historia del Derecho y ex presidente del Tribunal Constitucional, escribía en *El País*: «En la macabra secuencia del secuestro, la tortura, la mordaza y el tiro en la nuca, lo peor es la tortura. El secuestro es el comienzo perverso que anuncia males peores. El tiro es, quizá, descanso. El remate final de la fosa mal hecha, el enterramiento precipitado y la cal viva como materia arrojada con voluntad de destruir la memoria objetiva, es ya torpeza inútil y ensañamiento tardío que no duele. Lo peor es la tortura, porque es la escena central que da sentido a todo el drama (...). La mayor vileza imaginable es la tortura, porque consiste en la negación del hombre como ser que vale por sí mismo, sea quien sea, e implica su sustitución por un instrumento sufriente que sólo sirve para contestar y padecer. La tortura es sufrimiento calculado, administrado con odio y con cuidado para que el cuerpo aguante y no se muera aún del todo, sino poco a poco, de manera que la voz pueda pronunciar palabras que informen y delaten antes de ser amordazada. La tortura degrada, humilla y destruye. El torturador se degrada porque su absolu-

ta falta de respeto a la víctima se vuelve contra él y lo deshumaniza (...). Por eso no podemos soportar la imagen de unos hombres torturando a otro sin sentirnos también ofendidos.» La cita es un poco larga, pero creo que bien vale la pena, sobre todo teniendo en cuenta que las palabras se escribieron un año antes de que el autor fuera asesinado por ETA en su despacho de la Universidad Autónoma de Madrid.

CAPÍTULO XLVII

SOBRE LA PENA DE MUERTE

1. La historia de la Humanidad nos demuestra que se ha matado por cualquier cosa y de todas las maneras imaginables. La pena de muerte es el derecho de castigar a un semejante hasta la eliminación física.

2. Ante todo, se mata en nombre del orden. Pero también los cementerios están llenos de orden y de silencio. «La ciudad santa está repleta de cadáveres», escribe Manceron en su *Historia de las Revoluciones*.

3. Como casi todo el mundo sabe, hay gente —hasta santos; verbigracia, Tomás de Aquino— que defiende la pena de muerte alegando que lo mismo que se corta un brazo gangrenado para impedir que la infección se extienda a todo el organismo, también debe amputarse a un delincuente corrompido para evitar la contaminación de todo el cuerpo social. A mí este argumento siempre me pareció muy débil, pues el buen médico sólo acude a la amputación cuando no hay otro remedio.

4. Para Locke, hay que matar al malhechor si ello es necesario para el bien colectivo. En sus *Dos ensayos* afirma que «se puede destruir a un hombre que hace la guerra contra los demás, por la misma razón que se puede matar a un lobo o a un león; los hombres que no se someten a los lazos de la ley ni tienen otra regla que no sea el uso de la fuerza y la violencia, merecen ser tratados como animales de presa, como criaturas peligrosas y nocivas».

5. Rousseau es terrible al formular el fundamento del derecho de matar: «Conviene al Estado que tú mueras», informa el príncipe al ciudadano. Y justifica la pena de muerte en los siguientes términos: «Para no ser víctima de un asesino es por lo que consentimos en morir si nos convirtiéramos en uno.» Y añade estas frases sorprendentes, que en 1793 inspirarán toda la legislación jacobina sobre la declaración fuera de la ley: «todo malhechor que ataque el derecho social se convierte por sus malas acciones en rebelde y traidor a la patria, de la que deja de ser miembro por violar sus leyes e incluso hacerle la guerra. Entonces la conservación del Estado llega a ser incompatible con la suya, es preciso que perezca uno de los dos» (*Contrato social*, II, 5).

6. No menos tajante es Diderot. En una carta que dirige a Landois el 29 de junio de 1756, dice que «el malhechor es un hombre al que hay que destruir y no castigar».

7. Voltaire prefiere la esclavitud a la pena de muerte. En *El precio de la justicia* nos dice que «un hombre dedicado todos los días de su vida a preservar una región de las inundaciones mediante diques, o a cavar canales o a desecar pantanos infestados, presta más servicios al Estado que un esqueleto bamboleándose de un poste con una cadena de hierro». Tratar de eliminar los delitos mediante el mecanismo de eliminar a los delincuentes implica renunciar al estricto legalismo penal.

8. Si frente al crimen, por grave que sea, un Estado no conoce mejor solución que eliminar al criminal, eso significa, de un lado, que su terapia es la del traumatismo ciego y, de otro, que nada le importa un error, pese a saber que la muerte, por irreversible, ni tiene marcha atrás ni admite reparación.

9. «Yo estoy en contra de la pena de muerte, con tal de que empiecen por abolirla los asesinos», escribía Alfonso Karr contra el proyecto de suprimir en Francia la pena capital, cuando gran parte del país se había convencido de que la guillotina, aplicada, entre

otros, a Luis XVI y pocos meses después a Robespierre, con el argumento de la *cruelle exception*, era un completo disparate. Más o menos lo que defiende el culto abogado de los Tribunales Reales, Francisco Silvela, en sus *Consideraciones sobre la necesidad de conservar la pena capital* (1835): «La pena de muerte es legítima por indispensable para la seguridad de todos y de cada uno en particular.»

10. He aquí el debate. Me preocupa que se declare como legítimo y legal el quitar la vida al prójimo en un acto no punible, pues esto significa que se aceptan otros tipos de violencia: si se puede matar ¿por qué no cometer otras formas de violencia, aparentemente más inocentes, como torturar, mutilar, violar? Si es lícito matar, todo puede ser válido.

11. Demuestran los abolicionistas que la pena de muerte no acaba con la delincuencia, sino que en algunos casos es su espoleta. El que fue gobernador de California, Edmund Brown, declara después de una ejecución famosa que «la pena de muerte ha constituido un grave fracaso, porque a pesar de su horror y de su incivilidad, ni ha protegido al inocente ni ha detenido la mano de los criminales».

12. En el prólogo a la primera edición del libro *Sobre la pena de muerte*, de Pietro Ellero, José Canalejas escribe: «Cuando existía en el mundo el tormento para hacer declarar a los reos, las penas infamantes como los azotes, el paseo criminal montado en un pollino con coraza y sayal de penitente, el martirio bajo todas sus formas, desde la cruz y la rueda y el potro hasta la hoguera, la pena de muerte sencilla y rápida podía constituir casi un beneficio inmenso para el delincuente porque amenguaba sus dolores y sus sufrimientos.»

13. Benigno di Tullio, profesor en Roma de Antropología Criminal y fundador de la cárcel modelo de Rebibbia, afirma que la pena de muerte no sólo no hace disminuir la criminalidad, sino

que a veces provoca crímenes más feroces aún, porque un hombre que tiene todo que perder está dispuesto a todo: «El delincuente está fuera de la realidad, no siente las responsabilidades... o bien considera la condena como un riesgo del oficio...» Y otro catedrático, esta vez español, el profesor Gimbernat, sostiene la tesis de que «la pena de muerte no borra el crimen, sino que lo repite». Para él, la autoridad de quienes censuran a los que matan al prójimo reside en que precisamente a ellos sí que les importa la vida de los demás.

14. El abogado Badinter dice que «los delitos de sangre eran mucho más numerosos en Francia a comienzos del siglo XX cuando la guillotina cortaba decenas de cabezas cada año. En realidad, el gran criminal no le tiene miedo a la guillotina, mientras que siempre tiene miedo a los gendarmes, o sea, a acabar en la cárcel. Para luchar contra la criminalidad no se necesitan penas más severas sino policías más eficientes».

15. Un sacerdote, el padre Masson, que trabajó en las cárceles francesas más de cuarenta años, nos dejó dicho: «Yo he acompañado a muchos hombres a la guillotina y puedo afirmar que sólo quien no conoce la mentalidad de los delincuentes, puede pensar en combatir la criminalidad a través de la agravación de las penas.»

16. En España, la pena de muerte se suprimió con la Constitución de 1978, en cuyo artículo 15 se declara abolida, salvo lo que puedan disponer las leyes penales militares para tiempos de guerra, aclaración esta última que no es fácil comprender por mal pensada y a la vez absurda. Al texto constitucional, en 1983, siguió una reforma del Código Penal borrando la muerte de la escala general de penas.

17. La última pena de muerte ejecutada en nuestro país fue la del anarquista Puig Antich, suceso acaecido el 2 de marzo de 1974, tras sentencia de un Consejo de Guerra. La única duda que existe es si el procedimiento empleado fue el garrote vil o el fusilamien-

to. Nuestro Nobel Camilo José Cela sostiene que Salvador Puig Antich fue apiolado a la edad de veintiséis años por el método del palo —o sea, garrote— en la cárcel Modelo de Barcelona el día de los santos mártires Jovino y Basileo, a manos de Antonio López, alias Niceto, verdugo de Madrid, que actuó en sustitución de Vicente López, alias Fermín, verdugo de Barcelona, que era al que le tocaba pero que no pudo hacerlo porque en la fecha señalada estaba preso en Sevilla acusado de estupro.

18. Fuera de nuestro país, sobre todo en Europa, la pena de muerte también ha desaparecido. Sin pretensiones de exactitud, son de citar Austria, Finlandia, Noruega, Suecia, Italia, Alemania, Portugal, Países Bajos, Suiza, Reino Unido y —creo— Francia.

19. No es posible decir lo mismo de Estados Unidos de Norteamérica, donde todavía quedan rincones —Arizona, Florida y Texas, por ejemplo— en los que sacos de carne humana, con deficientes mentales incluidos, aguardan turno para ser transportados al otro mundo, y con la única esperanza del perdón del gobernador de un estado talionario, del que su más significado representante ha sido el actual presidente George Bush. Encima, con el respaldo de un sorprende Tribunal Supremo, al considerar que los cánones morales de la sociedad americana no permiten concluir que la pena de muerte viole la VIII Enmienda que garantiza que «no se apliquen castigos crueles y desusados».

20. No todas las sentencias son malas. Recientemente el Tribunal Supremo estadounidense ha pronunciado dos importantes resoluciones. En una, declara inconstitucional la ejecución de retrasados mentales; en la otra, se obliga a que las sentencias que impongan la pena de muerte se dicten por jurados, no por jueces técnicos.

21. Para Amnistía Internacional, poco o nada ha cambiado. Se sigue matando en nombre del Estado. AI asegura que durante el año 2001 más de 3.048 personas fueron ejecutadas en 31 países del mundo, lo cual supone un incremento del doble respecto a las

1.457 ejecuciones que se registraron en el año 2000. Amnistía Internacional registró más de 5.265 condenas a muerte en sesenta y ocho países durante el año 2001, de las cuales 139 fueron en Irán, en Arabia Saudí, 79 y en Estados Unidos, 66.

22. Cuentan las crónicas que, desde el año 1976, en que se reinstauró la pena de muerte, hasta hoy, casi seiscientas personas han sido ejecutadas en EE.UU y alrededor de 2.000 están en lista de espera, en corredores de la muerte. Esta cifra, aunque escalofriante por sí misma, estremece todavía más si se tiene en cuenta el resultado de un estudio de la Universidad de Columbia, según el cual el 73 por ciento de los ciudadanos norteamericanos está de acuerdo en que se mate a un delincuente en pago de un grave delito —eso a pesar de que un 7 por ciento de los ejecutados sean inocentes—, y que los latinos y los negros lo tienen peor que los blancos.

23. ¿Existe discriminación en la pena de muerte? Para algunos, la pena de muerte sólo ha servido para ejecutar a los débiles, a los pobres, a los ignorantes y a miembros de minorías raciales.

24. Hace algunos años, el representante oficial del Comité del distrito de Columbia (Estados Unidos), manifestaba oficialmente: «Tal como se aplica en la actualidad, la pena capital no es más que una discriminación arbitraria contra una víctima ocasional.» Y Lewis E. Lewis, que fue alcaide de la prisión de Sing-Sing (EE.UU) y presenció la ejecución de más de 150 personas, decía fríamente: «La pena de muerte no se aplica en la misma medida al rico que al pobre. El que tiene influencias o dinero, nunca va a la horca o a la cámara de gas.»

25. Las diferencias de clase social y de raza no son las únicas. Los pobres no pueden pagarse una buena defensa y, menos aún, la prueba del ADN capaz de identificar a un asesino entre 3.000 millones de personas. Actualmente existe un proyecto de ley encaminado a hacer obligatoria esa prueba.

26. Al parecer, los múltiples fallos detectados en las electrocuciones, con condenados abrasados, ha dado lugar a que la vieja silla eléctrica sea sustituida por la inyección letal. Sin embargo, supuestos concretos han demostrado que el nuevo método es tan inhumano como el anterior. Así, el caso de Bernie Demps, un ejecutado hace dos años, que durante 33 minutos sufrió una verdadera carnicería hasta que le encontraron la vena. Según la Asociación Británica de Médicos y de Anestesistas, la inyección intravenosa no debe aplicarse sin la cooperación del condenado y ponerla requiere una experiencia que la profesión médica no debe utilizar para dicha finalidad.

27. A mí, esta última argumentación me preocupa, en la medida que algún gobernante tenga la idea de crear un cuerpo de verdugos-practicantes, expertos en jeringas y cánulas, y me recuerda al verdugo Gregorio Mayoral del que Camilo José Cela nos habla en uno de sus apuntes carpetovetónicos, al que la superioridad, allegados y gremiales colegas describen como un profesional de dilatada carrera, recto sentido del deber, aplicación grande, tan enamorado de su oficio y de técnica tan elevada que hasta llegó a perfeccionar el aparato de agarrotar al vil, cambiando la palanca de tirón por la rosca de avance, lo cual permitía una muerte casi instantánea y ahorraba tiempo.

28. A veces el horror de la pena de muerte no basta. Jiménez de Asúa cuenta cómo a un reo sentenciado a muerte se le ofrecía el indulto provisional si accedía a que los médicos inyectasen en su sangre un carcinoma. La ciencia impía deseaba experimentar sus armas de ataque contra la dolencia rebelde en la carne viva de un hombre. Con un ademán de hipócrita piedad se le apartaba del cadalso y se le preparaba muy científicamente un fallecimiento lento y doloroso.

29. Aunque parezca una obviedad, el problema de la pena capital forma parte de una cultura de violencia y muerte. Algunos

científicos afirman que la crueldad es un rasgo de la naturaleza humana y hasta es posible que el planeta tierra esté habitado no por tantos hombres como pensamos y sí por más bestias que las contadas, pero, en cualquier caso, llegada su hora, la justicia no puede basarse en la venganza.

30. En mi opinión, matar a un semejante, lo haga quien lo haga, incluido el Estado, es injusto, como injusto e inhumano es cortar la mano al ladrón, y si los que mandan matar se escudan en Maquiavelo y argumentan que el orden es necesario y la necesidad justicia, mejor refugio y razón son las palabras de Dickens de que aun cuando todos los comentaristas del mundo apoyen la pena de muerte, nadie conseguirá convencerme.

31. La violencia no debe llamar a la violencia ni el crimen sirve para combatir el crimen. Tal vez la clave resida en que los hombres no tengamos capacidad para sentir toda la irritación y todo el dolor que estos hechos deben producirnos. Quizá ocurra que esos gobernadores de los Estados Unidos que niegan el perdón y que en el momento de una ejecución dicen «se está haciendo justicia», con su sentido práctico, sepan que en el ser humano existen tantas posibilidades de crueldad que no hay más remedio que admitirlas y dejarlas merced al ciclón de las pasiones.

32. Por supuesto, nada de penas de muerte para quienes hasta dan pena por la muerte que ellos siembran. El terrorismo, como cualquier otro delito, no se arregla con terror. La muerte no debe llamar a la muerte, ni el Estado volver por pasiva la oración de los que aprietan el gatillo. Con cumplir las penas de prisión impuestas, es suficiente. La batalla frente al terrorismo, lo mismo que cualquier demencia sanguinaria, lo que requiere es inteligencia y constancia, pero sin salirse jamás de la linde marcada por la ley.

33. Entiendo que yerran todos aquellos que sostienen que cuando se ejecuta a un malvado el Estado no hace otra cosa que defenderse legítimamente y avisar a otros potenciales delincuentes. Hace

ya mucho tiempo que la inhumana ley del «ojo por ojo y diente por diente» fue derogada y hasta el papa Juan Pablo II, en enero de 1999, descalificó la pena de muerte por cruel e inútil; un diagnóstico que coincide con trabajos científicos que demuestran que la pena de muerte no es ejemplarizante ni rebaja el coeficiente de los delitos para los que se fijó.

34. Si hay algo elemental es que lo que necesitan las penas es ser justas y la muerte jamás lo es. No digamos cuando se mata a alguien y luego se descubre que ha existido un error. Las estadísticas dan la cifra de un inocente de cada siete condenados.

CAPÍTULO XLVIII

SOBRE LA CÁRCEL

1. «La cárcel no es para castigos sino *ad continendos homines*» dice la sentencia de Ulpiano, que puede leerse en el *Digesto*. Y es que en tiempos remotos (entiéndase derecho bíblico, griego, romano, germánico e incluso eslavo), las cárceles eran lugares, por lo general mal acondicionados, donde se encerraba a los delincuentes con fines exclusivamente represivos.

2. O sea, que el delito es un mal y el culpable un *perversus* de muy dudosa enmienda, en vista de lo cual, abandonado de la mano de Dios e incapaz por ello de soportar las pruebas de fuego o el aceite hirviendo, merecía un castigo rápido y capital.

3. Estas y otras parecidas han sido, hasta no hace mucho, las posturas dominantes, aunque también es justo reconocer que en sus orígenes, la pena de prisión fue un avance humanitario ante el ajusticiamiento o la mutilación de los llamados delincuentes.

4. Desde que Cervantes escribiera aquello de que la cárcel es «el lugar donde toda incomodidad tiene su asiento», en realidad las cosas no han cambiado del todo, aunque sí bastante. Parecerá mentira, pero a pesar del esfuerzo de personas batalladoras como John Howard, muerto de fiebres tifoideas en la prisión de Crimea, el genial Oscar Wilde y su *Balada de la cárcel de Reading* o cl innovador Julius, para la mayoría de la gente, las cárceles deben ser espa-

cios, mejor o peor acondicionados, donde guardar a los delincuentes con fines prácticamente represivos.

5. En la extensa geografía de nuestra Europa hay mansiones y casas con tétrica fama por haber sido destinadas a penales: la Torre de Londres, la Bastilla de París, los Plomos de Venecia, la fortaleza de Pedro y Pablo en Rusia, el castillo de Sant'Angelo en Roma o, para terminar con España, el Alcázar de Segovia tras el incendio de 1862.

6. Que la sociedad padece un problema serio de criminalidad es un hecho que admite poca discusión. Las estadísticas nos muestran que en España —casi como en Nueva York— hay ciudades donde te pueden robar un par de veces al año, si es que, con un poco de mala suerte, a resultas del atraco, no pierdes la vida. Los informes también apuntan que el aumento de asaltos, robos y otras fechorías tiene una explicación sociológica, consistente en que la delincuencia ha pasado a ser una característica de nuestra forma de vida.

7. Salvo excepciones de presos a quienes el paso por ella no les cambió —recuerdo de nuevo al dandi de Wilde—, la cárcel modifica la personalidad del interno hasta el extremo de que jamás vuelve a ser el mismo porque la mayor parte de su dignidad se ha quedado detrás de la reja.

8. Para Camilo José Cela, «las cárceles se pueden mirar con tres lentes distintas: la del que pone la materia prima, o sea, el preso; la del que tiene la llave y la del que pasa por la calle y mira». En *El asesinato del perdedor* nos dice que «la cárcel cambia a la gente, todo el mundo es distinto cuando le abren la puerta de la cárcel y sale de nuevo a la calle».

9. Ésa fue, más o menos, la impresión que yo saqué cuando a principios de los años ochenta me designaron juez de vigilancia penitenciaria de Barcelona y visité, uno por uno, todos los centros penitenciarios de Cataluña: que nadie, o casi nadie, sabíamos qué

hacer con el delincuente, fuera bueno o malo, drogadicto o no, normal o loco; y que, en nuestra ignorancia, preferíamos encerrarlo. Tras aquella experiencia, estoy convencido de que las necesarias herramientas de la ley penal, no se deben fabricar a la sombra de las cárceles.

10. Si, como nos aseguran, actualmente en España hay 52.000 presos —nada consuela que en los Estados Unidos haya un millón—, no cabe duda de que ese número de población reclusa es muestra inequívoca de que algo falla y no parece sino que todos, gobernantes, jueces, funcionarios de prisiones y ciudadanos, somos, cada uno en sus justas y precisas proporciones, culpables de una dolencia con aspecto de crónica.

11. Hay que reconocer que desde la Ley General Penitenciaria de 1979 se ha mejorado mucho, pero el avance es lento, porque cuando la delincuencia aumenta, la primera furia que descargamos es contra los presos y enseguida estamos reclamando las penas del infierno.

12. Seamos claros y confesemos que las prisiones funcionan mal, que para lo que sirven es de mazmorras en las que aislar a quienes se considera que constituyen un peligro para la ciudadanía. El sindicato de prisiones CSI-CSIF nos ofrece el dato estremecedor de que el número de muertes violentas en las cárceles españolas se ha elevado en un cuatrocientos por cien. El hacinamiento es la mejor fórmula para aumentar la violencia e imposibilitar cualquier vía de reinserción social, un ideal este que no ha pasado de ser una utopía.

13. Los gobiernos no deben abdicar de las competencias que le son propias, eso es claro; lo que ya no resulta tan evidente es la segunda parte del planteamiento, o sea, que a mayor rigor penal, menor delincuencia, y me permito suponer que el binomio seguridad-prisión no es un problema de antítesis sino de síntesis.

14. Para algunos (Foucault, 1975), la cárcel —primero revolucionaria, luego republicana—, no sería sino la forma contemporá-

nea y mucho más sistemática del «gran encierro» de los marginales iniciado en el siglo XVII y tienen razón cuando sostienen el carácter criminógeno de la prisión, pero entonces, ¿cómo castigar?

15. Las esposas y las rejas de la cárcel son un emblema de la justicia; quizá, pensándolo bien, más expresivo que la venda, la balanza y la espada. Es necesario que la justicia nos sujete las manos y nos encierre. Y es que, según un gran filósofo italiano, esposas y cárcel son la razón y función del Derecho.

16. Los sabios que continúan considerando la pena, según una fórmula famosa, como un mal que se hace sufrir al delincuente por el mal que él ha hecho sufrir, ignoran u olvidan que no es con el mal con lo que se puede vencer al mal. No se puede hacer una neta división de los hombres en buenos y malos y pienso si la batalla no debería ser tanto por la reforma de la ley como por la reforma de la sociedad.

17. El Estado, a través de la ley, puede infundir a los ciudadanos temor y miedo, pero no puede infundirles respeto. El Estado es un auténtico monstruo, muy poderoso, pero no sé si tiene sensibilidad para darse cuenta de que el problema del delito y de la pena, aparte de un problema jurídico, también lo es moral.

18. Un terrible aspecto de la condena a la reclusión, aun por un periodo breve, es que nadie está seguro de no morir dentro de aquel periodo. La eventualidad de la muerte en prisión es el riesgo más grave del encarcelamiento.

19. La opción carcelaria, además de lo dolorosa que resulta para muchos, incluidas las familias, tiene otros tantos lados negativos. Por ejemplo, a más presos, más cárceles, más funcionarios y, en suma, mayor gasto, aunque me da la impresión de que ése es un gasto para el que los ciudadanos pagan con gusto sus impuestos.

20. Son bastantes los estudios que parten de la inutilidad y de los perjuicios que acarrea la pena de cárcel, como el proyecto del profesor Zaffaroni que sugiere otras medidas alternativas, sobre la

base de principios de política criminal y sentimientos de humanidad. También se fijan «grados de penalidad» en los casos de penas de prisión, siendo de tipo leve, menor, media, grave y máxima.

21. En un país democrático, la cárcel debe ser proporcional al delito y no el fácil recurso a los problemas de inseguridad ciudadana, si no se quiere caer en un tipo de sociedad represiva. Lo cual no quiere decir que conductas antisociales menos graves y reiteradas queden impunes.

22. Dije muchas veces que, en no pocos supuestos, la pena de prisión no cumple la función para la que fue pensada, pero también defendí que renegar de las prisiones y pretender su abolición es, aparte de una absurda utopía, un descabello.

23. La cárcel tiene un abanico de fines que van, desde la prevención general, como llamada de atención a los ciudadanos para que ajusten su conducta a normas de convivencia, a la prevención especial, como medida de intimidación para determinados sujetos que cometen hechos de gravedad que afectan no sólo a la víctima, sino también al conjunto de la sociedad, pasando por la necesaria retribución de los violentos.

24. Es una realidad indiscutible la existencia de una delincuencia profesional que no obedece a código alguno de convivencia, lo que se conoce como delincuencia «pesada». Casos ante los cuales es imprescindible adoptar, más que teorías criminológicas, urgentes medidas de auto defensa social donde no es lícito hacerse el progresista, pues en una sociedad sin ley ni control, todos somos potenciales víctimas de ese descontrol.

25. Francisco Umbral escribió que desde el caso Alcáser y algunos otros, incluyendo la conducta contradictoria de los presos de ETA, la vieja conciencia nacional, esa mano colectiva que toma la justicia y la esgrime como una quijada de burro, está generalizando su odio racial contra los presos. Y aclara que dice «racial» por que ninguna generalización es inocente. En el discurso reprimido

de la vieja moral española está el «hacer justicia hasta el final, en el sentido bíblico de la justicia, tan arraigado en un país que no ha leído la Biblia».

26. No sólo se es demócrata porque votemos cada cuatro años —a veces, cada menos—, sino por comprender las desgracias de los demás. Hay delincuentes que lo son porque les han faltado oportunidades para ser otra cosa diferente. Entre la población reclusa actual hay muchos drogadictos y violadores.

27. Cada uno tiene sus preferencias en materia de compasión. Los hay que ven en el pobre la figura del hambriento; otros, la del enfermo. Para mí, el más pobre de todos los pobres es el preso. Quede claro que digo el preso, no el delincuente. Y conste, también, que distingo perfectamente entre presos y presos.

28. En fin, digo yo si acaso todos no necesitaríamos una pasada por la cárcel, al menos por veinticuatro horas. Estoy seguro de que algo aprenderíamos. Para empezar, que lo peor de ella es cuando se cierra el rastrillo y su silencio. Yo conocí a presos que no hablaban.

CAPÍTULO XLIX

SOBRE LA REINSERCIÓN SOCIAL

1. Que la prisión tenga que ser una pena medicinal es algo que algunos teóricos defienden con fundamento en las ideas que el benedictino Mabillon exponía ya en 1690 en sus *Reflexiones sobre las cárceles de las órdenes religiosas* (ed. 1724) para proponer una mejora del sistema penal canónico. Ya no se pide al preso que se reconcilie con Dios, se le propone al menos que se regenere.

2. El ideal de reinserción del delincuente en la sociedad, lleve o no lleve la huella de la droga en sus carnes, ha mostrado suficientemente su gran nivel de utopía.

3. La cárceles para lo único que funcionan, es para aislar a quienes significan un peligro para la seguridad ciudadana, razón demasiado pobre en aras a justificar su existencia, pero, eso sí, muy útil como medio de aislamiento suficiente en sí mismo; aunque me planteo si no estaremos aproximándonos peligrosamente al momento en que esa finalidad pierda su sentido.

4. Aunque la Constitución española de 1978 (Art. 25.2) y la Ley General Penitenciaria de 1979 señalan que las penas privativas de libertad estarán orientadas hacia la reeducación y reinserción social, todo el mundo sabe que la cárcel, paradigma de la sanción penal, no cumple, en la mayoría de los casos, esa función, pues ni corrige ni resocializa a nadie.

5. A quien la cárcel sirve, y de mucho, es al delincuente habitual, que allí perfeccionará sus técnicas. No sólo los especialistas, sino cualquier persona medianamente informada saben que la cárcel para el reincidente es como una especie de club de contactos para ejercer mejor su profesión, una vez liberado.

6. No se debe olvidar que en la cárcel suele haber clientes fijos. Son los autores de los llamados delitos de bagatela, muy distintos en el tratamiento penitenciario de quienes cometen delitos de extrema gravedad y hondo impacto social.

7. El pequeño y mediano chorizo —que suele proceder de ambientes socialmente degradados—, acostumbra a curtir sus cueros en las universidades del delito, es decir, entre rejas, en chirona, en la trena, o el talego. Tal vez sería bueno recordar aquella sentencia de Concepción Arenal, la gran penalista española, de que «no hay delincuentes incorregibles sino incorregidos».

8. Desde luego a quien la cárcel tampoco corrige es a aquél que por primera y preventivamente entra en ella. Allí, lo más probable es que sea humillado, se vendrá abajo. A partir de ese momento, a los ojos de todos pasará a ser un presidiario —o ex presidiario— de quien casi todo el mundo desconfiará.

9. Son por todos conocidas las manifestaciones de simplismo represor para solucionar el problema de la delincuencia y no son nuevas las expresiones de «mano dura» o esas otras oídas en los últimos tiempos de que los delincuentes deben «pudrirse en la cárcel», algo que debería preocuparnos en la medida que concebir la cárcel como pudridero es un mal modo de entender lo que debe ser una prisión. Es curioso que en un país mayoritariamente católico —no digo lo de demócrata— se tenga tanta manía al preso, hasta el punto de desearle que se descomponga y se pudra.

10. Eso de que dentro de las cárceles hay solamente canallas y fuera de ellas, solamente hombres honrados, no es más que una

ilusión; como también es una ilusión el que un hombre pueda ser todo un canalla o toda una persona decente.

11. Además, no es cierto lo que se dice de que, muerto el perro, se acabó la rabia, porque el microbio de la delincuencia quizá sea autónomo y viva al margen del perro. También quizá, los inmediatos culpables de que todo vaya manga por hombro son los políticos y los jueces, que no atacan el mal en sus raíces sino que lo encierran.

12. Hoy se reclama a grito pelado que hay que imponer penas duras para dar ejemplo —caso de terroristas—, olvidando que el Derecho Penal nunca puede ser vengativo y para prevenir los delitos, las penas no tienen por qué ser ejemplares, sino justas. Aun así, la legislación vigente dispone de mecanismos para que un condenado por terrorismo pueda permanecer treinta años en prisión, sin acceder a beneficio penitenciario alguno.

13. Tampoco es cierto que determinadas propuestas —la última del gobierno— de elevar a cuarenta años el límite máximo de cumplimiento efectivo de la pena de prisión, con independencia de la eficacia terapéutica que pudiera comportar, sea inconstitucional *per se*, como algunos se empeñan en proclamar. Únicamente cuando al preso —sea el que sea— se le cierran todos los caminos a la reeducación y reinserción social, estaríamos infringiendo el mandato del artículo 25.2 de nuestra Constitución.

14. La reeducación no es el único objetivo de la prisión. El primero de los principios en que se asienta la justicia penal es la defensa de la sociedad. Para cualquiera que haya sido víctima de un delito, la pena, aparte de comprensibles ansias de venganza, que indudablemente existen, es un gesto de solidaridad social.

15. En la mayor parte de los casos, el preso, al salir de la cárcel, cree que ya no va a ser un preso; pero la gente, no. Para los demás siempre es un preso, un encarcelado; a lo más se dirá excarcelado.

16. El preso, aunque haya pagado su deuda con la sociedad, al salir de la cárcel sigue siendo deudor. Habrá robado, lo habrán condenado, habrá cumplido pero, «como a mí nadie me asegura que no volverá a hacerlo, no puedo darle trabajo». Así razona la gente. La crueldad está en pensar que tal como uno ha sido debe continuar siendo. La sociedad clava a cada uno a su pasado.

17. También le pasa esto al Estado. La Constitución proclama en el artículo 24.2 que «todos tienen derecho a la presunción de inocencia» y nadie es considerado culpable mientras no sea condenado por sentencia definitiva y firme. Por su parte, el artículo 35 declara que «todos los españoles tienen el derecho al trabajo» pero cuando se trata de proteger ese derecho, también el Estado arruga la frente y así, un funcionario público bajo la sospecha de haber distraído fondos del erario es sometido a proceso penal y, pese a tener una familia, mientras tanto es suspendido de empleo y sueldo hasta la sentencia definitiva. Para la Constitución es inocente, pero para la administración, no.

18. A ese mismo funcionario puede que se le condene y se le impongan varios años de prisión; saldrá, pero aquel empleo estará definitivamente perdido, con lo cual, para él, la salida de la cárcel es un nuevo calvario.

19. Un ejemplo que conozco: un profesor condenado por falsedad documental; ya cumplida su pena de prisión, no pudo volver a trabajar como enseñante. No encontró trabajo y pidió volver a prisión. No pudo ser. Angustiado, se pegó un tiro en la boca.

20. La historia de todo condenado es una historia irremediablemente incompleta. Un hombre es, desde luego, su historia, pero su historia está compuesta no sólo por su pasado sino también por su futuro. Esto es tan cierto que el Código Penal quiere que el juez tenga en cuenta la conducta del reo tanto anterior como subsiguiente al delito.

21. El juicio para ser justo debe tener en cuenta no solamente el mal que uno ha hecho sino también el bien que hará; no solamente su capacidad para delinquir, sino también su capacidad para redimirse. Como quiera que sea, aun cuando la pena debe servir para asustar a los otros, debería al mismo tiempo servir para redimir al condenado. Y redimirlo quiere decir curarlo de su enfermedad.

CAPÍTULO L

SOBRE LA PRISIÓN PREVENTIVA

1. Si en verdad queremos respetar la presunción de inocencia, la prisión preventiva no debería existir. Hobbes nos advierte que nadie ha de ser castigado antes de ser declarado culpable y que cualquier daño que se cause a un hombre, antes de ser oído y condenado, va contra la ley de la naturaleza.

2. El sufrimiento que implica la prisión provisional es un sacrificio absolutamente desproporcionado en relación con los fines que procura y debe ser sustituida por medidas menos enérgicas, que las hay.

3. Eso sin contar con la abominable práctica de la prisión preventiva como instrumento coactivo —incluso de tortura— para presionar a los imputados que se niegan a declarar, para que digan lo que el juez quiere que digan o para que acusen a otros a los que el juez quiere implicar.

4. Cuando un juez de instrucción decreta la prisión provisional de una persona a quien investiga —lo mismo que cuando adopta cualquier otra medida cautelar—, está tomando una decisión que atenta a su imparcialidad por cuanto la decisión revela un interés por el éxito de su actividad instructora. De ahí que de *lege ferenda* sería bueno que fueran jueces distintos a los que llevan la instrucción de los procesos los que decidiesen sobre la adopción de la prisión

provisional en esa causa. E igual para otras medidas que afectan a derechos fundamentales.

5. El Tribunal Constitucional lo tiene declarado de manera reiterada: «la prisión preventiva queda supeditada a una estricta necesidad y subsidiariedad que se traduce tanto en la eficacia de la medida como en la ineficacia de otras de menor intensidad coactiva y queda gobernada por el principio de provisionalidad, en el sentido de que debe ser revisada si cambian las circunstancias que dieron origen a su adopción».

6. Un encarcelamiento indefinido sin juicio, sin posibilidades de flexibilización, constituye un disparate jurídico mayúsculo y un atropello cercano al trato inhumano y degradante, de esos que proscriben la Constitución española y otros textos jurídicos internacionales.

7. Téngase en cuenta que un primer ingreso en prisión puede producir al recluido un estigma irreversible. No digamos si, finalmente, ese preso primario es absuelto en el proceso iniciado en su contra. Por algo la Ley de Enjuiciamiento Criminal (artículo 520.1) dispone que la prisión provisional deba practicarse «en la forma que menos perjudique al detenido o preso en su persona, reputación y patrimonio».

8. El Gobierno presidido por José María Aznar ha presentado un proyecto de ley para endurecer el régimen de la prisión provisional, una ofensiva penal, merced a la cual, carteristas, rateros y ladrones de móviles irán a la cárcel a partir del cuarto hurto que cometan, lo que recuerda a la sanción deportiva del «tres faltas y fuera del campo».

9. El problema no se resuelve generalizando la prisión preventiva, sino haciendo mucho más de lo que hasta ahora se ha hecho para que los juicios rápidos sean una realidad y se eviten espectáculos como el de «diligencias previas» y «procedimientos abreviados» que llegan a durar hasta seis años, con presos preventivos casi eter-

nos —o en libertad con fuertes medidas cautelares—, sin que nadie se plantee o cuestione que pueden ser conductas claras de retardo malicioso en la administración de justicia.

10. No obstante, tengo la impresión de que el lema es *salus publica suprema lex est*, algo que, a la larga, puede resultar harto peligroso.

CAPÍTULO LI

SOBRE LA ALARMA SOCIAL

1. ¿Alarma social o excitación social? Montesquieu nos recuerda que, según Maquiavelo, para poner a una sociedad en contra, basta con poco. Echar carne a las fieras es lo fácil. La alarma social o el escándalo social son referencias provocadas por los juicios paralelos que tanto suelen proliferar.

2. La alarma social es un cuerpo extraño en la naturaleza de la prisión preventiva, introducido en la Alemania nacionalsocialista mediante una reforma legal de 1935, como elemento para decretarla.

3. No se trata de que los gobiernos abdiquen de la función de proteger a los contribuyentes pero la creación de conceptos jurídicos indeterminados no tienen cabida en ningún Estado que se precie ser de Derecho.

4. La prisión provisional no tiene la misión de calmar alarmas sociales. Sólo sería posible desde la presunción de culpabilidad, pues entonces el encarcelamiento es instrumento apaciguador de ansias y temores suscitados por el delito.

5. A lo que me permito suponer, el concepto tiene dos graves consecuencias: la primera, de índole jurídica, y la segunda, de muy complejos alcances morales. No es admisible suponer que la alarma social pueda combatirse con más alarma. La idea contraria, llevada al extremo, nos conduciría a dar por buena la ley de Linch contra la que todo Estado de derecho tiene el deber de luchar.

6. En España, la vigente Ley de Enjuiciamiento Criminal contempla la alarma social como presupuesto para poder decretar la prisión preventiva, aunque, según parece, puede que se suprima en plazo no muy largo. La Memoria de la Fiscalía General del Estado de 1987 ya advirtió que la alarma social no debe aplicarse por los jueces debido a su dificultad para ser reconducida a las finalidades de la prisión provisional admitidas por la jurisprudencia del Tribunal Europeo de Derechos Humanos, en Estrasburgo.

7. Recordando a Solón cuando supo prevenir el abuso que el pueblo podía hacer de su potestad de juzgar los delitos, pienso que sería muy conveniente que en los casos de delitos con gran incidencia en la ciudadanía, se dejara pasar el tiempo necesario para que la gente pudiera calmarse y así los jueces poder decidir sin apasionamiento.

8. El aumento de la delincuencia y toda la evidente carga de enfado general constituyen, por desgracia, el fundamento de la alarma social, este término tan impreciso como peligroso. Mas ya se sabe que el hombre es criatura que tiende, con frecuencia, a dar por buenas las soluciones mágicas, probablemente, porque dejarse llevar por el corazón es más fácil que usar la cabeza.

CAPÍTULO LII

SOBRE EL DERECHO DE GRACIA

1. Fiel a la lección de Aristóteles, para quien el derecho es ante todo un acto de reparto, santo Tomás define el juicio penal como una *tribuitio poenae*: a cada uno su pena, la pena que le es debida como contrapartida necesaria de su culpa: el delincuente es *reus poenae*.

2. La sentencia penal es así, por excelencia, un acto distributivo que pertenece a la justicia conmutativa. No obstante, el Derecho Penal también puede seguir las vías superiores de la justicia distributiva, o sea, el perdón.

3. La facultad de indultar o de conmutar, es decir, de extinguir la pena o de reemplazarla por otra menor, procede de la prerrogativa real de perdón o gracia, que ejercían los monarcas en nombre de la piedad: El príncipe puede perdonar una pena, lo mismo que un acreedor puede condonar una deuda. Así se cumple la justicia en la caridad: «*Misericordia non tollit iusticiam, sed est quaedam iusticiae plenitudo*.»

4. Rousseau en *El contrato social* afirma que el derecho de gracia, entendido como facultad de eximir a un culpable de la pena prevista por la ley y aplicada por el juez, no pertenece sino al que está por encima de aquélla y de éste, es decir, al poder soberano. Además de lo dicho, se permite apostillar que en un Estado bien gobernado, hay pocos castigos, no porque se concedan muchas gracias, sino porque hay pocos criminales.

5. Para algunos jueces, la amnistía significa una ofensa a su trabajo y una burla de la palabra justicia. Sin embargo, en este punto, hay veces en que los indultos gubernamentales reparan daños de sentencias notoriamente injustas. También los hay que dan juridicidad a resoluciones puramente políticas.

6. El indulto constituye «otro modo de justicia», propio de gobiernos justos. La facultad de perdonar puede tener efectos admirables cuando se usa con prudencia; por ejemplo, en aquellos casos en que los tribunales son fuente inagotable de injusticias.

7. No se trata de que el jefe del Estado o el Gobierno se atribuya la potestad de juzgar. En boca de Montesquieu, el más hermoso atributo de la soberanía que es el de indultar no significa que haga y deshaga juicios, pues eso implicaría estar en contra de la propia justicia.

8. Ahora bien, cuando los jueces administran justicia sin libertad y sus fallos condenatorios son el reflejo de los ojos de quienes mandan, hay que pensar en un remedio. Uno, es el indulto.

9. Otra manifestación del derecho de gracia, distinta al indulto, es la amnistía, de *amnestia*, olvido, figura contemplada en algunos ordenamientos jurídicos, merced a la cual, siempre mediante ley, la responsabilidad penal se extingue. Normalmente se utilizaba en cambios de regímenes políticos o para conmemorar notables acontecimientos que afectaban a dictadores o monarcas.

10. En ocasiones, la amnistía también ha servido de instrumento de reconciliaciones nacionales, como, por ejemplo, sucedió en España después de la muerte de Franco, donde hubo varias leyes de amnistía muy generosas.

11. En España, tras la Constitución de 1978 (artículo 62, letra i), las amnistías ya no son posibles, y el nuevo Código Penal, el de 1995, a diferencia de los inmediatos precedentes, en coherencia con el texto constitucional, no la recoge. Sí aparece el indulto como causa de extinción de la responsabilidad criminal (Art. 130. 3º).

12. En el ámbito de la administración de justicia, por el indulto, el poder ejecutivo, en un caso concreto, perdona, atenúa o suspende condicionalmente las consecuencias jurídicas de una condena penal ejecutoria.

13. Es indiscutible que la justicia jamás debe ser cruel ni ensañarse con nadie, pero también es verdad que hay gente —los españoles, por ejemplo— que por muy generosa que sea, lo que no les gusta son las componendas, al estilo de leyes de «punto y final», cuando se trata de delitos de corrupción, robo o crímenes de Estado.

14. Recordando al controvertido Borges, ante delitos en los que ha mediado la sangre y el dinero público ha volado, si la democracia se inunda de amnesias es porque algo o alguien la carcome. Sólo una cosa no debería haber: el olvido.

15. El indulto tiene una enorme importancia, sobre todo para la rehabilitación del condenado, ya que, al eliminar o atenuar las consecuencias de la condena, deja libre el camino para el reintegro en la sociedad.

16. En un Estado de derecho, cual es el caso de España, el derecho de gracia se reduce al mínimo hasta el punto de que se limita a los indultos particulares o singulares; quedan, pues, prohibidos, por mandato constitucional, los indultos generales.

17. Según la Constitución española (artículo 62, letra i) corresponde al rey ejercer el derecho de gracia, aunque con la indispensable intervención de «las personas que lo refrenden» (artículo 64), con lo que la decisión de conceder o denegar un indulto corresponde al Gobierno.

18. Los actos de gracia no pueden ser controlados judicialmente, excepto en el caso de que se den infracciones de procedimiento (Ley de Indulto de 1870, obra de don Eugenio Montero Ríos), ya que por su naturaleza pretenden precisamente corregir el Derecho. La única duda —que en algunos países no existe— es si este derecho de gracia podría ser objeto de control parlamentario.

19. El indulto no es un acto judicial —porque sería contrario a la misma Constitución— ni tampoco un acto administrativo, sino un acto de gobierno, lo que hace que no pueda ser una actividad reglada. Desde luego, no es un acto que los jueces puedan controlar a capricho porque sientan fobia por el indultado.

20. Mucho sería lo que, quien esto escribe, podría decir al respecto, mas razones de prudencia —también de pudor— me recomiendan que la mejor palabra es la que deje de anotar. Siento que mi conciencia detiene mi pluma. Me remito a la sentencia del Tribunal de Conflictos de Jurisdicción pronunciada en relación con el «caso Liaño», y que resuelve el contencioso entre la Sala de lo Penal del Tribunal Supremo y el Gobierno, a favor del segundo.

21. Prefiero dejar discutir sobre esta cuestión a los hombres justos que jamás hayan necesitado de gracia. Ellos bien saben que no pueden llevarse a cabo grandes castigos sin confiar en el perdón.

22. Vale más perdonar mucho que castigar mucho.

23. ¿Y del arrepentimiento, qué? Sí, como garantía de comportamiento futuro del beneficiario de la gracia. Pero nunca como acto de humillación del condenado.

CAPÍTULO LIII

SOBRE LOS PRIVILEGIOS PROCESALES

1. Para Beccaria es muy útil aquella ley según la cual todo hombre debe ser juzgado por sus iguales, porque cuando se trata de la libertad y de la fortuna de un ciudadano, deben callar los sentimientos inspirados por la desigualdad: tanto la superioridad con la que el hombre afortunado mira al infeliz, como el desdén con el que el inferior mira al superior, no deben intervenir en este juicio.

2. Una de las grandes conquistas de la democracia y del Estado de derecho es que los ciudadanos obedezcan las leyes por igual, como por igual las leyes deben proteger a los ciudadanos. Y lo mismo llegada la hora de acudir ante sus jueces. Sin embargo, los hay muy ricos que se sienten ofendidos cuando son citados a un juzgado, pues piensan que son los jueces los que dependen de ellos y no al revés.

3. Es importante que los ciudadanos acudan a los tribunales sin complejos de inferioridad y que quienes lo hacen con ademán de superioridad sepan que cuando se cruza el umbral de una sede judicial, se acabaron los distingos. Porque nadie negará que, como nos dijo Umbral hace unos años, en España todavía hay gente que cuelga de las vigas maestras de los juzgados, que es como la cecina que se cura bien curada en las bodegas frescas de la justicia, mientras que —añado por mi cuenta— para otros esa misma justicia no es más que un rosario de cortesías y atenciones.

4. Hay momentos y lugares en que el delito no es nada en sí mismo considerado, sino en su relación con la persona que lo comete. En los códigos de la antigüedad no hay ningún eufemismo en cuanto a la distinción legal entre ricos y pobres. Hoy, en el siglo XXI, hay quienes pretenden que los juicios sean según la calidad o categoría de la persona juzgada. Es evidente que esto que digo no necesita de explicación.

5. España tolera mal las excepciones, pero para desgracia de todos, hay juzgados que algunos consideran como material privado e inventariable. De ahí que no olvidemos nunca que el artículo 14 de nuestra Constitución dice: «Los españoles son iguales ante la ley, sin que pueda prevalecer...» Es un artículo que proclama un derecho inequívoco en todas las democracias capaces de airear ese nombre sin la menor vergüenza. Su sentido es patente, pero su texto, a veces —casi a menudo— se fuerza para despojarlo de contenido, lo que conduce a muy preocupantes paradojas.

6. El artículo que nos ocupa exige igualdad entre los españoles, y semejante concepto puede vulnerarse tanto por defecto como por exceso.

7. Políticamente hemos avanzado lo suficiente como para que todo el mundo sea tratado por el mismo rasero ante los tribunales, pero está demostrado que todavía se enseña la oreja de la patente desigualdad por razones de dinero. Resulta indudable que un drogadicto nunca será defendido por el abogado de postín. Evidentemente éste es un caso que pertenece al terreno de las *boutades* o de la demagogia, pero con él tan sólo pretendo mostrar cómo resulta imposible el aplicar automáticamente el principio expuesto.

8. Aunque la línea fronteriza a veces es borrosa, no debe confundirse el privilegio con la prerrogativa. Por ejemplo, la inviolabilidad e inmunidad que asiste a los diputados y senadores —también a los miembros de los parlamentos o asambleas autonómicas— y que significa que no pueden ser perseguidos por las

opiniones manifestadas en el ejercicio de sus funciones y tampoco inculpados o procesados sin la previa autorización de la Cámara respectiva (artículo 71 CE). El origen de esta inmunidad se sitúa en la Revolución francesa y obedece, fundamentalmente, a la necesidad de proteger a los parlamentarios frente a la acción de determinados jueces enemigos de la revolución.

9. La inviolabilidad e inmunidad parlamentarias son garantías institucionales y no derechos personales irrenunciables de sus miembros, cuya finalidad es proteger a los parlamentos de acciones judiciales emprendidas «para perturbar el funcionamiento de las cámaras o alterar su composición». Aun así, ninguna de las prerrogativas parlamentarias son prebendas con las que ponerse a cubierto de la acción de la justicia, con lo cual, como tiene declarado el Tribunal Constitucional, siempre deben ser interpretadas en sentido restrictivo, pues nunca pueden «generar zonas inmunes al imperio de la ley». Y es que, recordando a Ganivet, quizá es que hay políticos que les encantaría llevar en el bolsillo una carta foral con un solo artículo redactado en términos tan breves como éstos: «este ciudadano está autorizado para hacer lo que le dé la gana».

10. Además de la inmunidad, están lo que se conocen como fueros especiales y que son unas prerrogativas que tienen determinados cargos —léase parlamentarios, miembros del gobierno y de otros órganos de la nación—, consistentes en que sólo pueden ser juzgados por tribunales superiores (Salas de lo Civil y Penal del Tribunal Supremo y de los Tribunales Superiores de Justicia de las Comunidades Autónomas.)

11. Se calcula que en España, entre unos y otros, actualmente existen más de dos mil aforados, lo que, sin duda, es una exageración. En palabras del profesor Gómez Colomer, «el reconocimiento más claro de que no ha servido de nada la lucha contra ciertas inmunidades del poder, iniciada en España seriamente con el llamado Decreto-Ley de Unificación de Fueros y Supresión de Tribu-

nales Especiales, de 6 de diciembre de 1868». Se cita, como ejemplos a tomar, lo que sucede en países muy próximos a nosotros (Reino Unido, Alemania, Italia, Francia y Portugal), donde, una vez reconocidas la inviolabilidad e inmunidad políticas, sin embargo, no existe el aforamiento de los protegidos por ambas instituciones, lo que se traduce en que, cometido un delito por persona inviolable o inmune y autorizada su persecución penal, las reglas de competencia objetiva y funcional para el enjuiciamiento son las mismas que si el delito hubiera sido cometido por cualquier otra persona.

CAPÍTULO LIV

SOBRE LA ACUSACIÓN POPULAR

1. La acción popular tiene su origen en el Derecho Romano. Al concebirse el delito como una ofensa social, se atribuía a todo ciudadano, a modo de un sistema acusatorio puro, el derecho a acusar sin limitaciones. Si bien, junto a ese derecho popular de los ciudadanos, coexistía una persecución de oficio encargada a ciertos funcionarios, verdadero antecedente de la figura del fiscal. Véase *Sobre el Ministerio Fiscal*.

2. El sistema acusatorio se sustituye en la Baja Edad Media por un procedimiento inquisitivo que se institucionaliza a partir del siglo XIV en toda la Europa Occidental. Se prescinde de acusador y es el juez quien abre el proceso, practica las pruebas y dicta condena.

3. Fue en el siglo XVIII cuando, por influencia de la Ilustración y ante la proclamación de los derechos fundamentales del hombre, entre ellos, el derecho a la defensa, se vuelve al inicial sistema de acusación, aunque el Estado no deja la persecución del delito en manos de los particulares, sino que se la encomienda a un órgano distinto del magistrado.

4. Este sistema acusatorio formal es recogido más tarde en la Ley de Enjuiciamiento Criminal española de 1881 por influencia del derecho napoleónico, pero con una sustancial diferencia entre nuestra Ley Procesal y el *Code d'instruction criminelle* francés, de 1808. Se trata de la regulación en la LECr de la acusación popular

como derecho que asiste a todas las personas, tanto físicas como jurídicas, a incoar un proceso y a deducir en él una pretensión sin tener que acreditar ser titulares de un derecho o interés jurídico vulnerado.

5. Así pues, a diferencia del sistema italiano, el francés y el alemán, que sólo reconocen la acusación pública, en la España del siglo XIX no cabe hablar del monopolio de la acción penal por el Ministerio Fiscal, pues a su lado estaba la acción popular, dualidad que una buena parte de la doctrina atribuye a la desconfianza del legislador decimonónico hacia el Ministerio Público, dada su vinculación al poder ejecutivo. La exposición de *Motivos de la LECr* —obra de Alonso Martínez— deja traslucir ese recelo cuando dice que «educados los españoles durante siglos en el procedimiento escrito, secreto e inquisitorial, lejos de haber adquirido confianza en la justicia y de coadyuvar activamente a su recta administración, haciendo como el ciudadano inglés, inútil la institución del Ministerio Público (...)».

6. Contra el distanciamiento de nuestra ley procesal del resto de la Europa continental pronto se alzaron voces autorizadas, entre otros Alcalá Zamora, que abogaban por la supresión de la acción popular al entender que su mantenimiento era un esfuerzo inútil desde el momento que el Ministerio Fiscal tenía que ejercitar obligadamente la acción penal y la civil derivada de ella en todos los delitos perseguibles de oficio.

7. Incluso varios Proyectos de Leyes de Bases para la reforma de la LECr coincidieron en la limitación para muy concretos delitos de la acusación popular. Como muestra, podemos citar la Comisión Jurídica Asesora presidida por Jiménez de Asúa y Antón Oneca que redactó un Anteproyecto de Bases para la reforma de la Ley de Enjuiciamiento Criminal, en cuya Base 1ª se establecía que la acción sólo corresponde, salvo disposición especial, a los directamente perjudicados por el delito. Esta recomendación no se lle-

vó a cabo ante el inicio del periodo republicano. Pero, en 1942, volvió a repetirse la propuesta.

8. El gran procesalista Alimena decía que habiendo acusación oficial, la particular y la popular simultáneas significaban redundancia y perturbación y, en línea semejante, más modernamente, Ibáñez y García de Velasco, escribe que «si ambas coinciden en sus actuaciones huelga una de ellas y si no coinciden, alguna estará equivocada y dará como resultado constituir un entorpecimiento a una exacta y rápida justicia».

9. Hoy, en España, la acción popular aparece recogida, junto al jurado, en la Constitución de 1978. El artículo 125 dice que «los ciudadanos podrán ejercer la acción popular...», con lo que no se ha alterado la posibilidad que estableció el legislador de 1881 de que el ejercicio de la acción quede, también, en manos de quienes no han sido ofendidos por el delito, una peculiaridad de nuestro sistema penal que no se da en otros países, donde la acción penal es una prerrogativa del Estado.

10. El artículo 125.1 de la CE permite a los ciudadanos constituirse en parte en el proceso penal, aun no siendo perjudicados u ofendidos por el delito, a través del ejercicio de la acción popular, que, a su vez, se comprende en el artículo 24.1 CE, en la medida que dicho precepto concede el derecho a la tutela en el ejercicio de los derechos e intereses legítimos.

11. En la acción popular, el ciudadano no necesita invocar la lesión de un derecho subjetivo ni de un interés legítimo, aunque aquélla pueda existir; le basta invocar su cualidad de ciudadano para asumir la defensa de la legalidad.

12. Según el Tribunal Constitucional, cuando el querellante popular se constituye en parte del proceso se supone que actúa movido por un interés legítimo, ya que en la acción popular subyace la defensa de los intereses comunes. En una sentencia de 1983 declara que «cuando un miembro de la sociedad defiende un inte-

rés común sostiene simultáneamente un interés personal, aunque éste no sea directo».

13. En opinión del profesor Gimeno Sendra la acción popular es un auténtico derecho fundamental: el derecho de acción o derecho que asiste a todas las personas a obtener la tutela efectiva de los jueces y tribunales en ejercicio de sus derechos legítimos. De esta constitucionalización, Gimeno Sendra extrae dos consecuencias: a) la primera, la vinculación del poder legislativo, quien no podrá en el futuro derogar la acción popular, si bien puede modular su ejercicio sin alterar su contenido esencial; b) la segunda, que la acción popular no constituye un derecho incondicionado, sino tan sólo, a la incoación del proceso penal y a ser tenido como parte.

14. No obstante el juicio favorable que la acción popular mereció a raíz de su proclamación en la Constitución, desde entonces hasta nuestros días, ante los excesos cometidos, hace años que le llueven las críticas. La opinión general es que el haber admitido la acción popular para todo tipo de delito de los que atentan a los llamados intereses generales ha dado lugar a mucho abuso torticero y a otros tantos despropósitos. Eso por no hablar —afirman los enemigos de la acción popular— de esa nueva clase de profesionales, que hacen de ella instrumento de venganzas y hasta herramienta de prácticas mafiosas.

15. Salvo los casos concretos de acusaciones populares puestas en marcha para perseguir delitos de terrorismo de Estado o saqueo de fondos públicos, la regla ha sido una acción popular ejercida por intereses ajenos al Derecho. De ahí que se hable —lo escribe el fiscal Antonio Narváez— de «la necesidad de establecer una moderna regulación de ámbito mucho más restrictivo que evite abusos y arbitrariedades que, en procesos de gran trascendencia pública y extraordinaria gravedad, se han dado con notable apoyo mediático y que no han venido a aportar nada al esclarecimiento de los hechos y, en definitiva a la administración de justicia. Todo lo con-

trario, han servido única y exclusivamente a los fines, en muchas ocasiones no ciertamente diáfanos, de los que han comparecido haciendo uso de este derecho».

16. Para garantizar la función constitucional de la acción popular y poner coto a su ejercicio, nada mejor que aplicar la ley. El artículo 11.2 LOPJ permite a los tribunales —más bien recomienda y encarece— rechazar todas aquellas peticiones que se formulen con manifiesto abuso de derecho o entrañen fraude de ley o procesal, algo que ya se contemplaba en el Código Civil: «los actos realizados al amparo del texto de una norma que persigan un resultado prohibido por el ordenamiento jurídico, o contrario a él, se considerarán ejecutados en fraude de ley...» (Art. 6.4); «la Ley no ampara el abuso del derecho o el ejercicio antisocial del mismo...» (Art. 7.2).

17. Pese a todo, supuestos de políticos de unas y otras siglas dedicados a instrumentalizar la justicia en contra de sus oponentes, pueden citarse los que se quieran. Ejemplos de acción popular esgrimida como arma arrojadiza contra el adversario, montones. Yo mismo he presenciado —en butaca de preferencia— cómo un individuo de nula moralidad, que encima ejerce de abogado, utilizaba la acción popular para satisfacer las ansias vengadoras del gerifalte de un grupo de comunicación.

18. Quien con la acción popular, empleando trabajo, tiempo y dinero, ayuda a la justicia merece el mayor de los reconocimientos. Sin embargo, visto lo visto, o sea el lamentable presente de la acción popular, caracterizado por la politización, en unos casos, y la privatización, en otros, hasta el punto de haberse convertido en una nueva modalidad de chantaje, hubiera sido preferible optar por una acción penal particular concurrente y subsidiaria a la del Ministerio Fiscal.

CAPÍTULO LV

SOBRE EL JURADO

1. El axioma de que la justicia debe ser administrada en nombre del rey y que en los comienzos de la Monarquía absoluta fue una realidad, en aquellas constituciones modernas donde aparece —la nuestra—, no pasa de ser una mera fórmula. La justicia se administra en nombre del rey —así reza el artículo 117.1 CE—, pero la persona y la voluntad del rey son completamente extrañas a la administración de justicia.

2. Hacer referencia pormenorizada a los orígenes del jurado sería un trabajo tan desmesurado como innecesario. Sin embargo, hay dos referencias obligadas por ser el verdadero germen histórico y filosófico de la institución. Una consiste en la responsabilidad mancomunada de todos los habitantes de una comarca cuando se vulnera la ley. La segunda es aquella que reduce el jurado al «testimonio de los vecinos» y que fue utilizado, primero, por Guillermo el Conquistador y, después, incorporado a la práctica del proceso penal por Enrique II. Aunque respecto a este antecedente, quizá la verdadera razón de ser de aquel testimonio se encuentra en la garantía arrancada por los barones a Juan sin Tierra y, más tarde, por el pueblo llano a Enrique III.

3. La historia del jurado en España arranca de la Constitución de 1812 y de las disposiciones del trienio liberal que dieron competencia a esa institución para los delitos de imprenta y los delitos

electorales. La ley de 25 de abril de 1888 consagró definitivamente el Tribunal de Jurado, con amplísimas competencias, que iban desde los delitos de traición hasta los de sangre.

4. Mientras estuvo en vigor, la ley de 1888 gozó de muy pocas simpatías en los ámbitos del poder judicial y no mayores confianzas en el resto de los poderes establecidos. Las críticas solían proceder no tanto de consideraciones técnico-jurídicas como de prejuicios ideológicos.

5. El Tribunal de Jurado fue suprimido por la dictadura de Primo de Rivera. Restablecido por la II República, después de la guerra civil, Franco volvió a suspenderlo. Desde entonces, hasta la aprobación de la vigente Ley del Tribunal de Jurado, en España no ha habido más jurados que los jurados de empresa, los jurados tributarios y los que otorgaban premios literarios o de natalidad.

6. El jurado, pese a su nacimiento hace más de 180 años, sigue siendo un desconocido para un amplio sector de la vida jurídica del país.

7. De todas las instituciones democráticas, quizá sea la del jurado la más correcta en su fundamento teórico. Dado que la justicia emana del pueblo soberano, en él residen todos los poderes del Estado. Desde ese razonamiento, sólo al pueblo compete juzgar al pueblo. Sin embargo, a juicio de algunos expertos —cito al catedrático Miguel Bajo Fernández—, nadie puede sostener seriamente que nueve miembros legos de un jurado, elegidos por sorteo, representan al pueblo soberano y que no lo haga un juez o tribunal elegidos por razones técnicas.

8. Aristóteles (*Política III*) afirma que «ningún carácter define mejor al ciudadano que la participación en el ejercicio de los poderes de juez y magistrado». En este sentido, hasta los que no son partidarios del jurado reconocen que podría constituir una verdadera escuela educadora, al difundir entre la gente conoci-

mientos jurídicos y legales que son propios y exclusivos de los hombres de ley. De otra parte, el jurado despierta y estimula en los ciudadanos el interés por ayudar en la persecución y castigo de los delitos.

9. Los fundamentos del jurado no son los que ofrecen —casi siempre para combatirlo— la mayor parte de sus enemigos. El jurado no es, como se dice, el juicio de los pares, aquél en el que los iguales juzgan a sus iguales. Ésa es una idea que podría resultar aplicable, dada la organización social de la comunidad, en tiempos pretéritos, pero no al día de hoy, pues la igualdad ante la ley es un principio proclamado y aceptado ya sin discusión.

10. Otros dicen que la base del jurado reside en la suerte, pues, por ejemplo, en España, los jurados se eligen mediante, al menos, tres sorteos: uno para ser candidato; otro, para ser candidato a un periodo judicial; y otro, el tercero, para ser miembro del Tribunal de Jurado de un juicio concreto.

11. Mas el azar es sólo un elemento del proceso penal por jurado. Téngase en cuenta que el método de designación lo que hace es señalar un conjunto de hombres y mujeres idóneos. Luego, quien sospeche o tema que el jurado no va a ser imparcial, podrá, mediante el ejercicio del derecho de recusación, intervenir en la designación del Tribunal de Jurado.

12. Tampoco representa el jurado la supremacía del juez lego sobre el juez de carrera —Beccaria dijo que consideraba más segura la ignorancia que juzga por sentimiento, que la ciencia que juzga por opinión—, ni la distinción del hecho y del derecho, pues éste ocupa un lugar preeminente entre los fundamentos de la institución.

13. ¿Cuál es el estatuto jurídico del ciudadano jurado? ¿Ser miembro de un jurado es un derecho o un deber? Aunque, en principio, a la vista del artículo 125 CE («los ciudadanos podrán participar...»), podría pensarse que el constituyente no quiso

proclamar que la función de jurado fuera, a la vez, un derecho y un deber, lo cierto es que para la Ley del Tribunal de Jurado (Art. 6) sí lo es: «La función de jurado es un derecho ejercitable por aquellos ciudadanos en quienes no concurra motivo que lo impida y su desempeño un deber para quienes no estén incursos en causa de incompatibilidad o prohibición ni puedan excusarse…»

14. A efectos del ordenamiento laboral, el cargo de jurado tiene la consideración de cumplimiento de un «deber inexcusable de carácter público y personal».

15. El cargo de jurado es retribuido: sueldo, más indemnizaciones por razón del servicio.

16. El primer requisito para ser jurado en España es ser mayor de dieciocho años (Art. 8), lo cual llama la atención si se tiene en cuenta que en los países de la Unión Europea, esa edad es bastante más elevada (Alemania, veinticinco años; Italia, treinta años, Francia, veintitrés y Portugal, veinticinco).

17. Además de la mayoría de edad, para ser juez lego se precisa encontrarse en el pleno ejercicio de los derechos políticos, saber leer y escribir, ser vecino, al tiempo de la designación, de cualquiera de los municipios de la provincia en que el delito se hubiere cometido y, por último, no estar impedido física, psíquica o sensorialmente (sordo, ciego o mudo) para el desempeño de la función de jurado.

18. Quedan excluidos, por incapaces, los condenados por delito doloso no rehabilitados, los procesados y aquellos acusados respecto de los cuales se hubiera acordado la apertura de juicio oral y quienes estuvieren sufriendo detención, prisión provisional o cumpliendo pena por delito. También los suspendidos, en un procedimiento penal, mientras dure dicha suspensión.

19. El primer juicio ante un jurado popular tras la entrada en vigor de la actual Ley del Jurado, se celebró en Valencia el 27 de

mayo de 1996. Desde entonces, no pocas han sido las críticas por asombrosas absoluciones —la más escandalosa, la de un tal Otegui acusado de matar a dos policías autonómicos del País Vasco— y no menos el número de anulaciones de veredictos por falta de motivación que vulneraban el derecho a la presunción de inocencia. El último —que se sepa— ha sido el que ha decidido el Tribunal Supremo en el proceso por la muerte de Rocío Wanninkhof, un suceso que, en 1999, estremeció a la opinión pública y que recientemente ha vuelto a la palestra de la actualidad al relacionar los hechos con el crimen de una joven de diecisiete años ocurrido en Coín, un pueblo de Málaga.

20. En la actualidad, se estudia una reforma de la Ley española del Jurado que contemple el supuesto de que cuando un segundo jurado no pueda emitir un veredicto o éste no resulte válido, la consecuencia no sea la absolución del acusado, sino que los jueces profesionales puedan emitir el fallo. Hoy, en el caso de que el jurado no sea capaz de dar el veredicto o el contenido del veredicto sea defectuoso, el juez profesional que preside el juicio «procederá a resolver el jurado y dictará sentencia absolutoria».

21. ¿Quién es más injusto, un Tribunal de Jurado o uno de jueces técnicos? Varias son las respuestas, la mayoría indemostrables. En unos casos se ha venido a sostener que normalmente el jurado se inclina a la misericordia en dosis superiores a las que la justicia aconseja; en otros, que el jurado es siempre severísimo tratándose de ciertos y determinados delitos; finalmente, que el jurado tiene inclinación invencible al error, que casi siempre propende a la injusticia y a dictar fallos que no tienen explicación. Esto no es justo ni riguroso, pues, de ser cierto, habría que admitir que los veredictos de los jurados son una cadena sin fin de injusticias.

22. Que el jurado se equivoca y no pocas veces, seguro. Pero también y no en menor cantidad, yerran los magistrados de carre-

ra. El argumento de que los jueces legos no saben distinguir la responsabilidad moral de la penal, aunque sea cierto, tiene arreglo si a los jurados se les explica claramente los deberes que les incumben.

23. España hace mucho tiempo que ha dejado de ser analfabeta y el nivel educativo es bastante aceptable. Hoy, sin temor a equivocarnos, podría decirse que los ciudadanos españoles están capacitados para ser miembros de un jurado y pronunciarse sobre la culpabilidad e inocencia de un acusado.

24. Si aceptamos que todos los ciudadanos son capaces para elegir cada cuatro años a sus gobernantes, poco o ningún sentido tiene privarles de la capacidad para juzgar a un semejante, a no ser que ambas cosas —votar en unas elecciones generales o locales y juzgar a un conciudadano— sean radicalmente diferentes.

25. Mayores temores suscitan las eventuales influencias de los medios de comunicación en aquellos procesos donde las pasiones están a flor de piel y donde los jurados difícilmente pueden sustraerse al juicio paralelo de la televisión de turno, que lo único que busca son clientes por la vía del sensacionalismo. Lo dice Gabriel Albiac con enorme lucidez: «(...) la justicia popular no puede ser justicia en sociedades donde la presión impositiva de los medios de comunicación es universal y, en rigor, construye la conciencia ciudadana (...), hasta llegar a la versión atenuada del linchamiento público». Véase *Sobre el periodismo judicial*.

26. Según estadísticas judiciales americanas, en EE.UU sólo el 5 por ciento de las causas penales son vistas por el Tribunal de Jurado debido a la desconfianza del justiciable, que prefiere pactar con el fiscal. En Inglaterra, últimamente se ha detectado que en los casos de cierta complejidad, los acusados no quieren jurado y algunos hablan de una sustitución del jurado por el escabinado, cosa que me extraña y mucho, pues en el reino anglosajón la ins-

titución del jurado se mantiene con la misma e incluso superior fuerza que la mismísima Monarquía.

27. En todos los países de nuestro entorno, el jurado popular —o jurado anglosajón o jurado puro— fue sustituido por el escabinado, jurado mixto de jueces profesionales y legos. Tenemos los ejemplos muy cercanos de Francia, Alemania e Italia, países en los que se han sucedido mayorías parlamentarias de todos los colores, sin que jamás se haya pensado en volver al viejo modelo que algunos llaman fracasado.

28. No todos los que se declaran pro jurado o juradistas profesan un mismo grado de simpatías y afectos hacia el sistema. No me incluyo entre los que esperan todo del jurado, aunque tampoco me declaro enemigo de la institución. Pero puestos a mostrar preferencias, las mías van por el escabinado, con lo cual creo hacerme eco de una opinión bastante extendida. En todo caso, lo que más preocupa, mucho más que el jurado, es que la justicia, cada día, sea eso, un poco más justa y más eficaz. Y a la hora de ofrecer una solución, quizá no fuera malo dejar al acusado que sea él quien elija entre el jurado de jueces legos y el jurado de jueces técnicos.

29. Lo advirtió Alonso Martínez en el prólogo de la obra *El Jurado*, del que es autor Pacheco, padre de la Ley de 1888. Algunas de aquellas palabras vienen hoy a cuento, como anillo al dedo. Tal vez, «antes de reproducir el ensayo de jurado deberían haberse tenido en cuenta dos deducciones: una, la primera, que ese linaje de reformas deben acometerse y plantearse siempre, en tiempos tranquilos, cuando las condiciones generales del país en que se lleven a cabo y el estado de su política determinen en la historia del mismo un período de quietud y relativo descanso que permita implantar y arraigar de una manera firme y sólida la institución de que se trata; segunda, que la reforma del jurado debió ir precedida de la del procedimiento ante los Tribunales de derecho (...). Una organización de este tipo no puede improvisarse, porque

improvisarla equivale a establecerla de una manera fugaz y defectuosa. Aquello a que en primer término debe aspirar un país en orden a la Administración de Justicia, es que ésta sea administrada de una manera eficaz y de una manera rápida. De una manera eficaz, para que contenga el desarrollo de la criminalidad; de una manera eficaz para que restablezca el imperio del derecho; de una manera eficaz para que donde quiera que se lesione el derecho o el interés de un individuo, por modo legítimo o violento, venga la acción de la justicia a corregir el daño causado o a repararlo».

30. Bienaventurado sea el jurado, pero no —como con tino advierte Juan Antonio Alejandre—, por ser expresión de libertad, ejercicio democrático o un medio de llevar el principio de soberanía popular a la esfera de la administración de justicia, que son fundamentos ideológicos no exentos de cierta carga de demagogia —Ortega advirtió de los abusos de invocar la democracia para menesteres que son muy ajenos al voto popular—, «sino en la medida que sirva para corregir los vicios de una justicia profesional deshumanizada y rutinaria, para acercar la justicia al pueblo y hacer que la sociedad se sienta mejor comprendida cuando quien juzga es el hombre de la calle, inexperto en leyes pero limpio de conciencia».

31. En España, la polémica del jurado sigue planteada en términos de izquierdas y derechas, de progresistas y conservadores. La cuestión es mucho más sencilla. Se trata, simplemente, de que hay gente que prefiere que la justicia se imparta con criterios estrictamente técnicos por jueces profesionales, y gente que, puestos a sentarse en el banquillo, confían más en la opinión de la calle, que es donde está el sentimiento natural de justicia. Craso error en el que incurren unos y otros.

32. Nadie es más que nadie para juzgar a nadie —no juzgues si no quieres ser juzgado, se lee en el Talmud—, ni nadie, tampoco, nos asegura que, en el caso concreto, la justicia será justa. Pero

éste no es un problema ni del jurado, sea puro, sea mixto o escabinado, ni de los jueces profesionales, sean brillantes o torpes, sino de lo muy difícil que es acertar cuando juzgas conductas humanas. Siempre es posible equivocarse y, hasta el momento, nadie ha descubierto una máquina o un programa informático que nos garantice dar siempre en el blanco.

CAPÍTULO LVI

SOBRE EL PERIODISMO JUDICIAL

1. Un juicio es un acto público. Así lo dice la CE en el artículo 120.1: «Las actuaciones judiciales serán públicas, con las excepciones que prevean las leyes de procedimiento.» Algo que, por su parte, el TC ha recordado en más de una ocasión al sentenciar que «el principio de publicidad de los juicios (...) implica que estos sean conocidos más allá del círculo de los presentes en los mismos». También lo declara el artículo 6 del Convenio Europeo para la Protección de los Derechos Humanos, cuyo apartado 1 comprende el derecho de toda persona «a que su causa sea oída públicamente», aunque a renglón seguido añade que «el acceso a la Sala de Audiencia puede ser prohibido a la prensa y al público durante la totalidad o parte del proceso en interés de la moralidad, del orden público o de la seguridad nacional en una sociedad democrática, cuando los intereses de los menores o la protección de la vida privada de las partes en el proceso así lo exijan o en la medida considerada necesaria por el tribunal, cuando en circunstancias especiales la publicidad pudiera ser perjudicial para los intereses de la justicia».

2. «Las democracias mueren detrás de las puertas cerradas.» Con esta dura reprimenda, un tribunal federal de Cincinnati revocaba la decisión del Gobierno de EE.UU de que los juicios de deportación de inmigrantes detenidos tras el 11 de septiembre fueran

secretos. Los magistrados aseguraban que «cuando el Gobierno comienza a cerrar las puertas empieza a controlar de forma interesada la información que pertenece al pueblo».

3. La publicidad del proceso penal responde no sólo a la idea del control popular sobre el modo de administrar justicia sino también y más profundamente, a su valor educativo. En este sentido, hay cierta degeneración. No solamente por el público que llena las salas de justicia hasta un límite inverosímil, sino también por la intervención de la prensa que, en ocasiones y según sean los personajes, sigue los procesos con imprudencias y no raras veces impudencias.

4. Es evidente que cada vez interesa más lo que la justicia hace. Los diarios dedican una buena parte de sus páginas a las crónicas de tribunales. Incluso da la impresión de que se cometen muchos más delitos que buenas acciones, aunque como diría el maestro Carnelutti «lo que ocurre es que los delitos se asemejan a las amapolas, que cuando hay una en el campo, todos se dan cuenta de ella; y las buenas acciones se ocultan como las violetas, entre la yerba y el prado».

5. Si los medios de comunicación se ocupan tanto de los juicios, es porque interesan a la gente, sobre todo los procesos penales llamados célebres con personas célebres. Fue Jiménez de Asúa quien —en más de una ocasión— dijo que bajo el soplo violento de la opinión pública es difícil conservar la frialdad de ánimo que demanda la serena crítica de quien, ante todo, ha de ser justiciero y que el cronista técnico se distinguía del redactor de sucesos en que debe huir de la candente actualidad.

6. Hay veces que la actitud del público respecto de los protagonistas del proceso penal —en ocasiones drama, en ocasiones comedia— es la misma que en la Roma antigua tenía la multitud frente a los gladiadores que combatían en el circo. He aquí el espectáculo judicial —nunca mejor dicho— como forma de diver-

sión, con el que la gente se evade de la propia vida y se ocupa de la de los demás.

7. ¿Es correcto informar sobre investigaciones penales ya judicializadas? ¿El juicio de la prensa atenta contra los derechos básicos —honor, intimidad— de quien a los ojos de la Constitución es inocente hasta que no haya una sentencia firme que diga lo contrario? Estas y otras preguntas no son nuevas. Se trata, en suma, de los problemas que suscitan los llamados juicios paralelos que se abren en la prensa con ocasión de una investigación criminal procesal.

8. Tras un periodo de desencuentro —más bien, de estar a la greña—, en los últimos veinte años prensa y justicia han estado muy unidas; tanto que, juntas, casi al alimón, han diagnosticado y tratado enfermedades graves de la vida pública. Lamentablemente, ha habido una época —sobre todo la década de los noventa— en la que raro era el día que los medios de comunicación no daban cuenta de las trampas del financiero o político de turno, al que un juzgado investigaba. En este sentido, hay que reconocer el mérito de la prensa.

9. Sin embargo, la otra cara de la moneda es que también muchas noticias sobre escándalos al cabo del tiempo resultan infundadas y causan daños incalculables a las personas afectadas. No pocas veces se ha jugado imprudentemente con valores muy frágiles y quizá fuera bueno hacer un alto y desandar un poco el camino pisado. Habría que tener más cuidado con esos verdaderos juicios de papel capaces de producir mayores perjuicios que el propio proceso.

10. Porque no cabe duda de que determinadas informaciones que se hacen durante el proceso afectan o pueden afectar a la reputación y el buen nombre de ciudadanos que siguen siendo inocentes y que, al final, pueden ser o son declarados como tales. Acabar con la reputación y el honor de una persona que aún no ha sido juzgada y exponer su carne a la reprobación pública es algo muy sencillo.

11. Lo dice Beccaria: Un hombre acusado de un delito, encarcelado y absuelto, no debiera llevar consigo ninguna nota de infamia. ¡Cuántas personas acusadas de gravísimos delitos y declaradas luego inocentes fueron, después, tenidos en la consideración ciudadana! ¿Por qué ocurre esto? Pues porque en el proceso penal prevalece la idea de la fuerza a la de la justicia, porque se arrojan confusamente al mismo foso a los acusados que a los convictos y condenados. Antes, Beccaria había dejado escrito: «Sean públicos los juicios y las pruebas de un delito para que la opinión, que es quizá el único fundamento de la sociedad, imponga un freno a la fuerza y a las pasiones.»

12. ¿Quién, en España, no recuerda el «caso Arny» y la polvareda que levantó por culpa de unos adolescentes que enfangaron el honor de un puñado de famosos? El tribunal falló a favor de la absolución de muchas personas cuando ya la calumnia había quedado grabada en el subconsciente colectivo. ¿Quién restituye a un imputado absuelto el honor pisoteado? ¿Quién resarce al inocente por las noches de insomnio, el dolor y el estrépito del escándalo?

13. Creo que una forma de solucionar el conflicto sería otorgar al juez la facultad de ordenar la publicación de una rectificación para hacer cesar el atentado a esos derechos, sobre todo a la presunción de inocencia, cuando un ciudadano sea presentado ante la opinión pública como culpable de unos hechos que están en fase de investigación judicial. Por otro lado, los medios de comunicación pueden falsear la decisión en sí misma, influyendo en el juez, por ejemplo, con una campaña de prensa en perjuicio o a favor del inculpado.

14. El catedrático de Derecho Penal de la Universidad de Munich, Claus Roxin, considera que cuando un órgano de la prensa difama o calumnia a alguien, cuya inocencia posteriormente se esclarece o cuya culpabilidad, por lo menos, no logra ser probada, el interesado puede reaccionar judicialmente interponiendo una

demanda contra los responsables. También puede ejercitar una pretensión de condenar a callar, al igual que una reclamación de daños y perjuicios e indemnización por daño personal. El soporte jurídico de tales reclamaciones civiles tiene su base supranacional en la presunción de inocencia del Convenio Europeo para la Protección de los Derechos del Hombre y de las Libertades Fundamentales; y aunque es cierto que el Convenio sólo obliga directamente al poder ejecutivo de los países adheridos a él, sin embargo, una interpretación extensiva del principio de presunción de inocencia, permitiría ampliar las lista de los obligados a los medios de comunicación que realizan una función pública.

15. En este contexto, el profesor Roxin recuerda que el Tribunal Supremo Federal alemán, en 1963, concedió una indemnización por daño personal a un acusado que había sido considerado en un diario como jefe de una banda criminal, y que posteriormente fue absuelto, tras ser probada su inocencia. La tesis jurídica es que de la presunción de inocencia se deduce que la afirmación pública de la culpabilidad de una persona por un hecho delictivo es considerada como contraria a Derecho hasta que se dicte la correspondiente sentencia firme.

16. Junto a la protección de la personalidad, está el deber de tutelar el proceso. De ahí que se postulen fórmulas para impedir que el tribunal, mediante la creación de un ambiente determinado o a través de una discusión anticipada en los medios de comunicación, se vea afectado en su imparcialidad, e, influido por los medios de comunicación, dicte una sentencia injusta. Una de esas recetas consiste en suspender el proceso en curso, al amparo del artículo 6.1 del Convenio Europeo para la Protección de los Derechos del hombre y las Libertades Fundamentales. Pero es rechazada por la mayoría de los juristas, tanto por la dificultad de probar de manera fehaciente esa influencia de los medios de comunicación en el tribunal —no pasaríamos de la mera presunción—, como porque

suspender un proceso por la campaña de un medio de comunicación, significaría que ese medio, al final, se convertiría en el tribunal que decide el proceso penal.

17. Otra de las soluciones dadas para proteger el proceso frente a las influencias de los medios de comunicación es sancionar —incluso penalmente— cualquier información u opinión que pueda influir en la resolución del proceso, cuyo modelo más conocido es el *comtempt of court by publication* del Derecho inglés. La finalidad del precepto radica en la protección del proceso. A mi juicio, el remedio es peor que la enfermedad, aparte de que resultaría muy difícil demostrar que la publicación en cuestión está siendo —o ha sido— decisiva en el desarrollo del proceso. Debe advertirse que en Inglaterra la figura del *comtempt of court* está muy mal vista por la inseguridad que crea en el principio de seguridad y por ser incompatible con la certeza propia del Derecho Penal.

18. A menudo se considera que los jueces jóvenes, por su falta de experiencia judicial, son los más expuestos al peligro de sufrir una influencia de los medios de comunicación. Discrepo. Precisamente la experiencia es la que me ha demostrado lo contrario. Hay jueces talluditos y veteranos que, conocedores del peso que tiene la opinión pública, son los primeros en aplaudir —cuando no en provocar— el juicio paralelo en la prensa —a veces con carácter de exclusiva— como forma de ganar adeptos en el sumario que instruyen o en la causa que habrán de fallar. Aunque sé bien lo que digo, prefiero transcribir lo que el periodista y ensayista Alan Minc escribe, al respecto, en su obra *La borrachera democrática*: «una inculpación pública equivale a un juicio (...). Los jueces instructores lo saben bien y por eso han aprendido la técnica de la puesta en escena de la inculpación para crear un hecho irreversible».

19. Lo dicho es aplicable también cuando los medios de comunicación, durante un proceso judicial en curso, revelan datos u ofrecen el testimonio de personas que brindan sus conocimientos,

pues una declaración en prensa, radio o televisión significa, o puede significar, una condena de la opinión pública. Lo preferible sería que ese testimonio se presentase ante la autoridad judicial. Eso sin contar con el tipo de reportaje subjetivamente interesado en la búsqueda de la verdad, y de otros de contenido demagógico.

20. ¿Debe un periodista declarar en juicio sobre hechos conocidos en el ejercicio de su profesión? La respuesta, naturalmente, es distinta según sea o no periodista el que la dé. Unos mantienen que eso sería violar el secreto profesional; otros que pone en peligro el trabajo del periodista en el futuro. Mi opinión es que, lo mismo que cualquier ciudadano, el periodista está obligado a colaborar con la justicia.

21. Un juicio no es un partido de fútbol o una corrida de toros. Por eso, no a los juicios televisados en directo. Toda retransmisión es mala. Lo digo pese a haber formado parte del tribunal que conoció el juicio sobre el síndrome tóxico y que, salvo error, fue la primera vez que en España se autorizó la captación de imágenes en una sala de justicia.

22. Un juicio televisado es siempre un elemento perturbador y perjudicial para el acusado y para el tribunal. Los medios de comunicación juegan un papel en el proceso penal; por un lado, indispensable, pero, por otro, arriesgado. Varios son los peligros que acechan.

23. Respecto al tribunal, los efectos pueden ser devastadores. Cuando un juez se ve obligado a verse como un presentador de televisión, puede caer fácilmente en la tentación de adecuar su actuación y decisión a las expectativas del público, a no ser que el juez o magistrado que presida tenga la severidad de aquel presidente que en un juicio que se celebraba por homicidio, al ver como un grupo de señoras sacaban pasteles para disfrutar con la declaración de la acusada y de los testigos, exclamó con justificada indignación: «Se acabó este espectáculo grotesco. Despejen la sala.»

24. Por otro lado, puede ocasionar daños directos al inculpado, tratándole, por ejemplo, como culpable antes de que el proceso concluya y que, normalmente, tras la absolución, no podrán ser reparados. Ningún interés público de informar compensa los efectos destructivos que un juicio televisado tiene para quien se sienta en el banquillo. Un acusado que ha estado expuesto al juicio de la opinión pública al estilo que lo fue, por ejemplo, J. Simpson en Estados Unidos, aun cuando resulte absuelto, probablemente vivirá el resto de los años con la marca de un proscrito. Eso, sin contar el riesgo de que se retransmitan escenas terribles e inesperadas, como la muerte del funcionario de policía que falleció de un infarto mientras prestaba su testimonio en el juicio por los secuestros y asesinatos de Lasa y Zabala.

25. La solución consistente en que la retrasmisión dependa del consentimiento del acusado, tampoco es buena, pues el acusado no puede prever las consecuencias de su consentimiento.

26. De los peligros del juicio televisado no escapa la actividad probatoria, pues puede suceder —de hecho sucede— que un testigo, antes de prestar declaración o testimonio, conozca ya la que ha ofrecido el acusado u otro testigo, algo que infringe la ley cuando ordena que los testigos que hayan de declarar en juicio permanecerán, hasta que sean llamados, sin comunicación con lo que ya se hubiese declarado (artículo 704 de la Ley de Enjuiciamiento Criminal).

27. Que en democracia el periodismo judicial debe ser crítico con la justicia, no cabe duda, como necesario es que lo sea con el Gobierno. Quien hace daño a la justicia no es la crítica, sino las desidias y negligencias de quienes tienen el deber de que funcione o de quienes la administran. Eso es lo que tiene que denunciar el periodista.

28. A las alturas de nuestra vida democrática, nadie —ni siquiera los jueces— pueden dudar de lo esencial que es la crítica; tam-

poco de que, quizá, sean bastantes los jueces que se merecen más de un reproche. En *El libro de los mil proverbios* se puede leer que los jueces deben saber que son expósitos y que están en el blanco de los veredictos ajenos, aunque esto no significa dar carta blanca al agravio.

29. Mas no se confundan las cosas. Criticar no es atentar contra la independencia judicial desde los medios de comunicación, con periodistas rábulas para quienes todo el debate jurídico se reduce en insultar al juez de turno, a sabiendas —porque se han asegurado antes o gozan de patente de impunidad— de que el CGPJ no moverá un dedo a favor del juez injuriado o calumniado. Es necesario distinguir entre crítica y acoso personal o con argumentos *ad hominen*.

30. «¿A mí este juez no me aguanta más de dos editoriales? ¡Una columna mía y ese cabrón de magistrado se suicida!» Éstas son algunas de las cosas que se han dicho en el consejo de redacción de un muy conocido periódico. Nada mejor para acabar con la independencia de un juez que soltarle un par de editoriales o de columnas incendiarias, sin escatimar referencias a la vida privada de la víctima elegida.

31. ¿Qué pasa cuando un juez sufre una fuerte presión de los medios de comunicación? ¿Debe apartarse de un caso si una emisora de radio, un periódico, un canal de televisión —o todo el grupo de comunicación al que ese periódico, esa radio y esa televisión pertenecen— le convierten en blanco de sus iras? Creo que ante una campaña de acoso y derribo, el juez no debe dejar el asunto, a no ser que entre al trapo y reaccione de manera tal que acredite la falta de imparcialidad. Deducir sin más que el juez vapuleado es parcial es dejar en manos del periódico la potestad de retirar a un juez del conocimiento de un asunto del que, por ley, es competente y tiene la obligación de resolver.

32. Desde luego, lo que sí parece razonable es que, en el supuesto de que un medio de comunicación, el grupo o sus jefes —o las

empresas de sus jefes— están implicados en un proceso judicial, fuera ese medio el que, en aras al principio de imparcialidad, se abstuviera de informar sobre el asunto en el que tiene un claro y directo interés.

33. No obstante, los jueces deben controlar sus hormonas y dar ejemplo incluso a algunos periodistas que, por contra, suelen trabajar con ellas desmandadas. Hay que dar muestras de templanza. El buen juez —incluso el más zurrado— diariamente debe hacer un ejercicio de doma de su adrenalina. El juez es un personaje que trabaja en la cuerda floja, cara al respetable, y debe saber que es pasto propicio para los moralizadores desahogos de una ciudadanía, a veces justiciera. Es una servidumbre que debe llevarse con resignada paciencia, esa virtud que suele emparentarse con la santidad, aunque yo piense que tiene que ver más con la inteligencia.

En mi Castilla del alma, cuando algo ha terminado o cuando la presencia de uno en algún lugar está de más, se dice: «¡Vámonos que se acabó el carbón!» Ahora, llegado este trance, a mí me toca decir algo semejante. Sí; aquí pongo punto y final a mis *Juicios sumarísimos* —que también son de otros— y ruego a quien los lea que sea benevolente con tan buen deseo.

Séneca decía que la vida es como una escuela de gladiadores. Hace un año empecé estos folios y, tras no pocos saltos y sobresaltos, por fin, hoy, festividad de Nuestra Señora de las Maravillas, los entrego a la editorial Temas de Hoy, cuya directora y demás responsables se han portado muy bien conmigo y no me han apurado más allá de lo justo y necesario. Hacia ellos quiero dejar constancia de mi gratitud.

Los juicios sumarísimos que aquí emito son resultado de acumular muchas sensaciones y no pocas lecturas, repasando y anotando como un viejo escribiente lo que la vida judicial me deparó, levantando acta al minuto de aquello que advertí y presencié y confío en que pueda ayudar o ilustrar al lector. Eso dependerá de la persona y su categoría. Si la técnica empleada es buena o mala, es cuestión sobre la que otros habrán de pronunciarse. En esto de los métodos de escribir, la brújula de cada cual señala el norte que mejor le parece. No me hago ilusiones en torno al acierto de estos juicios, pero no olvido que las palabras pueden llegar a ser semillas. Que atine o yerre es ya harina de otro costal, aunque pienso que, en algunos lances, estaré más cerca de dar en el blanco y en otros, muy próximo a la diana del error.

Después de leer esto que dejo escrito, estoy seguro de que no faltarán quienes me digan que concibo la judicatura como un arte. Así es y no lo niego, pues como un artesano he procurado comportarme desde que por primera vez me puse la toga. En el alba y en el ocaso. Bien es verdad que, después, cayeron las ilusiones, como caen las hojas del árbol, y se me agostó la vocación, como se abrasa una planta. No obstante los fracasos, las amarguras, los desengaños, puedo decir que el balance de mi estancia en la carrera judicial es positivo. Sobre todo si haciendo memoria, me doy cuenta de la satisfacción que produce haber ejercido la función judicial al lado de tantos hombres justos —los injustos se olvidan muy pronto—, empeñados en servir, como mejor supieron, a la justicia y en dar a cada uno lo suyo.

Uno, en esto de la justicia, tiene una teoría sencilla, elemental y clara como el agua. De ahí que haya tratado de ser lo más transparente y preciso posible. También todo lo congruente que me han dejado. La claridad, la precisión y la congruencia son un deber para todo jurista —así ordenaba la vieja Ley de Enjuiciamiento Civil que fueran las sentencias—, no un detalle de cortesía, lo cual no significa que todo lo escrito sea fácil de leer y, más aún, de entender. Buena fe no me ha faltado. Si no lo he conseguido, la culpa será sólo mía, aunque, en alguna faceta, compartida por el lenguaje habitualmente empleado por el legislador.

Sólo me resta decir que mis juicios no son definitivos y, mucho menos, firmes. Todo lo contrario. Hasta el más elemental admite réplica. Por supuesto, recursos de reforma y apelación. Jamás me hice ilusiones, ni pretendo cambiar el mundo de la justicia. Sé muy bien hasta qué punto soy lo que soy. Pero me gusta el debate, exponer hechos y argumentos para que otros hagan lo propio y hasta, si procede, me pongan en evidencia. Eso, que no es mucho, es lo que pretenden las presentes páginas.

Si con lo que dejo escrito pudiera hacer que los que piden o imparten justicia aumentasen sus conocimientos sobre el Derecho y el oficio de juzgar al prójimo, y que quienes acuden a un juzgado o tribunal lo hicieran sin miedo, a sabiendas de que lo que recibirán será lo más parecido a la justicia, me sentiré el más feliz de los mortales. Intentando ser justo con los demás es como los jueces, los fiscales, los abogados pueden practicar la virtud de ser justos. El hombre, ser imperfecto por naturaleza, es capaz de conocer cuándo es justo, pero también es capaz de perder el juicio cuando la justicia se lo niega.

Acabo. Gracias a la fortuna, esa diosa que, al igual que la justicia, se representa con una venda en los ojos, porque durante la tarea de escribir estas cuartillas me regaló dos particulares y generosos dados: el de haber trabajado a gusto y el de haberlo hecho con el aporte de la opinión de algunos jueces, fiscales y profesores de universidad que me trasmitieron un buen manojo de conocimientos. Hacia ellos vaya también mi agradecimiento sin reservas. Y porque recuerdo las palabras del sabio Terencio, esclavo antes de escritor, declaro que la dignidad de todos ellos me exime de dar sus nombres y que a no dudar, será mi corazón el que jamás los olvide. Como se dice en el romance, arrieros somos y en el camino nos encontramos. Los indios que son muy sabios, piensan que donde pisa un hombre nacen siempre cien senderos y que todos conducen a la misma meta. En alguno de ellos y antes de que nos llegue la hora, seguro que habremos de encontrarnos.

Adiós. Salud y paz.

Madrid, 10 de septiembre del año 2003

ÍNDICE ONOMÁSTICO